運動オタクが
運動やめたら-10kg!
やせ細胞を120%
呼び覚ます養生

自然やせ力《りょく》

ダイエットコンサルタント *Elly*

◎監修／医師・医学博士 山本竜隆
◎イラスト／水口めい

Gakken

はじめに

人間はもともと、勝手にやせる力を持っている

小さい頃からぽっちゃり。25年間ダイエットに取り組むものの、細い友だちの体型をうらやんでは、落ち込む日々。「何をしてもやせられない…」。「ダイエット」と名のつくものは、運動も食事もサプリもあらゆるものを試したけど、鏡にうつる自分はどうだろう（ため息）。

数週間後、再び鏡の前に立ち、体重計に乗る。目の前のしょぼくれた「むくみ顔」が、愕然《がくぜん》としている。「減っていない。それどころか、足太くなった!?」。膝《ひざ》から崩れ落ちる。どうして!?　体が小刻みに震え、涙が急にあふれて、まばたきすらできない。

このような報われない「ダイエットストーリー」は、どうして生まれてしまったのでしょうか？　いきなり答えを言ってしまうと、『役者』が違うから」。

もしあなたが、こんな悲しい経験をしていたとしたら、ダイエットストーリーの「役者＝頑張るべき人」は「あなた」ではなかったのです。

物語の真の「役者」は、あなたの「細胞」「血液」「内臓」「神経」など。そう、あなたをつくり、動かしている「小さな仲間たち」だったのです。本来あなたが担う役割は、「役者」たちが「自分の役」を全《まっと》うできるように整えて、癒《いや》して、指揮をとる「プロデューサー」となります。あなたが「名プロデューサー」になることで、「あなたの体」は今まで経験したことのないパワーを発揮します。

・余分なものをキレイに「排出」し、最適なボディラインを「自然に」作り出します
・食べたものを効率よく「栄養」にして、生き生きと動き、髪も肌も「生命力」に満ちあふれます
・体が軽くなり、健康への不安が減り、「幸福感」を得る時間が格段に増えます
・環境やストレスでイライラしたり、落ち込んだり、忙しかった心も穏やかに

まわりに振り回されていた人生から、どんなことにも動じない「自分軸で生きる」人生へ。命が終わるその時まで、この「小さな仲間」があなたをずっと輝かせてくれるなんて…。なんという感動ストーリー!!

「できすぎなのでは?」と言いたくなる気持ちもわかります。でもこれが「森羅万《しんらばん》象《しょう》(宇宙に存在する全てのもの)」のルールに基づいた、最も自然な物語なのです。さぁ、これからあなたは、あなたの体の「名プロデューサー」になります!

本書のタイトルでもある「自然やせ力」は、あなたをつくる「役者の力」を養い、美しさを引き出す「自然の摂理」。いわば「オートマチック」に「やせる力」が発動する方法です。

その美しさは、もしかしたらあなたが「最初から備わっていた今まで気づいていなかった美しさ」かもしれません。あなたの体の「本当の美しさ」を自然にやさしく引き出しましょう!

だんだんやせにくくなるという地獄を味わってきた私

こんにちは。私は「養生ダイエットコンサルタント」のEllyと申します。先ほどの冒頭にあったような「ダイエット劣等生のストーリー」の主人公は、まぎれもなく私です。私はずっと太っていて、高校生でダイエットを決心。でも、30代半ばまで「ちょっとやせる↓リバウンド」を繰り返してきました。

あらゆるダイエットを実践してきたので、やせ方もさまざま。げっそりヨボヨボにやせたり（絶食に近い）、ムキムキマッチョになってやせたり（お腹はシックスパックでも、手足は激太）、有酸素運動の王者トライアスロンでやせたり（体脂肪率17％でもシワシワ・下半身太り）。「やせた状態」をキープできたのでは、せいぜい2ヶ月間。

その後はやせる前より「体重が増え」次のダイエットは2倍3倍やせにくくなる…。まさしく「ダイエットの負のループ」にハマっていました。「人一倍の努力」を美学にしていた私も、精魂つき果ててしまったのです。

そんなある日、出会いました。「捨てる神あれば、拾う神あり」とまで思えるような…。

「見える世界の景色が全く変わる」体験!!　それがまさしく「東洋医学」との出会いでした。見ている「世界」は全く同じ。でも「物差し・見方」が全く異なるのです。

一般的なダイエットでは「太る＝消費カロリー＜摂取カロリー」。太るものを食べず、カロリーを消費させる運動をするのが解決策。だから、食欲をガマンしながら、運動で一生懸命汗をかく。そんなイメージがありますよね。

一方で、東洋医学では「太る＝体の巡りが悪い状態」。本来循環すべき「物質」が「詰まっている」から「太くなる」。東洋医学では、このように考えま

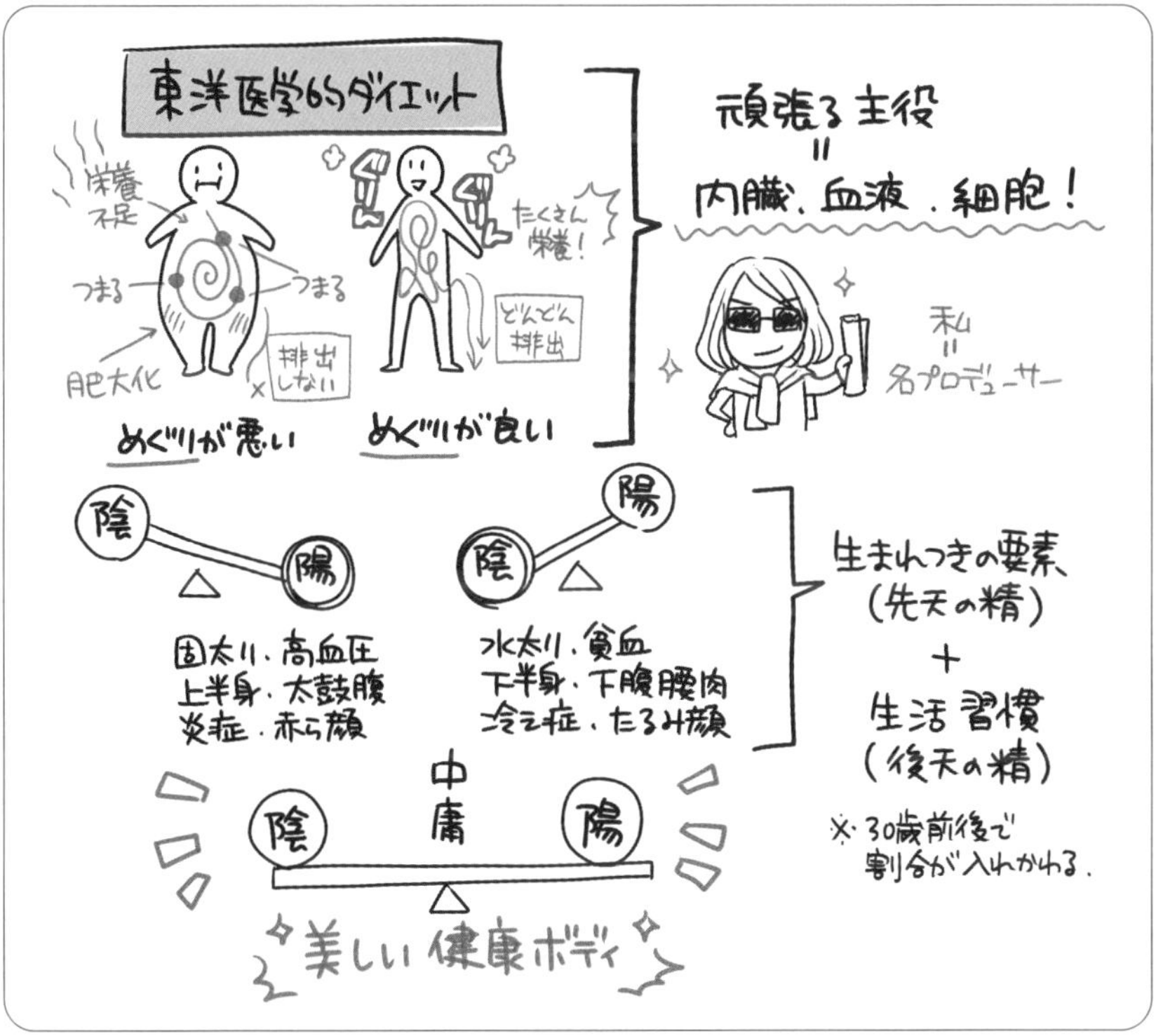

す。

物質が詰まる原因は「内臓・血液・細胞・神経」などの「代謝組織」の機能低下。つまり、「小さな仲間たち」の元気がなくなることです。詰まる物質や、太くなる場所は、人によって異なります。

ふやけて膨張する「陰」の要素、固くなって停滞する「陽」の要素。これら「陰」と「陽」という大きく2つの要素のバランスが取れていないと、「太る」など健康を害する結果を引き起こしてしまう。これが東洋医学の考え方です。バランスとはいわば公園にある遊具のシーソーのようなもので、「陰陽のシーソー」が大きく揺れる（＝陰か陽のどちらかに偏りすぎている状態になる）たびに、内臓や血管など体内の組織に負担がかかり、循環が悪化。太る原因が増えるわけです。詰まりを解消するのが「代謝組織」のパワーなのですが、そのパワーは「先天的な体質」「後天的な生活習慣」によって決まってきます。

ちょっと待って（冷静）。ということは、私が頑張って運動したり、食事制限したりしても、「内臓や血液（代謝組織）の状態」がよくないと、そもそも「やせない」ということなの⁇

25年近くも解決しないダイエットと向き合ってきた私。ラストチャンスのつもりで、東洋医学の「視点」でダイエットをしてみよう。そう決意しました。ぐりんぐりん「体の巡り」を回してみようじゃないか！　思い切って舵を切ってみました。私の「感動ダイエットストーリー」の幕開けです。

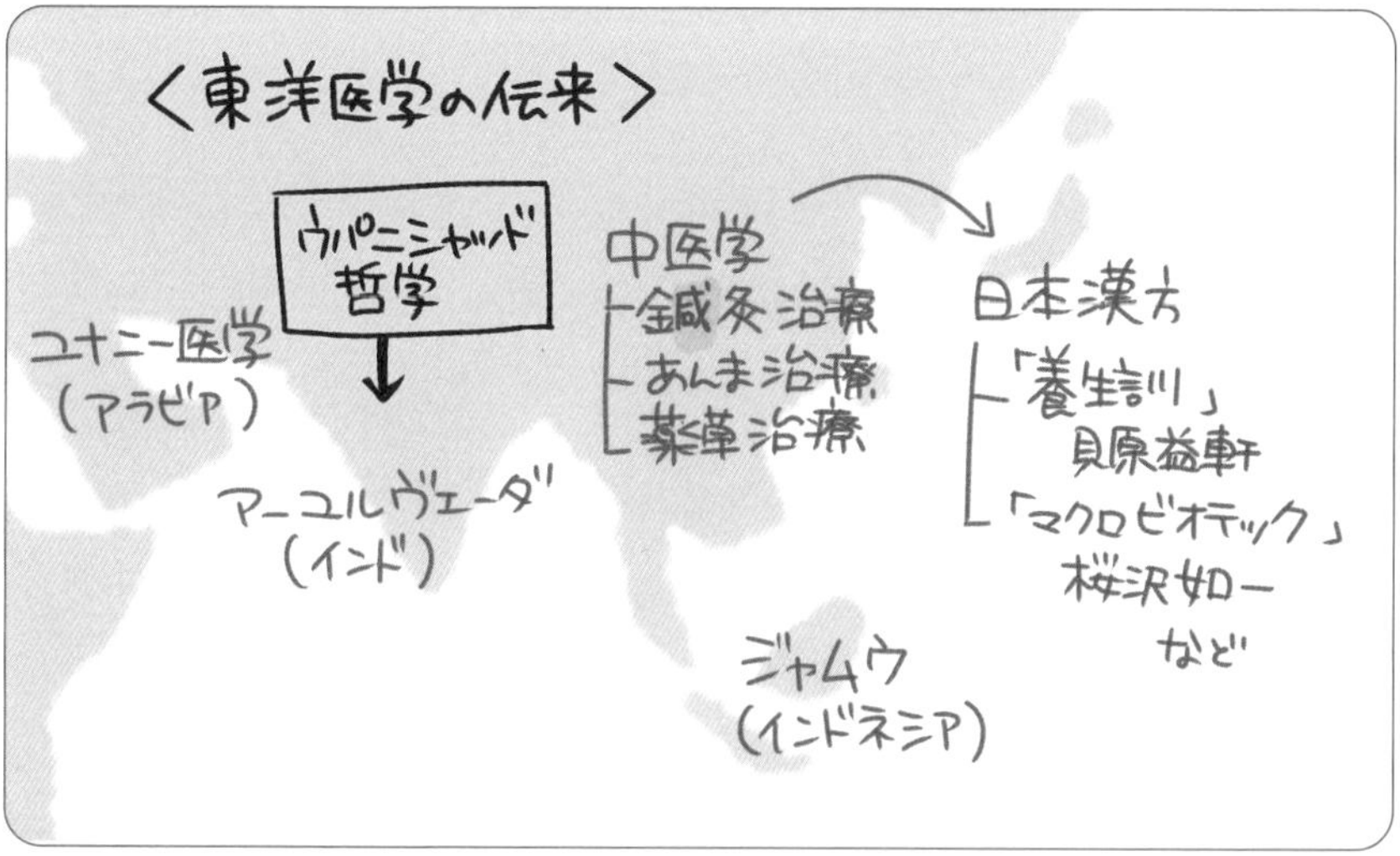

東洋医学を味方につけると勝手にやせる

東洋医学は4000年以上前から伝わる「伝統医療」。古代インドの「ウパニシャッド哲学」（歴史の授業で習ったかも？）を起源とし、インドでは「アーユルヴェーダ」、中国では「中医学」、アラビアでは「ユナニー医学」、インドネシアでは「ジャムウ」として発展しました（この先での歴史的な解説も含め、諸説あり）。日本には中国から伝来し、風土に合わせ「日本漢方」などの医療、「養生訓」「マクロビオティック」などで体系化され、生活習慣改善に活用されています。

東洋医学では全てのものは「陰」と「陽」に分類されると考えられています。それは「体質」「体型」「食べ物」も全て同じ。

「陰陽バランスが取れている＝自然治癒力・基礎代謝が高い状態」としています。内臓・血液・細胞・神経（代謝組織）が最高の状態で機能していると、

〈全てのものは陰と陽に分類される〉
山＝陰
海＝陽
月＝陰
太陽＝陽
女性＝陰
男性＝陽
植物＝陰
動物＝陽
ふやける＝陰
凝縮する＝陽
甘い＝陰
SALT
塩からい＝陽

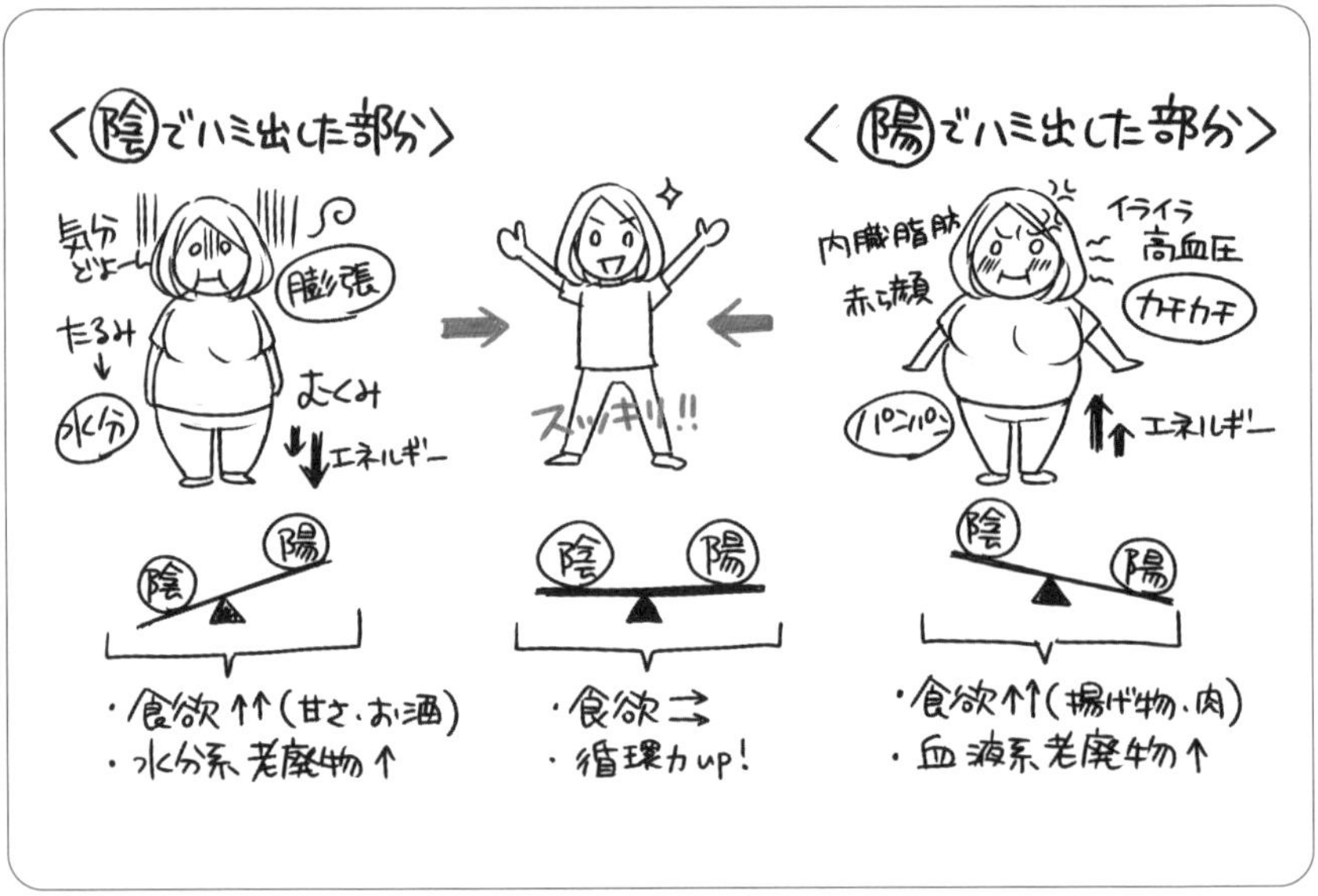
〈陰でハミ出した部分〉
気分どよ～ん
膨張
たるみ
水分
むくみ
↓↓エネルギー
陰
陽
・食欲↑↑（甘さ・お酒）
・水分系老廃物↑
スッキリ!!
陰
陽
・食欲⇄
・循環力up!
〈陽でハミ出した部分〉
内臓脂肪
赤ら顔
イライラ
高血圧
カチカチ
パンパン
↑↑エネルギー
陰
陽
・食欲↑↑（揚げ物・肉）
・血液系老廃物↑

太る（老廃物が詰まる）暇はありません。栄養が足りないと錯覚して「食欲」が増えすぎることもありません。「陰」でハミ出した部分、「陽」でハミ出した部分を取り除くと、余分な「老廃物」や「食欲」が減り、「オートマチックに細くなる」ということです。

ブームで変わるダイエットに踊らされていた過去

私は25年あらゆるダイエット法に、盲信的に取り組んでいました。10代〜30代は「カロリー神話」。１日の摂取エネルギーを５００ｋｃａｌにおさえるべく、ヨーグルトとフルーツだけで1週間過ごす。「カロリーゼロ」の人工調味料を使う。カロリーが低くて「甘いもの」ばかり食べる。そんなことばかりしていました。

しかし、「甘い味＝陰」。東洋医学では陰に偏ることは、むくみと冷えの原因。体が膨張してしまいました。タプタプの水分系脂肪が腰回りにつき、お腹の冷えが強く、体温は35・7度以上のことは、ほとんどなかったのです。

半年ごとにリバウンドを繰り返した20代。気がつくとやせにくい体に（20代半ば）

産後ダイエットに挫折。毎日冷たい「朝食」を摂り、平熱が35.6度だった（30代前半）

30代半ばからは「タンパク質神話」。鶏のささみ、赤身肉、プロテイン、チーズ！ご飯は一粒も食べない糖質制限。筋肉を増やすために毎日ジムに通い、ボディビルダーのお兄さんと並んでスクワット。動けばやせる！と思い込んでいた私は、フルマラソンやトライアスロンにも出場しました。私の「運動ジャンキー時代」です。

週５日で筋トレ。お腹が割れても、寸胴ウエストとタプタプ下腹部が解消できず（30代半ば）

やせたい一心でとにかく走った時代。足の太さと食欲に悩まされる（30代半ば）

「肉＝陽」。陽に偏りすぎることで、血管が詰まり内臓に炎症が起き、ニキビに悩まされることに。パンパンの固太り（筋肉と筋肉の間に脂肪が入り込んでいる状態）で、足や二の腕は以前より太くなってしまいました（悲）。筋トレの後は疲れ果て、「糖質ゼロ」のお酒を飲みまくっていたので、顔もむくむくです。明らかに頑張りすぎ。むしろ、体は「自分の努力」で何とかできると思い込んでいる傲慢《ごうまん》さがあったかもしれません。

12kg減。感情と仕事が安定。いいこと尽くめ！

そんな時、１冊の本に出会います。『無双原理・易』桜沢如一／岡田定三（サンマーク出版)。東洋医学の陰陽に基づいた食事法の本です。人の体は「自然の一部」。人間が到底太刀《たち》打ちできない莫大な「自然の力」を引き出すと、「自分の努力」の何倍も速いスピードで「体がいい状態」にリセットされると説いていました。この本を参考に東洋医学の視点でダイエットを始めると、無理な「努力」をせずに、1週間で2kgほど一気に体重が減りました。まるでシューっと音を立てて細くなっていくようです。それは私の「余分な水分(陰)」が出て、むくみが解消できたから。1ヶ月ほど経つと、顔の赤みやニキビが減り、肌が見違えるほどきれいになりました。それは私の「血液の老廃物(陽)」が出て、血液サラサラになったから。まさに「基礎代謝」が上がり、「自律神経」が整う感覚です。

「無駄な努力」をしなくても自然とやせて、健康状態までよくなったのです。私はこの感覚を「自然やせ力」と名づけました。オートマチックに、ナチュラルに「勝手にやせる力」です。気がつけば、私の体重はマイナス12kg!! 服のサイズも「トップス:M→S」「ボトムス:L→S(2サイズダウン!)」と、劇的に細くなったのです。

鍛えるより癒すと細くなることに気づいた時。ストレッチでウエストがスリムに(30代後半)

東洋医学の自然治癒力を学び、食養生に取り組み体型管理が楽勝モードに(30代後半)

しかも、運動に費やしていた「週30時間（やりすぎ！）」を趣味や家族との時間に充てることができたので、生活そのものが激変！　まるでパラレルワールドで、違う人生を生きているかのように思いました。

さらに嬉しい変化がありました。「自然やせ力」を味方にしてから、どん詰まりだった「仕事」が次々に好転していくのです。当時、私は会社員をしながらヨガインストラクターとして働いていました。集まってくれる生徒さんが増え、ついにはダイエットトレーナーとして独立開業をすることができたのです。起業した頃には「体の陰陽バランス」が整い、「感情のアップダウン」が明らかに少なくなりました。クヨクヨやイライラが劇的に減って、行動する力が湧いてきました。これは足にたまっていた「余分な水分」が抜けたことで、重く下がった「感情」も軽やかになったからです。また、食欲が抑えられたことによって、スイーツやお酒の誘惑を気にしなくなりました。まさに「自分軸」で生きるための「力」が、体の奥底からみなぎる感覚だったのです。

今日から年齢関係なく、好きなことから開始できる！

そんなある日、特別な体験をします。「自分の人生は『自然の力』に応援されているんだな」と感じ、突然じわーっと涙が止まらなくなったのです。「あぁ、私はもう大丈夫だ」。なぜだかわからないけれど、大きな納得感と幸福感を感じたのを覚えています。それまでは、やせられず、仕事もうまくいかず、「世の中は不公平だ…」と解釈し、卑屈だった「人生の捉え方」が大きく変わったのです。

その感謝を込めてYouTubeチャンネル「Ellyのボディメイクチャンネル・養生ダイエット」をスタート。開設から約3年で42・7万人の方にご登録いただいています（2023年5月29日現在）。

人間の体と心は「表裏一体」。体が軽くなれば心も軽くなり、「フットワーク」まで軽くなります。やはり4000年続く「東洋医学」の見識はさすが!! 恐れ入ります。

YouTubeチャンネル登録者10万人の証「銀の盾」！ 余分な力みが取れてフットワークも軽くなった（2021年）

最先端の西洋医学などの研究では「人間を自然の一部」として考え、自然治癒力で回復を促し、病気の治療や予防に活かす方法が注目されています。実は「表現する言語」は違えど、自然治癒力を上げるという方向性や方法は、東洋医学と共通していることがとても多いのです。それが冒頭でお話しした「森羅万象のルール」ですね。

本書では、伝統ある東洋医学と最先端の研究を取り入れながら、読者のみなさまの「自然やせ力」をアップする方法をご紹介します。「東洋医学とか研究とか、なんだか難しそう」と思ったあなた、大丈夫。難しいことは一つもありません。むしろ「おばあちゃんの知恵袋」のような、「食事」「睡眠」「運動」など普段の生活でちょっと試す程度の方法ばかり。誰でもいつでも、そして何歳からでもスタートできます！

この「自然やせ力」を味方につけると、人生がドラマチックに変化します。「Ellyさんのおかげで、マイナス13kg！」「今年は花粉症が出ていません」「ほうれい線が薄くなりました♪」「中学生の息子も5kgやせました」「健康診断でオールAになりました！」「過度な糖質制限から抜け出して、ついにやせることができたんです☆」「足のむくみがとれて、趣味のハイキングを再開しました♪」「毎日のチョコがすんなりやめられて7kg減。信じられない…」。

この方法を実践してくださった「YouTubeの視聴者様」や「オンラインサロンのメンバー」から、嬉しくなるご報告をたくさんいただいています。さぁ、あなたも「自然やせ力」のパワーを感じてみませんか？　パラパラとめくってみて、始められそうなところからやってみる感じでOK！　体の一つひとつが「オートマチックやせモード」に変換されていきます。体の中の「小さな役者（内臓・血液・細胞・神経）」が思いっきり活躍できる「物語」を、私と一緒につくっていきましょう！

2023年6月　Elly

CONTENTS

1 (EAT)

食べて養生 1
食べ方を変えるだけで自然にやせる

2
(EAT)

食べて養生 2
食べるものを変えるだけで自然にやせる

3 (HEAL)

癒して養生
心身を癒すだけで自然にやせる

目次

4
(FEEL)

♡ 感じて養生
感じ方を変えるだけで自然にやせる

5 (MOVE)

動いて養生

動き方を変えるだけで自然にやせる

6 (SLEEP)

眠って養生

睡眠法を変えるだけで自然にやせる

デザイン 岡澤輝美（bitter design）
DTP 茂呂田剛（エムアンドケイ）
校正 宮川咲

PROLOGUE

今度こそ簡単にやせられる！

「自然やせ力」の知られざるパワー

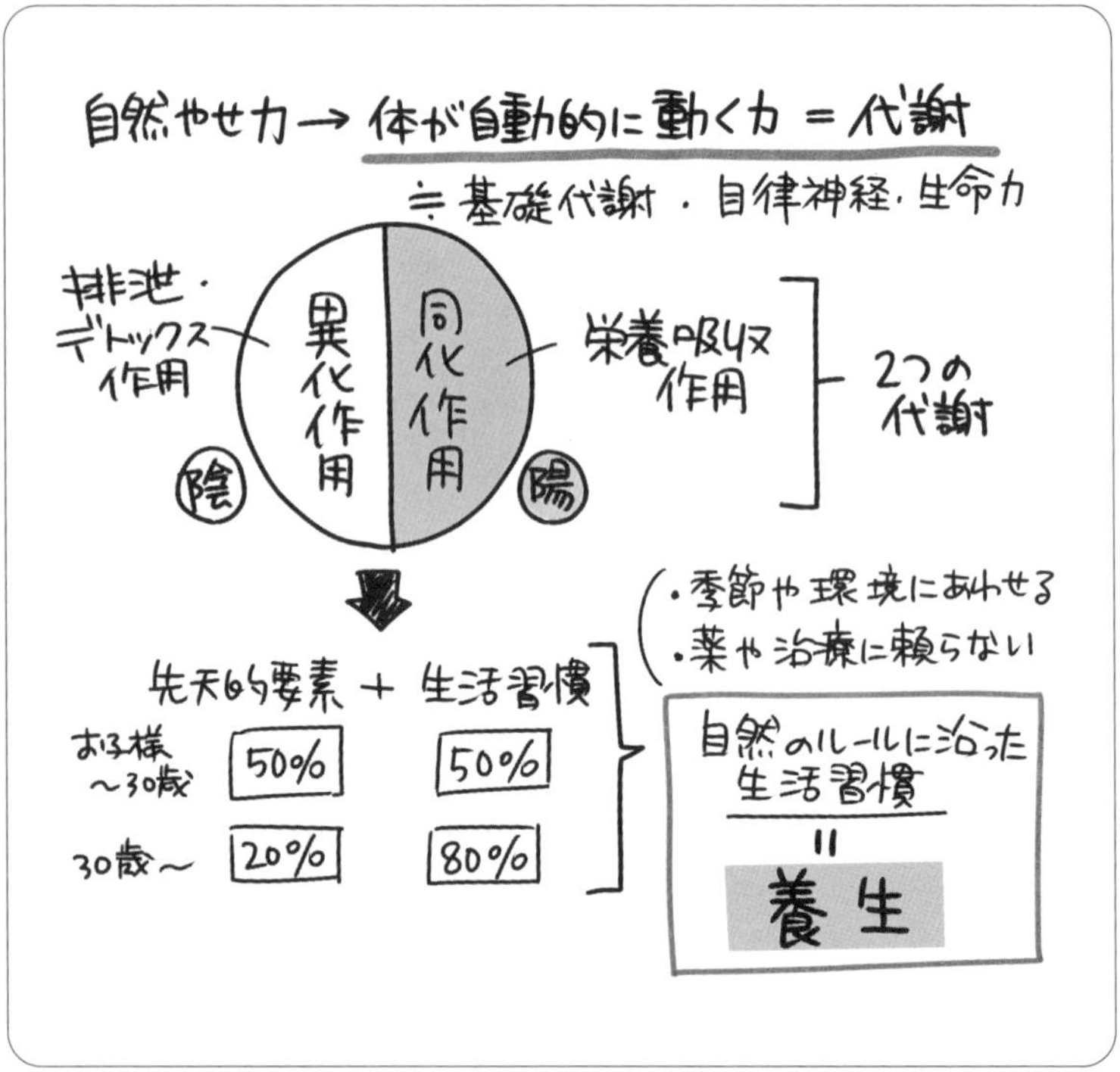

30歳以降は遺伝よりも生活習慣の影響を受ける

「自然やせ力」とは、「体が自動的に動く力＝代謝」の一種。具体的には「内臓・血液・細胞・神経」が動くパワーです。「代謝が高い人は、やせやすい」と聞いたことがありますよね？ その他にも「自律神経が整っている」「生命力が高い」というのも似たイメージです。

ただし「自然やせ力＝代謝」は、私たちの「意志」とは別のエネルギーで動いています。代謝は「同化作用（陽）」と「異化作用（陰）」の2つにわかれます。「同化作用」とは「栄養・吸収作用」。いわゆる、体を大きくする作用。「異化作用」とは「排泄・デトックス作用」。いわゆる、余分なものを外に出す作用です。この2つの作用がバランスよく循環していると、健康で美しい体になります。しかし、「同化作用」が強い場合は「吸収」がよすぎて太りやすいし、「異化作用」が強い場合は良好な「排泄」にはなりません。どちらにせよ、太りやすくなるのに変わりはありません。「基礎代謝が低い状態」とはこのことを指します。

この「太りやすさ」は、「先天的な要素」と「後天的な要素」があります。先天的な要素は、親からいただいた「特徴」といえます。後天的な要素は「生活習慣」で身についた「癖」のようなもの。東洋医学では、この要素の強さは「30歳前後」で入れ替わるといわれています。子供の頃は「親から受け継いだ要素」が体質を決めていましたが、大人になってからは「後天的要素＝生活習慣の癖」が大きくなります。30歳をすぎた頃から「生活習慣の癖」が体質を大きく決めているということです。

この「同化作用（陽）」「異化作用（陰）」のバランスをとるには、さまざまな方法があり、普段の生活の中でバランスをとるのが最適です。

バランスをとるには季節や環境に合ったものを用い、薬や治療に頼りすぎない「自然のルール」に沿った生活習慣が大事で、東洋医学ではこれを「養生《ようじょう》」といいます。この養生こそが「自然やせ力」を育むカギなのです。

養生って何すればいいの？（養生の超キホン）

何度かお伝えしたとおり、体の中の「陰陽バランス」を整える、すなわちどちらにも偏っていない状態にすることが、ダイエット成功の秘訣。そこで、「陰」と「陽」それぞれの特徴から確認してみましょう。あなたの「体型」「体調」「生活習慣」は、どちらかに傾いていませんか？　その傾きの「振れ幅」が大きくなると、食欲や老廃物が増え、不調や太さを生み出します。陰と陽が真ん中に整った状態を「中庸《ちゅうよう》」と呼びますが、中庸になると食欲は適正となり、内臓や血液が活発に働くようになります。

「自然やせ力＝基礎代謝」がアップするということですね。

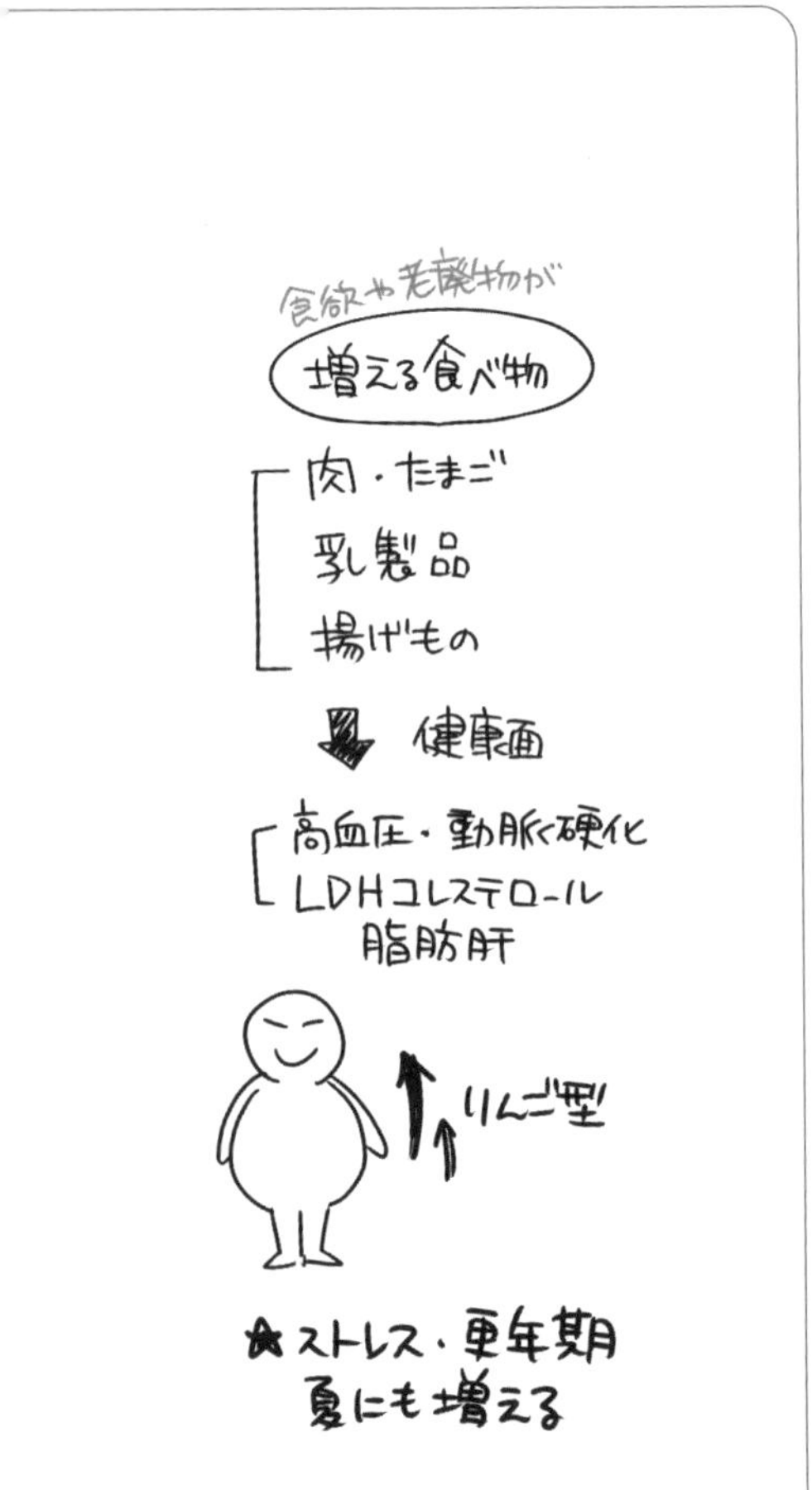

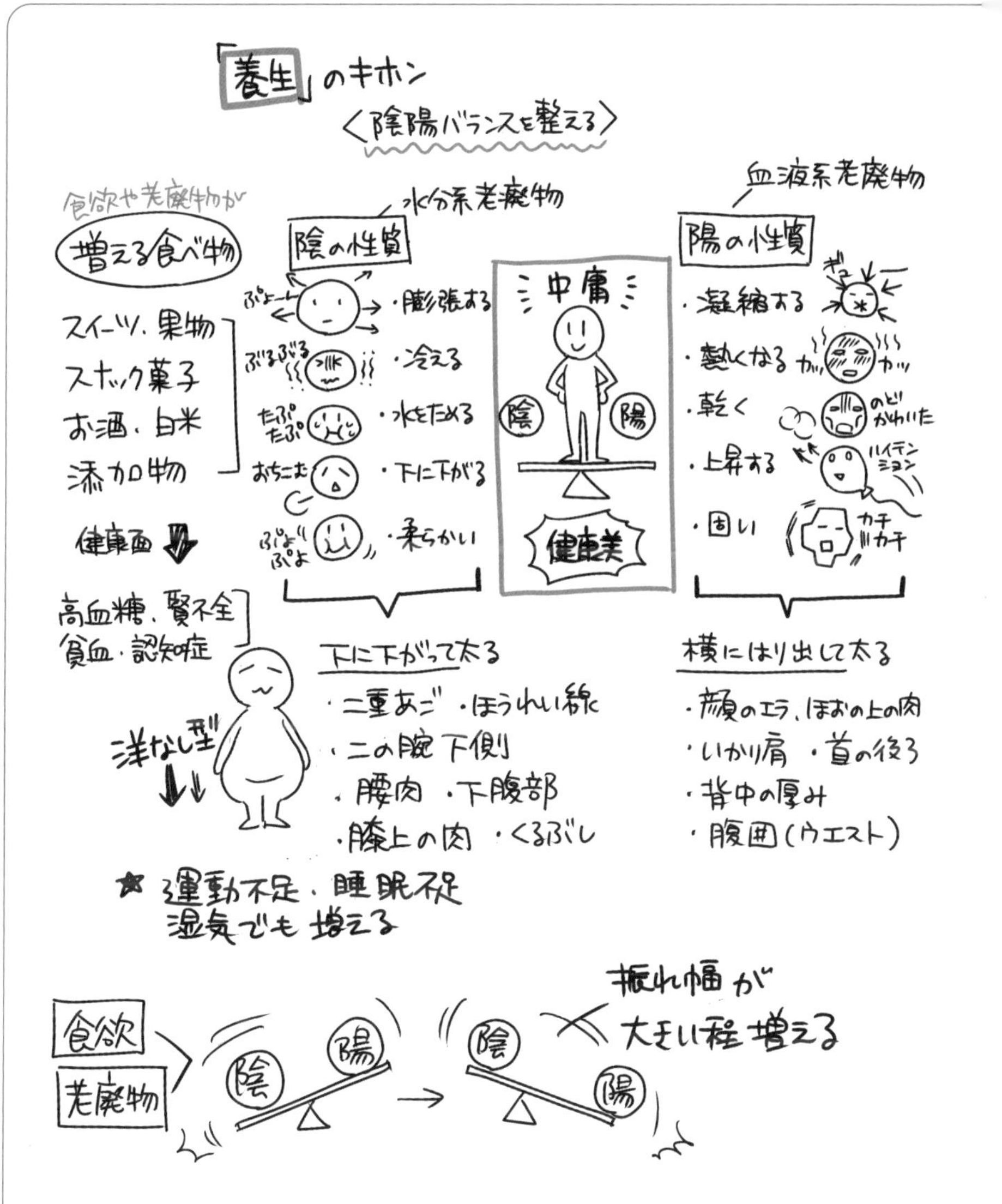
「養生」のキホン
〈陰陽バランスを整える〉
食欲や老廃物が
増える食べ物
スイーツ、果物
スナック菓子
お酒、白米
添加物
健康面
高血糖、腎不全
貧血・認知症
洋なし型
水分系老廃物
陰の性質
・膨張する
・冷える
・水をためる
・下に下がる
・柔らかい
ぷよーん
ぶるぶる
たぷたぷ
おちこむ
ぷよぷよ
中庸
陰
陽
健康美
血液系老廃物
陽の性質
・凝縮する
・熱くなる
・乾く
・上昇する
・固い
ギュ
カッ
カッ
のどかわいた
ハイテンション
カチカチ
下に下がって太る
・二重あご ・ほうれい線
・二の腕下側
・腰肉 ・下腹部
・膝上の肉 ・くるぶし
横にはり出して太る
・顔のエラ、ほおの上の肉
・いかり肩 ・首の後ろ
・背中の厚み
・腹囲（ウエスト）
運動不足、睡眠不足
湿気でも増える
食欲
老廃物
陰
陽
陰
陽
振れ幅が
大きい程増える

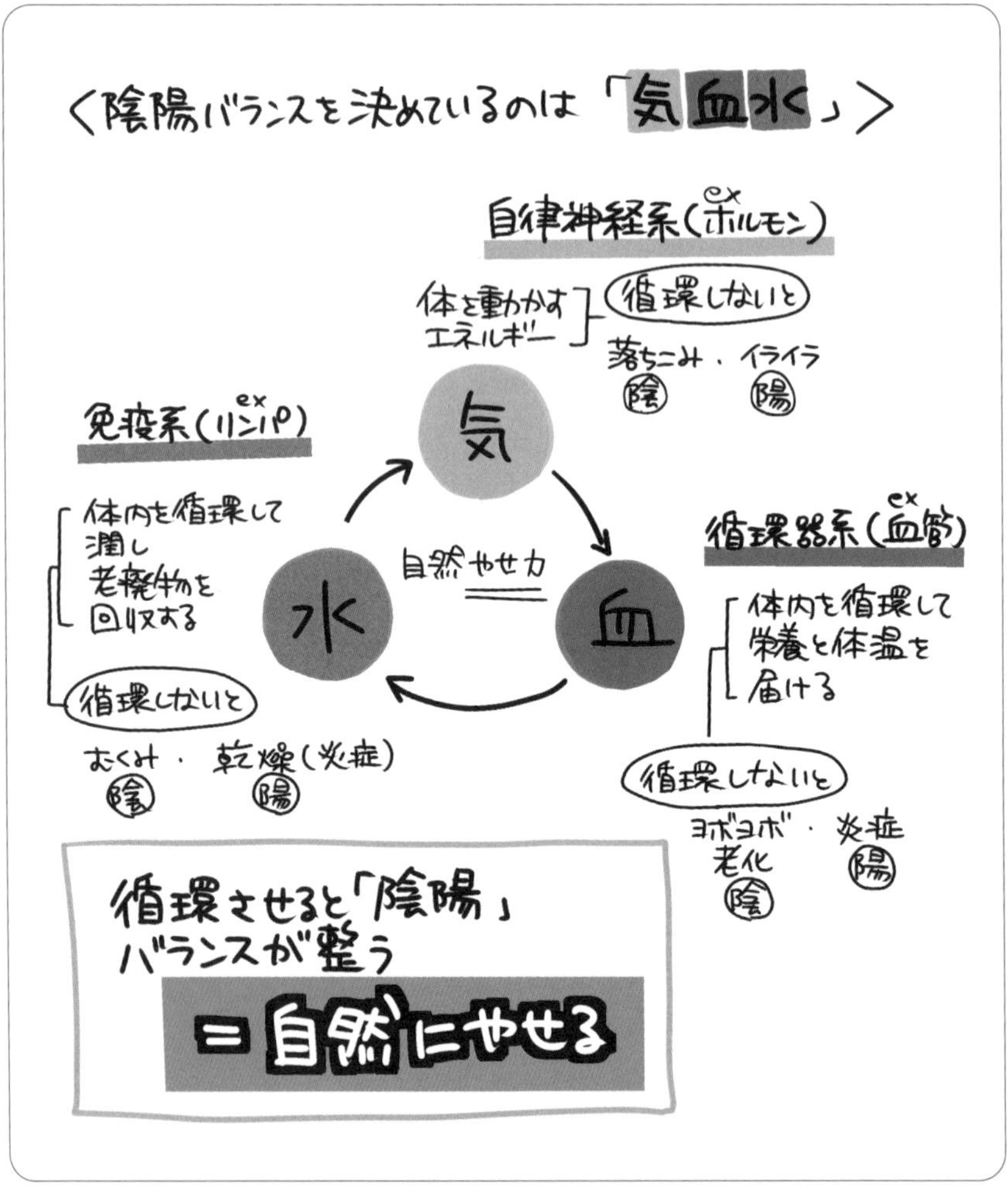

〈陰陽バランスを決めているのは「気血水」〉
自律神経系（ex ホルモン）
体を動かすエネルギー
循環しないと
落ちこみ・イライラ
陰 陽
免疫系（ex リンパ）
気
体内を循環して潤し老廃物を回収する
循環器系（ex 血管）
自然やせ力
水
血
体内を循環して栄養と体温を届ける
循環しないと
むくみ・乾燥（炎症）
陰 陽
循環しないと
ヨボヨボ・老化
炎症
陰 陽
循環させると「陰陽」バランスが整う
＝自然にやせる

それと東洋医学では、人間を構成している要素を「気血水《きけつすい》」といいます。簡単にいうと「気＝生命エネルギー」「血＝血液の流れ」「水＝血液以外の水分」。この3つが正常に循環していると、「陰陽バランス」が整いやすくなります。気血水の循環不良には「不足」と「滞り」があり、それぞれ症状が異なります。

最短でやせるために…。まずはあなたのタイプを知ろう

「気血水」の不足と滞りの体質（タイプ）によって「陰陽バランス」がどちらに傾いているのかわかります。以下の診断テストで該当した項目が最もあった体質が、あなたの体質となります。該当項目が最も多いタイプが複数となった方は、いずれも該当するということです。

その前に、多くの体質の解説で出てくる「ＢＭＩ（ボディマス指数）」について簡単に触れておきましょう。これは、体重と身長から算出される肥満度を表す指数のこと。成人では国際的な指標として、健康診断などでも使われ、次の式で算出されます。

計算式●ＢＭＩ＝体重kg÷（身長m）の2乗

日本では、25以上が肥満、18・5以上25未満が標準、18・5未満がやせ気味となっています。世界的には21～22が、健康寿命が最も長いといわれています。

TYPE 1

気虚《ききょ》・血虚《けっきょ》体質

気力体力不足タイプ

陰に偏っている

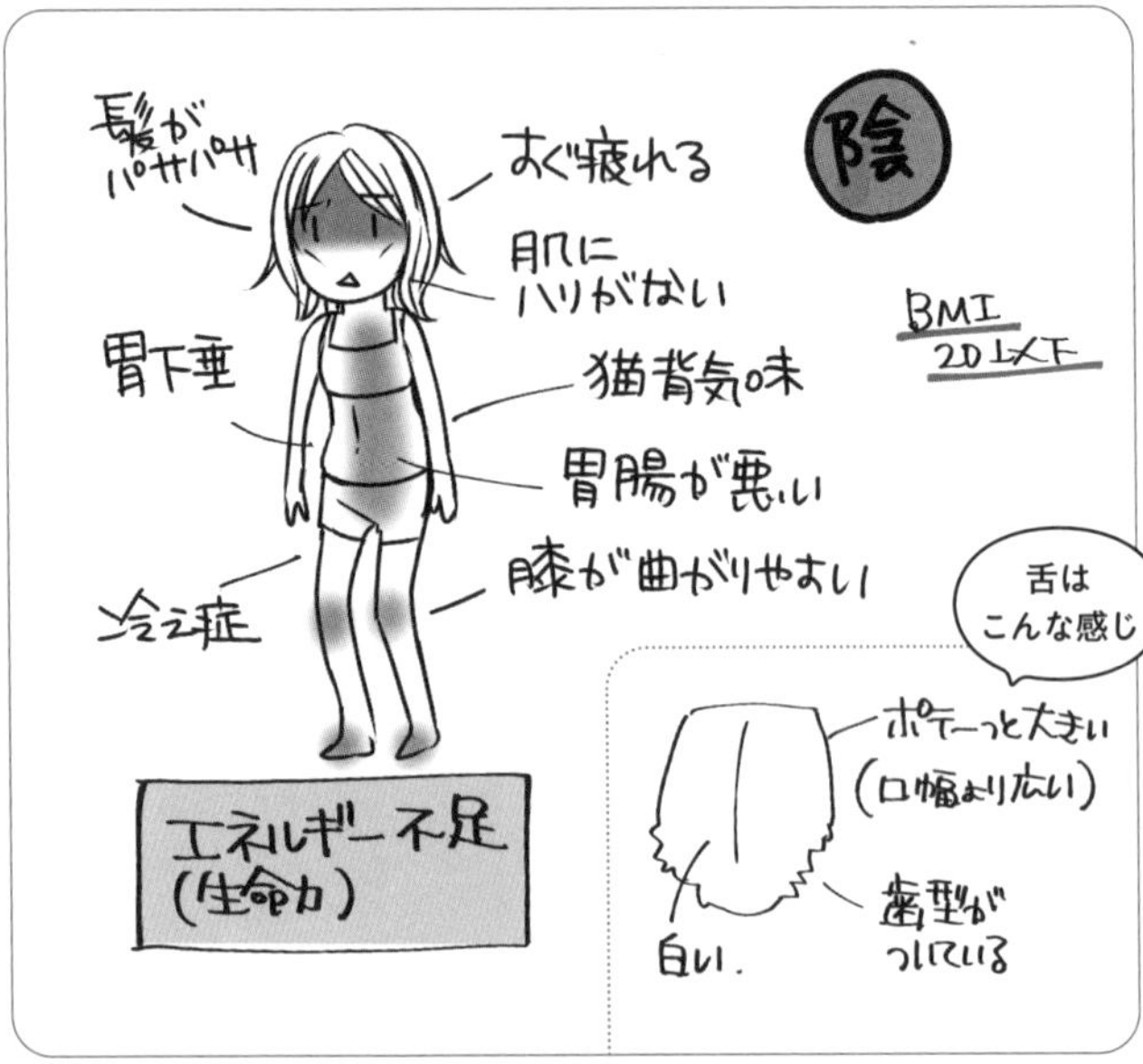

- □ 疲れやすい
- □ 風邪をひきやすい
- □ 全身が冷える
- □ 舌が大きく歯型がついている
- □ ダラダラ汗をかきやすい
- □ 胃もたれしやすい
- □ 睡眠の途中で起きる
- □ トイレの回数が多い
- □ 物忘れしやすい
- □ 軟便や下痢《げり》が多い

気と血が不足し、生命力が少なくなっています。代謝が低いので、食べたものを栄養にしにくく、元気が出ません。比較的太りにくく、BMIは「20以下」の傾向が見られます。20以上の方は、他のタイプの要素が加わっている可能性が高いです。

注意したい症状
視力の低下、食欲不振、免疫力不足、疲労感、抜け毛

TYPE 2

水《すい》滞《たい》体質

落ち込み水太りタイプ

陰に偏っている

- □ めまいが多い
- □ 雨の日は体調が悪い
- □ 体が重くだるい
- □ 足がむくむ
- □ 乗り物酔いをする
- □ 下腹部が冷たく柔らかい
- □ 胃がポチャポチャいう
- □ 皮膚がたるみやすい
- □ 肌が白め
- □ 舌に水分が多く歯型がついている

水分が部分的に過剰になって、体が膨張します。余分な水分は三半規管や神経を鈍らせ、だるさや吐き気の症状が出ることもあります。水分で体が冷えるので、基礎代謝も低下しがち。BMIは23以上の方が多い傾向。

注意したい症状

めまい、吐き気、腹水（お腹に水がたまった状態）、むくみ、生理痛、腎疾患

TYPE 3

中《ちゅう》庸《よう》体質

キラキラ平和タイプ

陰と陽のバランスがよい

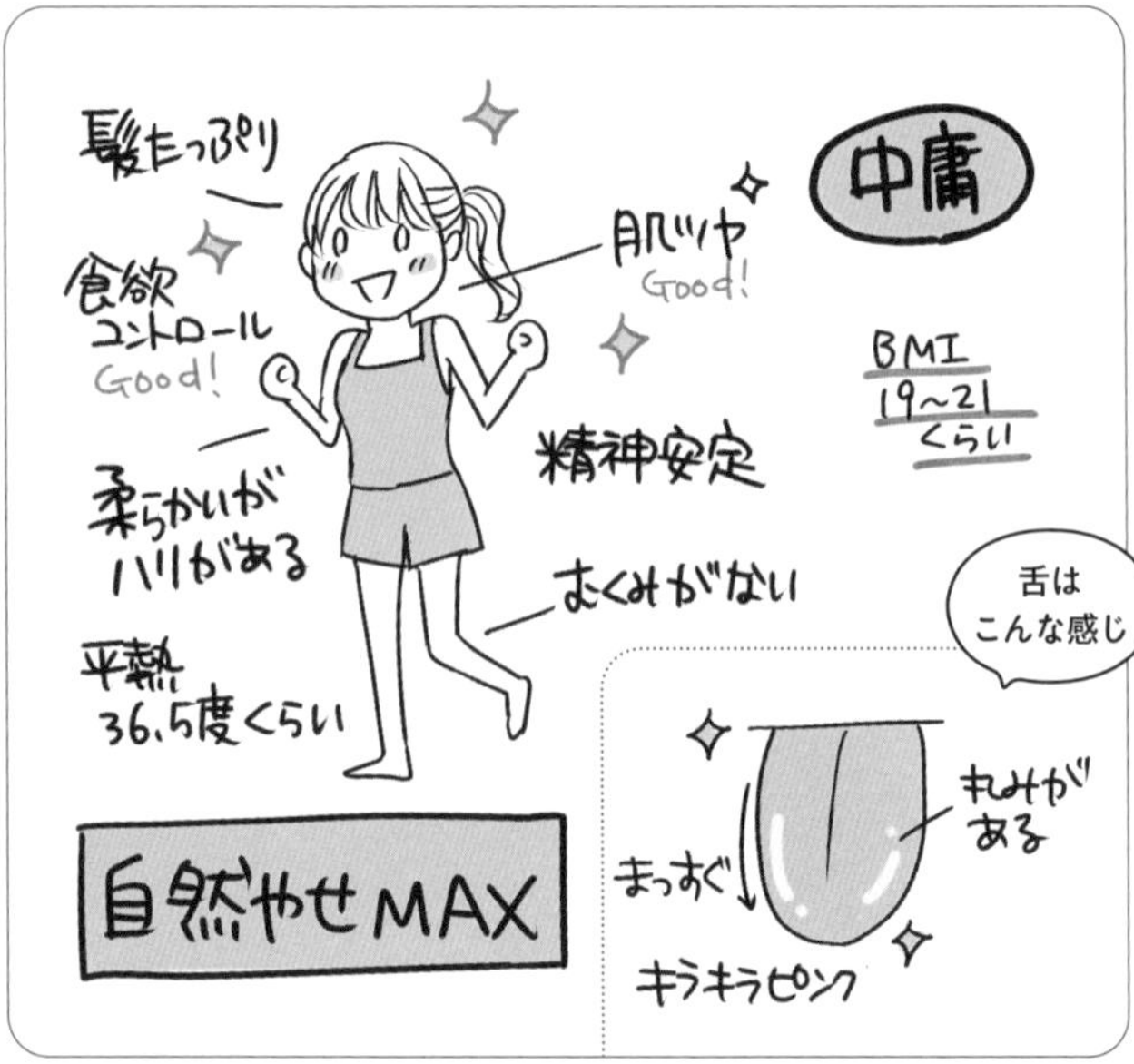

全てのタイプそれぞれにおいて該当項目が2つ以下となれば、このキラキラ平和タイプ！

「気血水」全てが正常に循環し、基礎代謝が高い状態です。BMIは19〜21くらいをキープしています。

肌や髪のツヤも良く、体温は36度台で強い冷えを感じることは稀。判断力は高く、食欲は必要な物を必要なだけに抑えることができています。

困難な場面にあっても集中力を発揮し、精神的にもすぐに安定します。

TYPE 4

気《き》滞《たい》体質

ストレス太り タイプ

陽 に偏っている

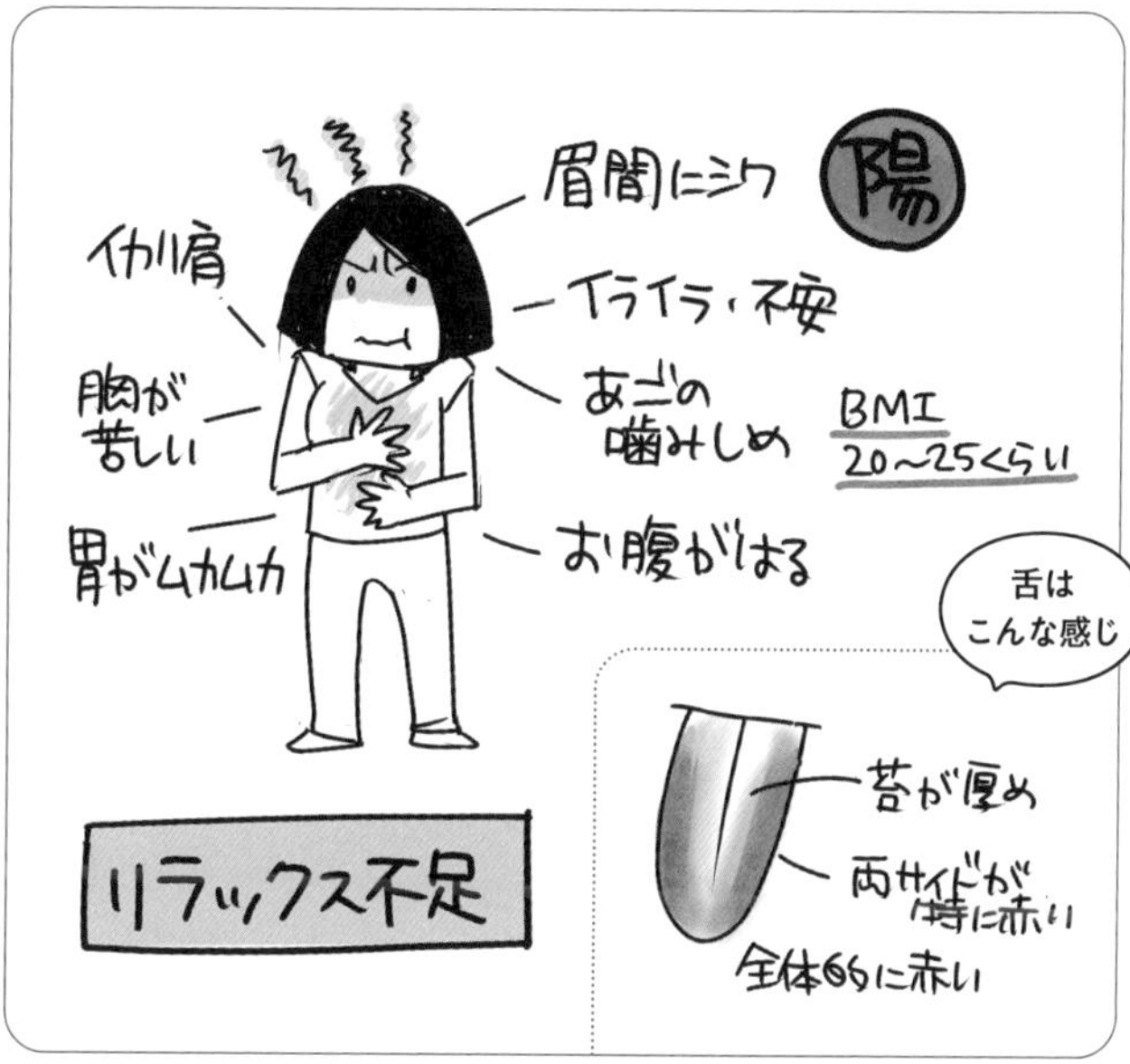

- □ 不安やイライラが多い
- □ ゲップやおならが多い
- □ お腹が張っている
- □ みぞおちがムカムカする
- □ 風邪でないのに咳《せき》が出る
- □ 寝つきが悪い・夢を見やすい
- □ 些細《ささい》なことが気になる（頭の中が忙しい）
- □ 便秘気味
- □ 胸が詰まった感覚
- □ 舌の両サイドが赤い

ストレスをためやすいタイプ。「気」が上部に停滞し、胸の苦しさを感じる方も多いです。BMIは20〜25くらいの傾向で、ストレスによる過食が多め。閉塞感があり、就寝時に噛み締めが出る方も。過呼吸気味で、体内に空気がたまりやすくもあります。

注意したい症状
のぼせ、更年期症状、
自律神経失調症、逆流性食道炎

TYPE 5

瘀血《おけつ》体質

血液ドロドロタイプ

陽に偏っている

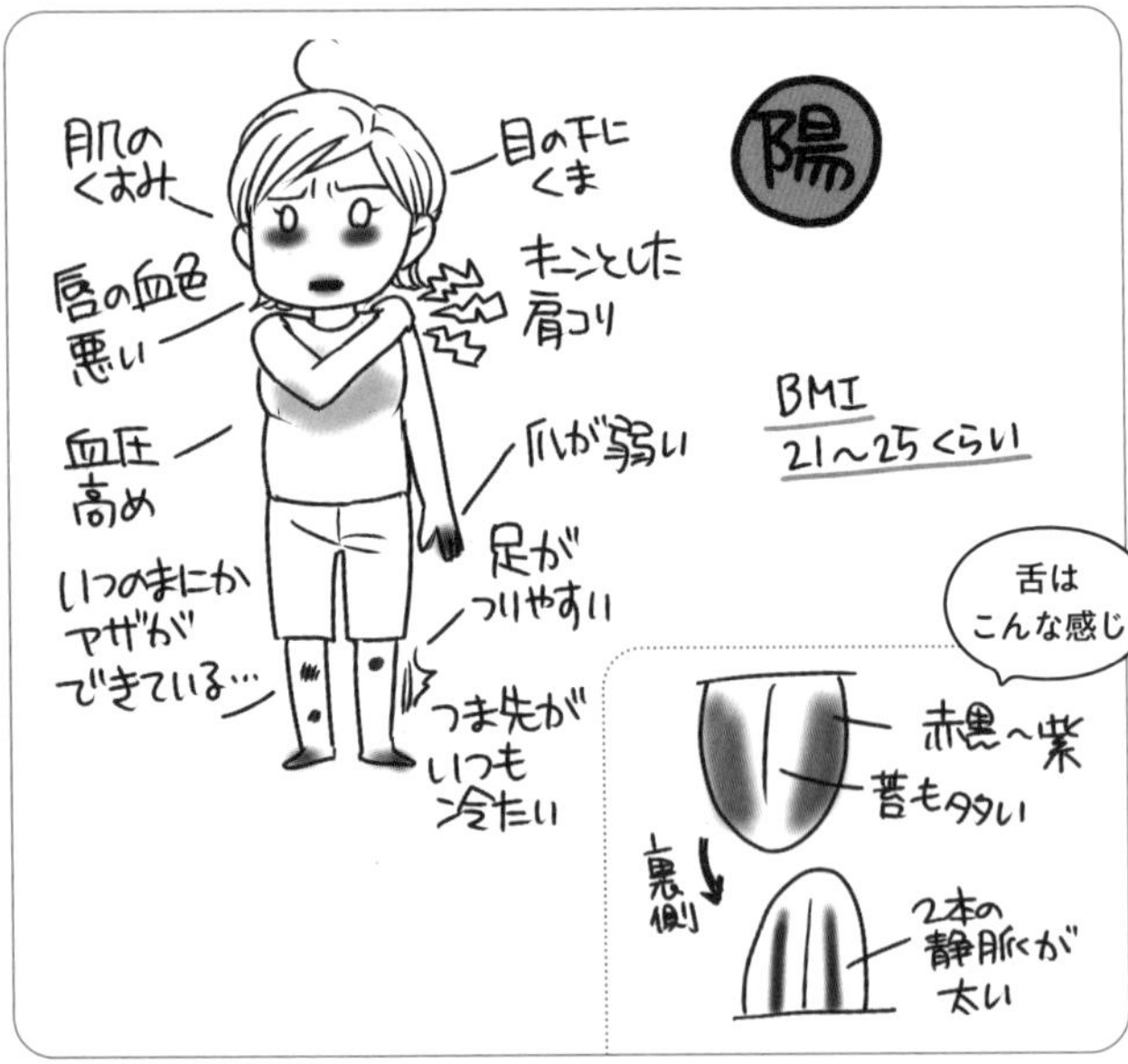

- 目の下にクマがある
- 頭痛がする
- キーンと痛い肩こりがある
- 足に静脈瘤《じょうみゃくりゅう》がある
- 手足が冷える末端冷え性
- 便秘気味
- 皮膚《ひふ》にかゆみが出やすい
- 顔色がくすむ
- 歯茎が暗赤色
- アザができやすい

肉食過多や運動不足により、血液内の老廃物が多くなった状態。「痛み・コリ・くすみ」が目立ち、BMIは21〜25くらいの傾向。血行悪化に伴い婦人科系の不調が出やすいです。血液の浄化には時間を要するので、陰性体質よりやせにくい性質もあります。

注意したい症状
動脈硬化、神経痛、リウマチ、PMS、子宮筋腫、肝炎、胃炎

TYPE 6

湿熱《しつねつ》体質

ぽっちゃり暑がりタイプ

陽に偏っている

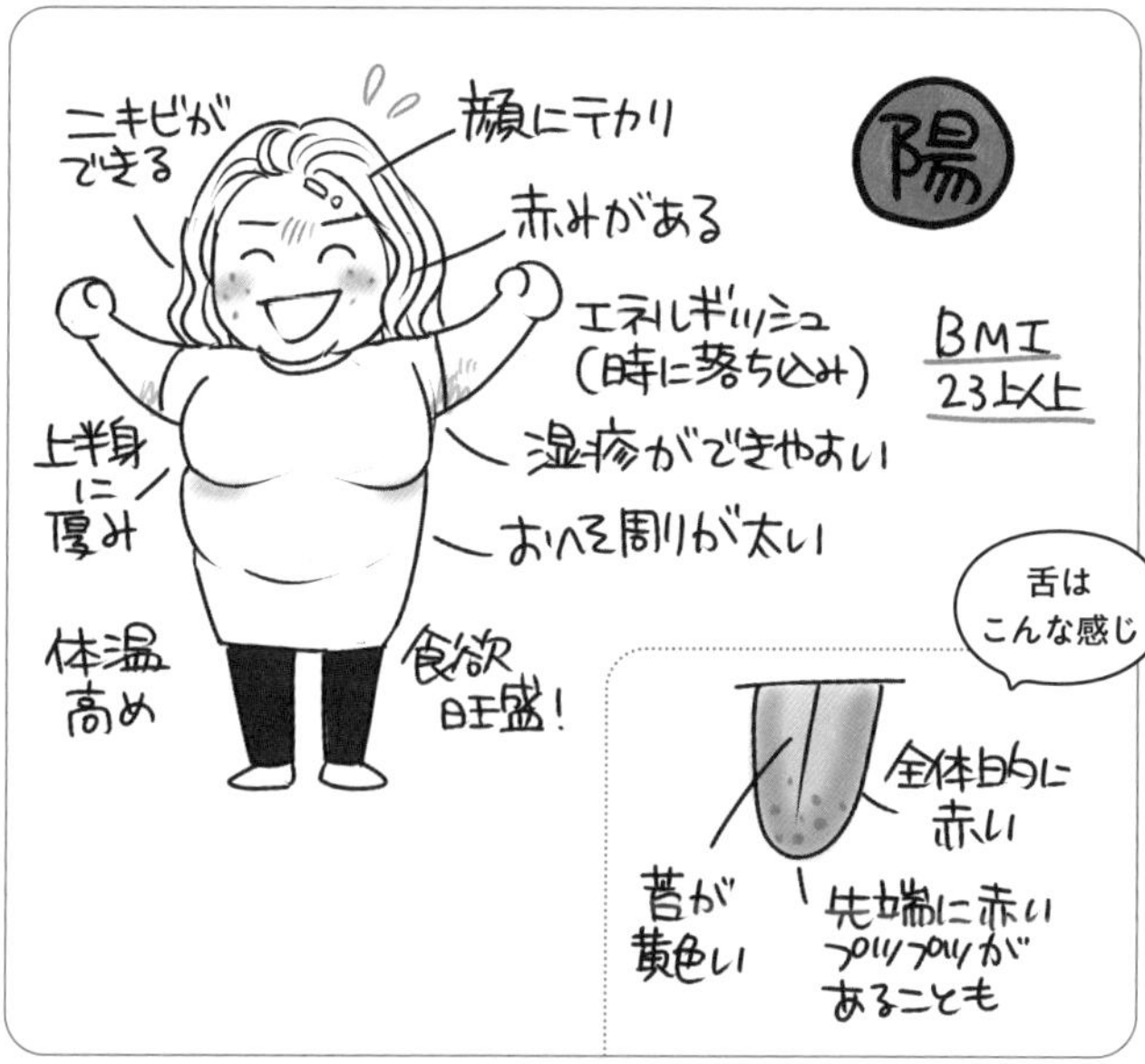

- □ 暑がりで汗っかき
- □ ニキビ・吹き出物が出やすい
- □ 口がネバつく・乾く
- □ 鼻や額が脂っぽい
- □ 傷が治りにくい
- □ 赤ら顔
- □ 舌のこけが黄色く厚い
- □ 気持ちのアップダウンが大きい
- □ 便の匂いが強め
- □ 冷たいものが飲みたくなる

血液トラブルの「瘀血」と、水分トラブルの「水滞」が絡み合った体質。食べることが好きで、BMIは23以上。血行トラブルで熱を発し、水分が蒸発する時に汗や皮脂・老廃物が肌に上昇し、湿疹《しっしん》が出ることも。精神的に不安定になりがち。

注意したい症状
糖尿病、高血圧、心筋梗塞《しんきんこうそく》、胆石、脂肪肝、うつ病以上6つの体質を並べると、**図1**のようになります。

図1　6つのタイプを比較

	陰性		中庸	陽性		
体質	気虚・血虚	水滞	中庸	気滞	瘀血	湿熱
気	×（不足）	△	○	×（滞り）	△	○
血	×（不足）	△	○	△	×（滞り）	×（滞り）
水	△	×（滞り）	○	△	△	×（滞り）
タイプ	気力体力不足	落ち込み水太り	キラキラ平和	ストレス太り	血液ドロドロ	ぽっちゃり暑がり
BMI目安	～20	23～	19～21	20～25	21～25	23～
体温目安	低	低	中～高	低	低	中～高
	体力不足	水分系老廃物		血液系老廃物		

＊低：35度台
＊中：36.0～36.5度
＊高：36.5度

あなたのタイプを知ったところで…、いよいよ「自然やせ力」を発揮する「養生のコツ」を紹介しましょう。誰でも簡単にできて、オートマチックに「キラキラ平和体質（中庸）」に近づく方法ですよ！

特別なことはしなくてOK。日常的な「習慣」にちょこっとプラスするだけ。無理に走ったり、筋トレしたり、絶食したり…、そんな必要はありません。

頑張るのはあなたではなく、あなたの中の「役者（血液・内臓・神経・細胞）」です。その役者たちが、精一杯頑張れる「環境」をつくるのがあなたの役目。

それは必ず「心地よさ」を生み出します。自然のルールに沿った「心身」は、快適さ、軽やかさ、美しさを備えているから。

具体的には、本編（p53〜）から始まる「5つの養生」を行ないます。どれも普段の生活の中で簡単に取り入れることができるものばかりです。

食事、運動、睡眠…。好きな時に好きなことからすればOK！

この先にある本編（p53〜）は、次の6つのパートから構成されています。全部で82の方法がありますが、右ページの上にそれぞれの方法が「合う体質」も掲載。茶色くなっているのが、合う体質となります。

●1つ目、2つ目のパート【食べて養生】

あなたの体を司る「気血水」は、「食べ物」と「呼吸」で作られています。食べ物で「気血水」を変える方法は、「意識的な領域」か「無意識の領域」で存在します。

「意識的な領域」に存在するのは、食材や食べる時間帯の選び方。特にどの食材を選ぶかは、作用する「陰陽」が比較的はっきりしています。「無意識的な領域」に存在するのは、消化器官の動き方。消化器官（胃・腸・肝臓・膵臓《すいぞう》）は食べ物を「栄養」に変えますが、代謝能力を超えた物は「太さ」として蓄積してしまいます。この代謝能力を上げる食事方法が、「自然やせ力」の重要な要素となるのです。

「食べて養生」はたくさんありますので、「どのように食べるか」を1つ目のパートで、「何を食べるか」は2つ目のパートで扱うことにします。

2つ目のパートの内容は、「ケの日＝日常の日＝整える日」のメニューです（「ケの日」についての詳しい解説はp66にて）。「ほぼ毎日」でOKなので、できるところからスタートしていきましょう。

3つ目のパート【癒して養生】

あなたの体を動かす「気」は、例えば「リンパ管」「自律神経」「経絡《けいらく》」といった体内に張り巡らされた通路を通っています。気の巡りは、体温が低すぎたり通路が狭かったりすると、「気の詰まり」を生み出します。

この「気の詰まり」は、本来排出すべき「体内のゴミ＝老廃物」を詰まらせる根本原因に。「血流」についても同じようなことがいえます。

マッサージや温熱療法という広い意味では「癒し」に属する行動で、ほぐして「通り道」を広げたり、温めてリラックスさせたりすることで、自然に「気や血がめぐる」体に変える方法をこのパートではお伝えします（食事などの話も多少は同時に出てきますが）。

二の腕や脚などの部分太りは「老廃物の詰まり」。流れがよくなると、細くきれいな形になります。また、癒しは「気めぐり」とも言われ、睡眠の質の向上や、ホルモンバランスや気持ちの安定感をもたらします。

4つ目のパート【感じて養生】

人の心と体は、季節をはじめとした環境とつながっています。あなたが何となく行きたくなる場所は、「陰陽バランスを整える」要素が多い場所かもしれません。自然にも「陰陽」があり、その場所には足りない要素を補う働きがあります。「山（陰）に行きたくなる↓ストレスが溜まっている」「海（陽）に行きたくなる↓元気がほしい」

図2 東洋医学での五臓の関係図

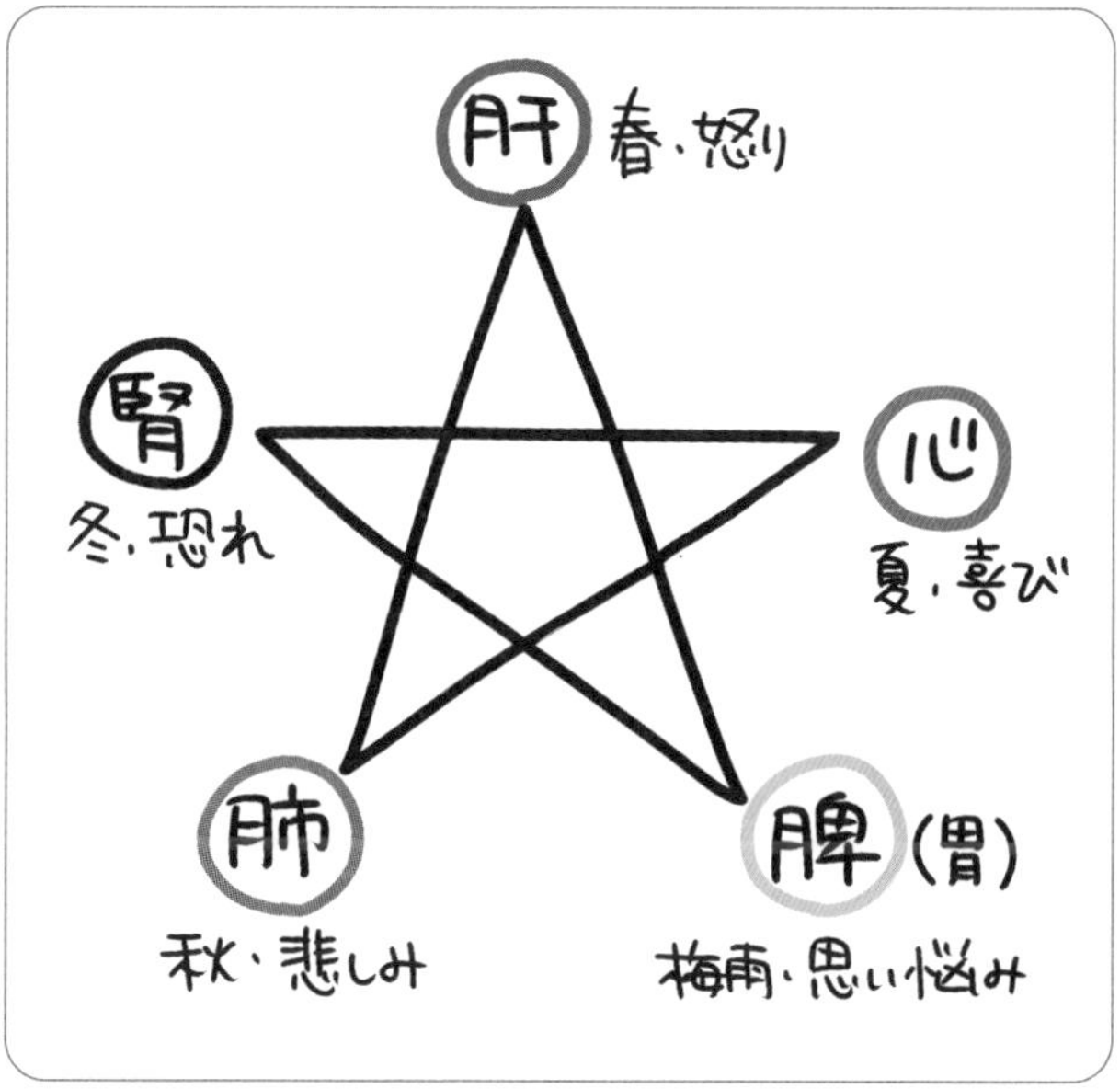

といったように。

また、四季のある日本は、季節による「感情」の変化が比較的はっきりしている土地ともいえます。感情は内臓とも関連性があります。

まとめると、季節により影響の出やすい感情があり、その感情により影響の出やすい内臓があるのです。季節や感情によって内臓の状態が変わるため、その季節や感情で弱っている内臓を、感じる養生によって回復させることが自然にやせることにつながるのです。

・春／怒り＝肝
・夏／喜び＝心
・梅雨／思い悩み＝脾《ひ》（胃）
・秋／悲しみ＝肺
・冬／恐れ＝腎

この図は東洋医学での五臓の関係を示しています。読んで字のごとく、「肝」には肝臓、「心」は心臓、「脾」は膵臓と胃、「肺」はそのまま肺、「腎」は腎臓となります。

ただし東洋医学においては、それぞれがもっと多くのものを含みます。例えば「脾」なら脾臓、膵臓、十二指腸まで含むのです。また、「脾」と「胃」は関連する位置づけとなります（厳密には違いますが、大まかにはその解釈でいいと思います）。

ですから、肝は肝臓、心は心臓と思って差し支えないですが、それ以外も含む複合的なものだと思ってください。実際に何に該当するのかなどは、その都度ご説明します。

●5つ目のパート【動いて養生】

動いてやせるなんて当たり前かもしれませんが、これに対して大きな誤解を生んでいる例が後を絶ちません。体を動かす本来の目的は、体の機能を上げること。体を消耗させて「やせ細る」ためではありません。

体の機能を上げるには、骨が動く場所をスムーズにしてあげることが大切です。実は「骨が動く場所」は老廃物が溜まりやすく、太くなったり可動域が狭くなったりしてしまいます。例えば肩関節に老廃物が溜まると、二の腕や背中のハミ肉がつきやすくなります。「四十肩や五十肩で腕が上がらない」という方も多いでしょう。

「骨が動く場所＝大きな関節」の詰まりをとることで、日常生活の動きも大きくなるので、1日を通して「消費カロリーが高くなる」という嬉しいおまけがついてきます。

呼吸がゆっくりになる運動や、軽やかなリズムを感じる運動は「生命活動の指揮者

=セロトニン（幸せホルモン）」を生成し、「自律神経=気の巡り」を改善する効果もとても高いのです。

●6つ目のパート【眠って養生】

眠りは「生命のリセット時間」ともいわれ、全生物にとって最も重要な活動の一つ。この時間で脳を浄化して記憶を整理し、消化器官が食物を栄養に変え、細胞の修復を行ないます。「気血水」を最も最適な状態にリセットし、心身の機能をメンテナンスする時間です。

なかなか寝付けない、途中で起きてしまう、寝起きが悪いなどの状態は、「メンテナンス」が十分でない可能性があります。睡眠は、ストレスや加齢によって状態が変わりますが、一度睡眠の質が悪くなると次の睡眠の質も悪くなるという、負のループを生み出す傾向があります。眠りのコツをつかんで早めの対策を講じましょう。

喜びの声、続々と！

チャイ子ママさん

46歳／介護福祉士

筋トレや食事制限を頑張っても成果が出なかったのに、Elly さんの動画を観てストレッチやマッサージをし、食事を変えると、いつの間にかやせた。しかもずっと悩んでいた頭痛までなくなり、体調を崩すことが滅多に起きなくなった。メンタルも安定してきた気がする。周囲の人から「やせたね」「若くなったよ」と言われることが増えた！

	AFTER	BEFORE
体重	54kg	64kg
体脂肪率	23%台	50%台

えりこさん

63歳／パート

「BEFORE → AFTER」の変化がすごくてびっくりし、本格的に始めることにしました。その後、腱鞘炎《けんしょうえん》になったことでセルフケアはあまりできていませんが、水を小豆茶とハブ茶に変え、12時間断食、具なしのお味噌汁、切り干し大根などを摂ることに。白米を玄米に変えるなどを続けた結果、10kg減！　本当に感謝です。これからも Elly さんについて行きます。

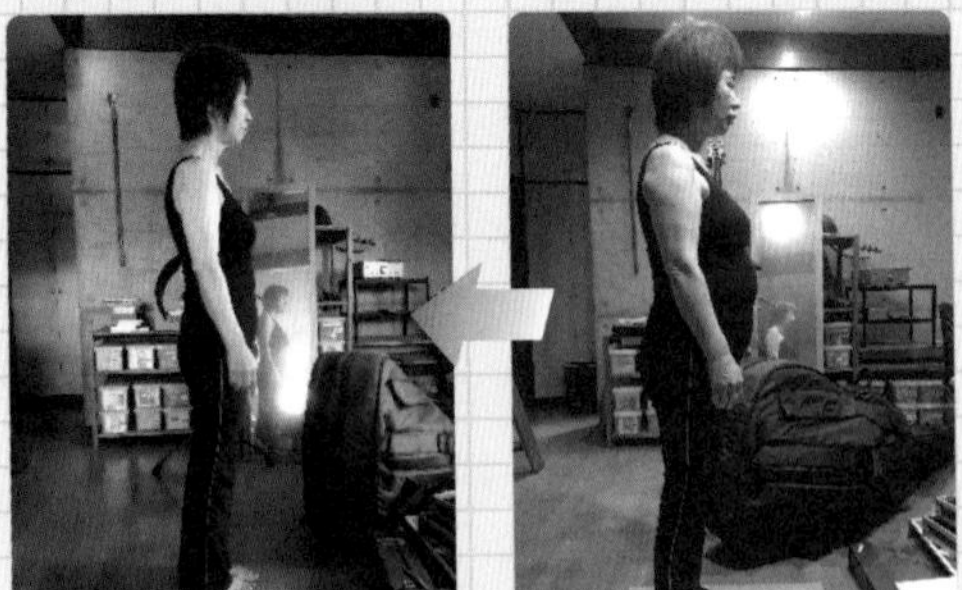

	AFTER	BEFORE
体重	53.1kg	66.0kg
体脂肪率	26.7%台	36.2%台

くま子さん

40代後半／主婦

　2年半前に16時間断食を始めて1年半くらい経ったころ、Elly さんの養生ダイエットを知って実践すると、なんと55kg 減のダイエットができました！

　食べる“こと”が悪いのではなく、食べる“もの”が悪いから太るんだとわかったのです。やせた今は、見える景色がモノクロからカラーに変わり、いろんなことにチャレンジしようと思えるようになりました。

	AFTER	BEFORE
体重	51kg	106kg
体脂肪率	23%台	50%台

Ritaさん

36歳／専業主婦(パート)

　二の腕の太さが気になったので、白米を玄米に変えてみたり、温かめのお茶を飲んだりと、無理なくできることだけを実践。すると体重まで落ち始めました。そうなると養生生活が楽しくて仕方ありません！　調味料を変え、食品は無添加に変えましたが、そこに「頑張って」とか「無理して」という言葉は存在せず。一生続けたいと思う習慣が身につき、Ellyさんに本当に感謝です！

	AFTER	BEFORE
体重	54.4kg	60.3kg
体脂肪率	26.7%台	31.6%台

kaoriさん

55歳／会社員

小豆茶を飲み始めて最初の1ヶ月で2.5kg 落ちたのをきっかけに、Elly さんなら信頼できると思い養生ダイエットを本格的にスタート。辛かったことはほぼありませんでした。

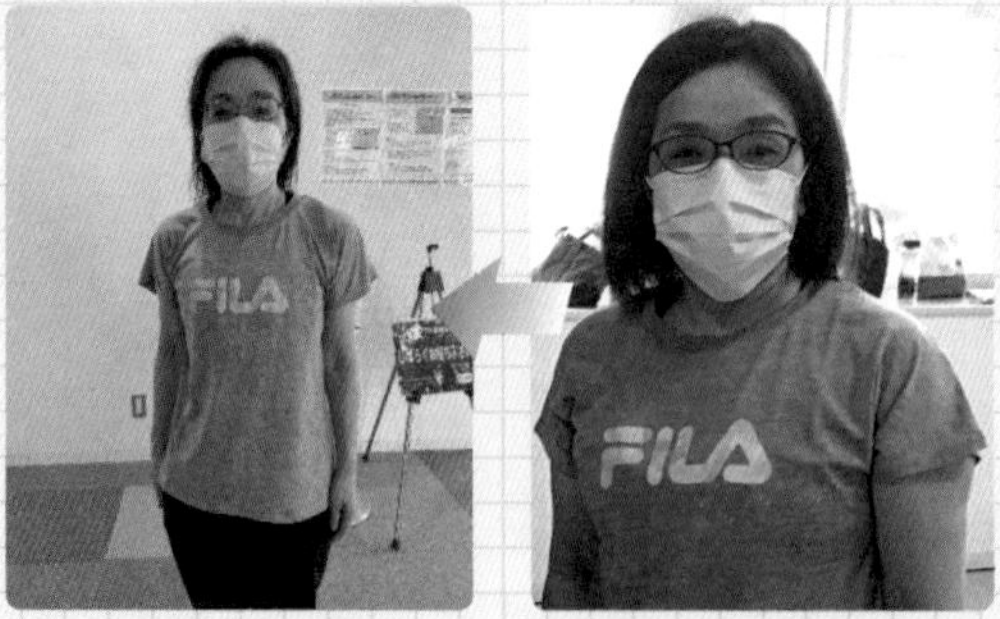

AFTER
BMI **21.5**

BEFORE
BMI **28**

H.Kさん

49歳／会社経営

週3、４回は外食。自宅の夕食も毎日白飯1.5合。ジムに通いプロテインを飲んでいましたが、体重は増える一方でした。養生生活を始め、今では完全玄米食。12時間断食も苦も無く継続中。甘いものはほぼ食べなくなりました。ハレの日とケの日を明確にすることで体調も快調。体重が落ちただけでなく、血圧がかなり下がったのに驚きました。

AFTER
体重 **73kg**
血圧 **107/67mmHg**

BEFORE
体重 **89kg**
血圧 **134/75mmHg**

45歳からどんなダイエットもダメだったのに、たった2週間で体重とボディラインに革命が起きました！お茶、玄米、無添加調味料など順々に取り入れると、体調もすこぶる良くなりました。職業病だった頚椎《けいつい》症も頭痛も全くなくなり、便秘薬も必要としない体になりました。私の外見の変化に、周りからの質問攻めが凄くて(笑)。みんなに教えたら、成功者が出ています。

S.Hさん

51歳／会社員(事務)

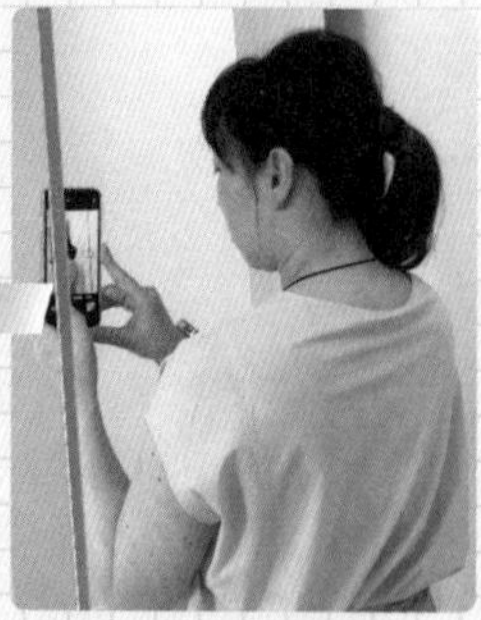

AFTER

体重 51.2kg

体脂肪率 23%台

BEFORE

体重 59.7kg

体脂肪率 28.6%台

太って体調不良の日が多く、よい食事法を探したらEllyさんのダイエットに出会い、以来、驚くほどスルスルと体重が落ちました。ご飯は玄米と雑穀も取り入れ、切り干し大根と昆布の煮物、おかかショウガと納豆と味噌汁をデフォルトにしてます。ハレの日には色々楽しむこともありますが、整える日を作ることでEllyさんのダイエット法を現在進行形で苦もなく継続できています。

ゆうさん

45歳／会社役員

AFTER

体重 61.3kg

BEFORE

体重 70kg

コロナ禍で153cmで65kgオーバーに。健診で太り過ぎを指摘され、自己流で5kg位やせたものの、その後は停滞。そんな時にEllyさんの動画に出会い、玄米食、ハブ茶、フォームローラーなどを少しずつ取り入れました。苦労することなく10ヶ月で15kg位やせ、トータルで20kg減！　今では家族ぐるみで養生生活して、みんな身体がスッキリ。今後も持続して健康に過ごしたいです！

saikaさん

49歳／保育士

AFTER

体重 45.5kg

BMI 19.44

BEFORE

体重 65kg

BMI 28.15

カフェオレのガブ飲みをやめて小豆茶に変え、フォームローラーやマッサージを行うと、40年ぶりの40kg台に！　コレステロール値はたった1年で333→246mg/dlへ。重度の甘い物依存性だったのが、今は土日だけにできるなんて驚愕《きょうがく》！　ダンスのレッスンは始められたし、好きな服が着られる。昔よりも明らかに、イキイキとしてます。人生が変わった…。Ellyさんは恩人です。

ゆうさん

56歳／自営業

AFTER

体重 47.2kg

服のサイズ 7号

BEFORE

体重 58.5kg

服のサイズ 11号

食べて養生 1

食べ方を変えるだけで自然にやせる

EAT

1

ADVICE

#1

「自然やせ力」は内臓機能が9割！

「12時間の空腹」で消化器官をメンテナンス

改善が見込めるもの

食欲／血糖値／胃もたれ

やること

夜〜朝にかけて「12時間〜16時間」は食事をしない

例
20時夕食終わり↓朝食8時以降＝12時間食事なし
21時夕食終わり↓朝は飲み物だけ↓12時昼食＝15時間食事なし

☺ 食事なしの時間でもOK
- 無糖のお茶
- ブラックコーヒー
- 具なし味噌汁
- 梅しょう番茶
- 梅昆布茶

など甘くない飲み物

☹ 食事なしの時間はNG
- ジュース・ハチミツなど甘さが加えられている液体
- 固形物

※どうしてもお腹が空いたら10粒ほどの「素焼きナッツ」ならOK。

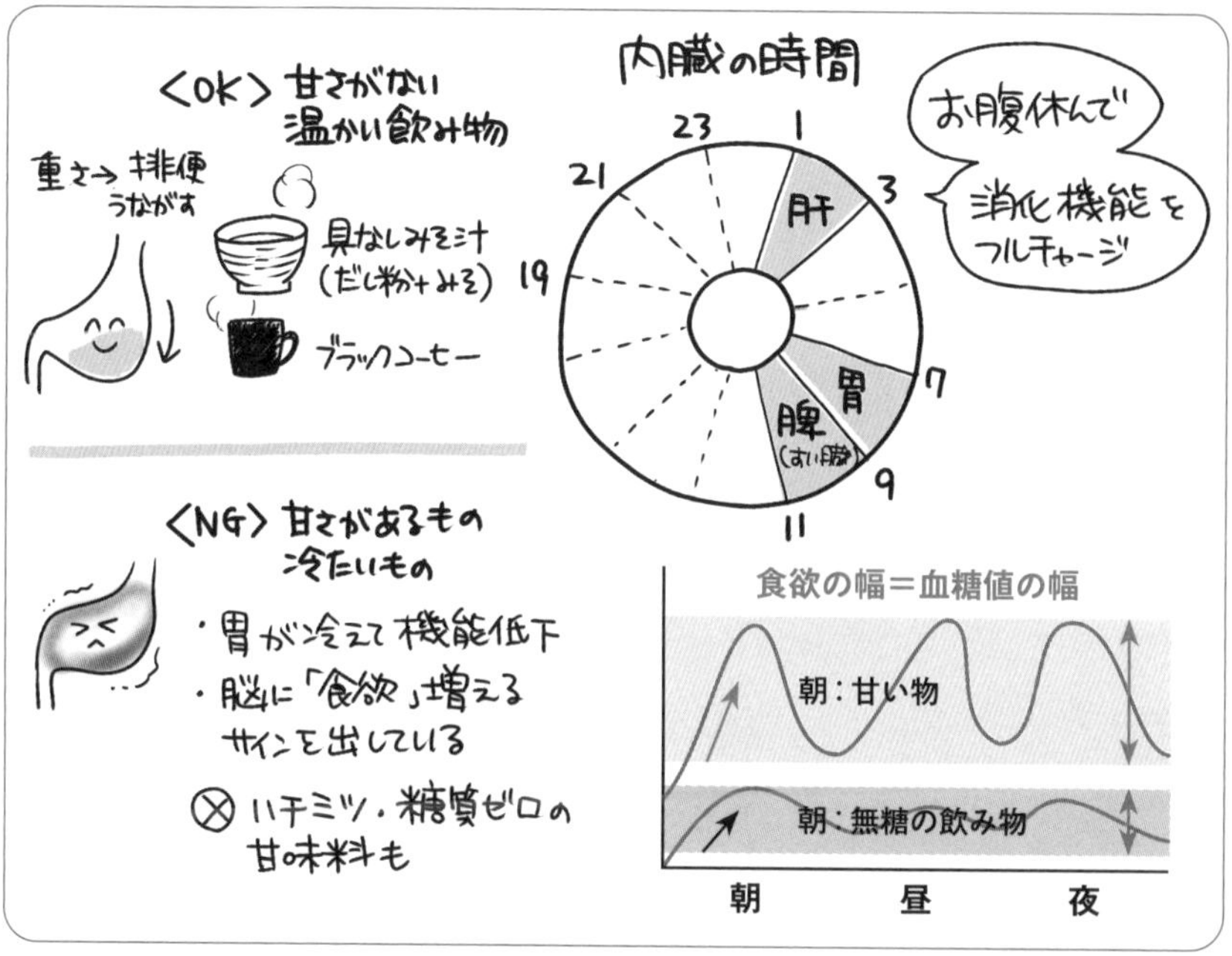

消化器官を休ませると、「内臓代謝」が活性化する

「消化器官＝胃・肝臓・膵臓」は、内臓代謝＝基礎代謝の4割以上を担っています。食べ物が口に入り、胃から消化されるまで最低8〜10時間。腸で吸収、肝臓で解毒されるまで約12時間です。

働きっぱなしは、胃に炎症を起こし、食欲を倍増させます（胃炎・逆流性食道炎）。肝臓では正しく解毒ができず毒素が「太さ」に定着してしまいます。

東洋医学では「肝」は夜中の1〜3時、「胃」は7〜9時に活発になります。この時間にあわせて断食すると、負担が軽減され、消化器官の「自己回復力」が高まります。また、朝に「甘さ」と触れる機会をなくすと、1日通して食欲もおさまります。

ADVICE

#2

自然の胃薬を自己生成

噛みながら「ありがとうございます×3回」唱える

改善が見込めるもの

食欲／血糖値／胃もたれ／自律神経

やること

食事の最初の3口（だけ）は、30回以上噛む

例 「ありがとうございます（10文字）と頭の中で唱えながら噛む×3回＝30回」もぐもぐする

なぜ？

▼「噛むこと」により「唾液」が分泌され、消化酵素「アミラーゼ」が生成

▼「噛むリズム」によって、自律神経の指揮者「セロトニン」が生成される（陽→中庸）

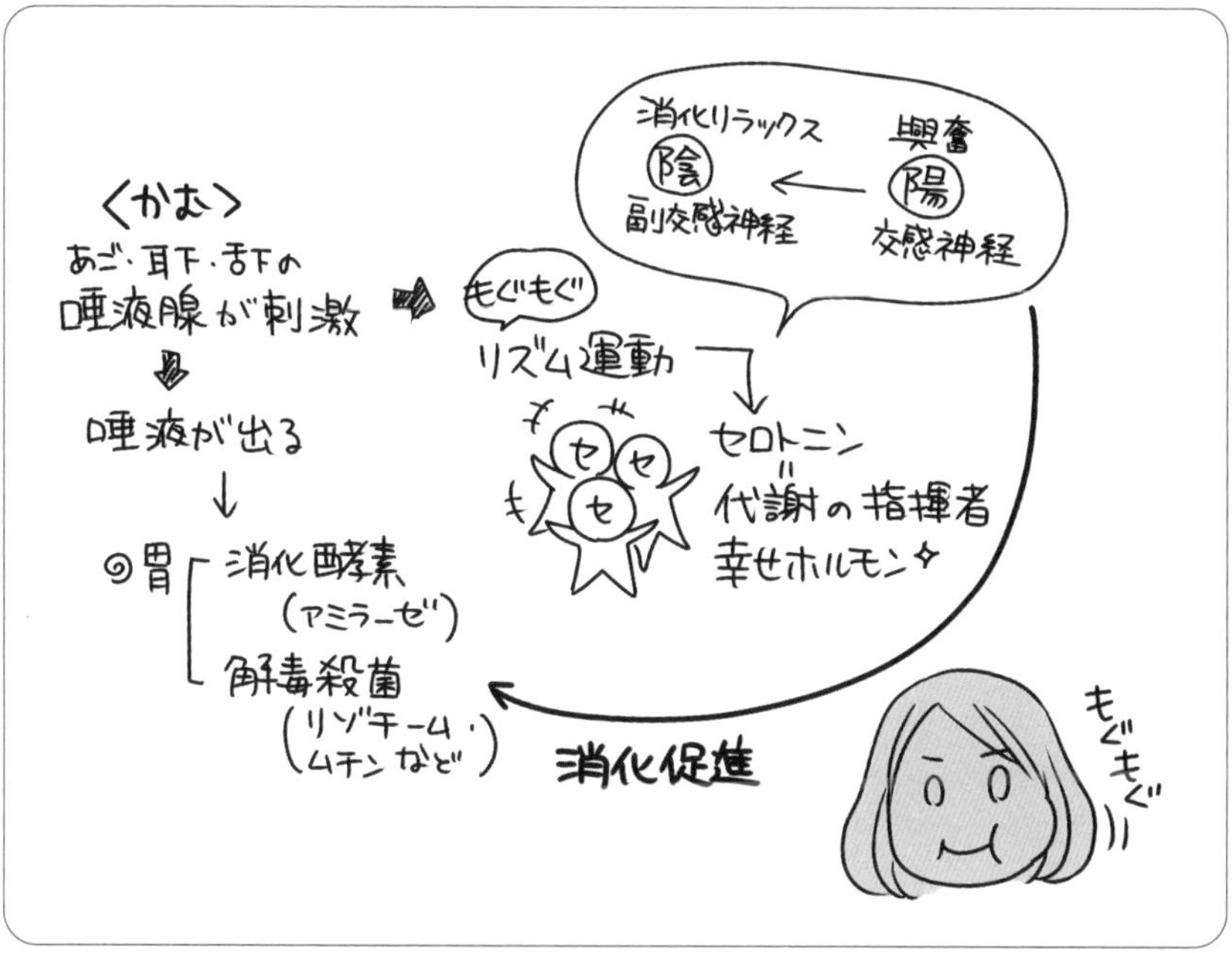

唾液は「ダイエット」の強烈な味方

「アミラーゼ」という消化酵素は、食べ物を分解するために唾液腺と膵臓から分泌されます。しっかり噛まないと膵臓の負担が増え、消化能力が低下してしまいます。

また、早食いは満腹中枢を鈍らせ、食べ過ぎにつながることも。最初の３口だけでもしっかり噛めば、食事の高揚感はおさまり食べるスピードがゆっくりになります。（陽→中庸）

噛む「リズム運動」はセロトニンの分泌を増やし、ストレス食いやイライラを抑えます。東洋医学では、唾液は「天然の胃薬」として知られています。胃もたれがある時は、「お茶漬け」よりも「お米」をよく噛んで食べるほうが、回復力が高まるといわれています。

ADVICE

#3

お腹を温めて、食事の準備

野菜《ベジ》ファーストより汁《しる》物《もの》ファースト

改善が見込めるもの

食欲／血糖値／胃もたれ

やること

食事には「汁物（シンプルな味噌汁がベスト）」を加え、最初に5口以上食べてからおかずを食べる

例
・なめこの味噌汁→野菜のおかず

なぜ？

▼温かさで、胃腸を活発にさせる
▼水分がお腹にたまり、食欲が抑えられる
▼血糖値の上昇がゆるやかになる

OK ☺

- 味噌汁
- 鶏ガラスープ（陰→中庸←陽）

NG ☹

- ポタージュ系スープ
- クリーミーなスープ

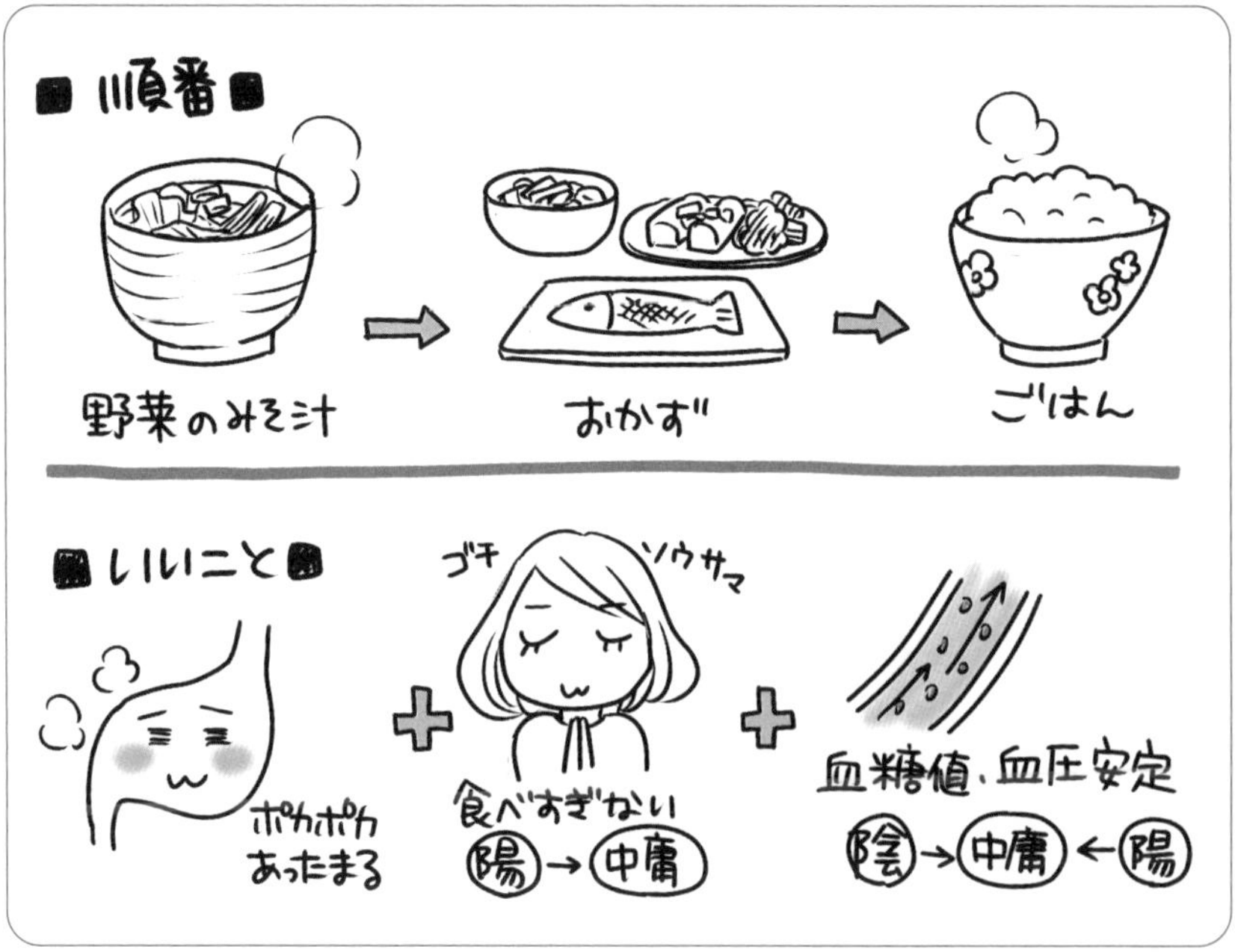

「味噌汁」を最初に食べる「安心感」

一般的なダイエットでは「野菜」を最初に食べることが推奨されますが、さらに効果を上げるなら「汁物ファースト」が最適。

「サラダ」や和食の「おひたし」などは、最初に食べると胃を冷やしやすく、味付けに糖質や酸化した脂質が多く含まれているので、老廃物がたまり太る原因になります。

汁物でも、ポタージュやクリーミーなスープは同様のリスクがあるため、味噌汁がお勧め。胃が温まり消化が活発になる上、満腹感や満足感が得られ、食欲が落ち着くからです。

消化に負担をかけないように、肉ではなく野菜の味噌汁が理想的。インスタント味噌汁でも構いません。

ADVICE

#4

胃が縮こまる…、消化悪化の習慣

レストランの氷水は飲まない

改善が見込めるもの
むくみ／消化／胃もたれ／婦人科系の不調

やること

「冷水」は飲まない。飲む時は口の中で温めたり、よく噛んで「唾液」を出したりする（約5秒）

OK ☺
・汁物・温かいお茶

NG ☹
・氷水

なぜ？
▼胃酸が薄まり消化能力が落ちる
▼胃の温度が急激に下がると、炎症が起き内臓脂肪がつきやすくなる
▼胃はそもそも「水」の消化が苦手である

♥アフターケア
飲み会や食事会で、ビールや冷たいお酒を飲んだ翌日は、空腹時間を増やす。すると胃が休まり、炎症がおさまりやすくなる。空腹時間は14〜16時間が目安

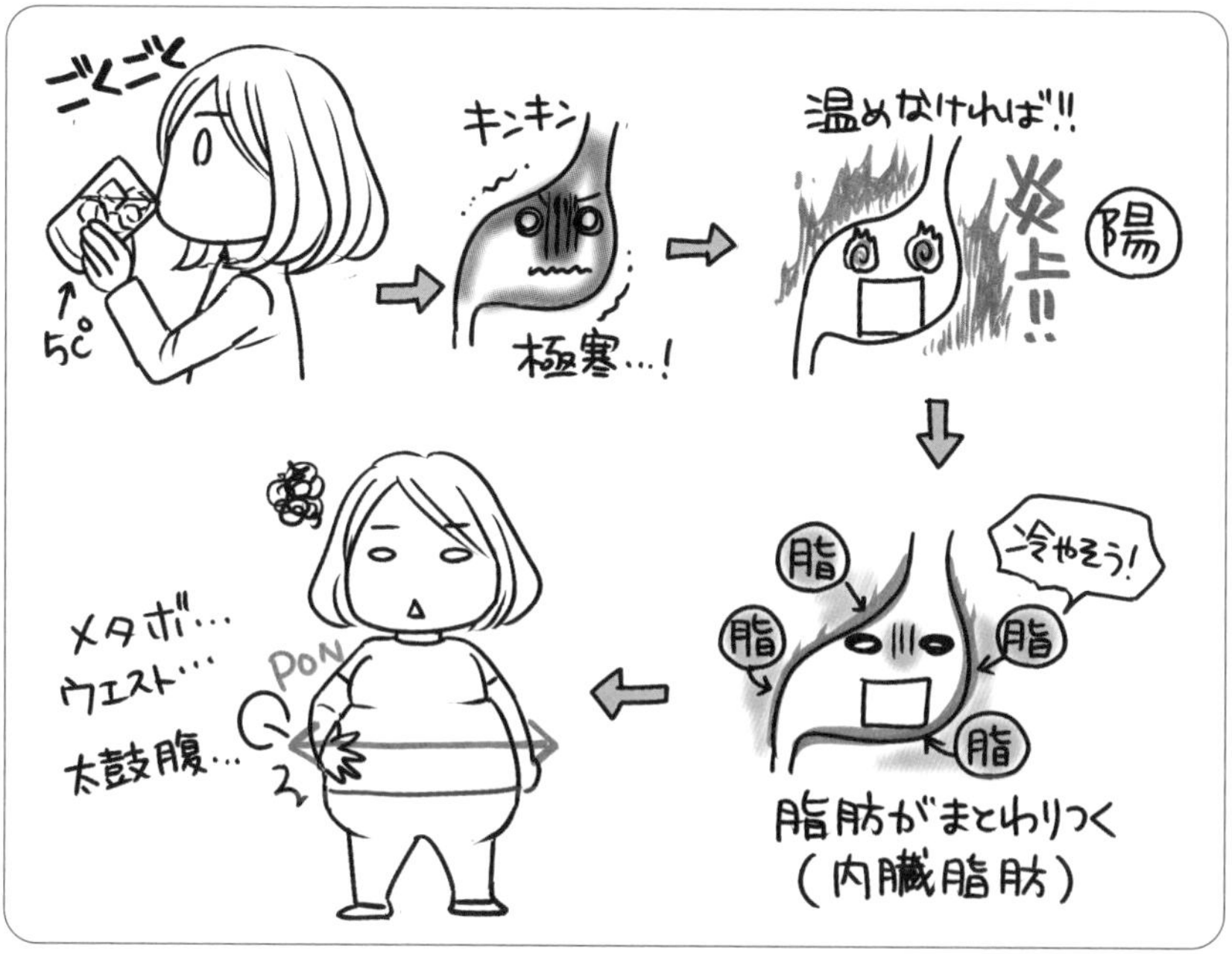
ごくごく
5℃
キンキン
極寒…!
温めなければ!!
炎上!!
陽
冷やそう!
脂
脂
脂
脂
脂肪がまとわりつく
(内臓脂肪)
メタボ…
ウエスト…
太鼓腹…
PON

氷水は脂肪をためこむ負のループの入り口

冷たい飲み物は、胃を急激に冷やします。食べ物は胃と同じ温度まで温められてから消化が始まります。氷水を飲むと、胃を温める「熱」が必要になるのです。

しかし熱くなり過ぎた胃は、脂肪をまとうことで温度を下げようとします（↓内臓脂肪が増える）。

また、冷水（陰）を飲むと、肉や脂っこい物（陽）の食欲が増え、その脂が固まると「血液ドロドロ」「脂肪細胞の肥大化」につながります。冷水は、老廃物を溜める「負のループ」の入り口です。

週2日間ほどの「楽しむ食事」はOKですが、「普段の食事」では注意しましょう。どうしても「冷たい飲み物」を飲む時は、「噛む」ように飲んで唾液の分泌を促してください。

ADVICE

#5

判断力が激減する

夕方に「お菓子コーナー」に寄ってはいけない

改善が見込めるもの

ストレス食べ／食欲／むくみ

やること

○食材の買い物リストをつくっておく

○平日は夕食メニューを決めておく

○夕方はお菓子売り場から「5秒以内」に立ち去る

なぜ？

▼夕方は脳疲労により判断力（血糖値）が下がり、自制心が減る。するとと血糖値が上がる「お菓子」「甘い味の惣菜」「お酒」を選びやすくなる（甘い物・お酒：陰性→ゆるむ・たるむ・冷やす⇒血糖値上昇）

▼脳疲労時は固定観念に縛られやすく、ストレス解消に安易な方法を選びやすい

午前
仕事中
夕方
フフ…
今日はお菓子を食べないぞ…！
脳エネルギー消費
ダカダカダカダカ
今日は疲れたからお菓子OK!!
POTATO
朝の決意はどこへ……
「甘さ」＝陰
・細胞が「ゆるむ」作用
ex) 酒・菓子・果物・レトルト
血糖値
正常血糖値
ランチカレー
意志力＝判断力＝血糖値

お昼はガマンできたのに、夜に暴食の本当の理由

仕事帰りにスーパーやコンビニへ行く場合は、判断力が低下していることを前提として考えましょう。心理学では、判断力は意志力と同じだとされています。「脳の糖質量」が減ると自制心が低くなります。

昼食で血糖値が高くなるものを食べると、夕方には「低血糖」を起こし「判断力」が低下します。夕方の買い物は、淡々と必要なものだけを買うようにしましょう。あらかじめ「買い物リスト」をスマホのメモ機能に入れておくと便利です。

誘惑がある売り場に一定時間滞在すると、「買う理由」を脳が探し出そうとするので、気づいてから「5秒以内」に立ち去るルールを決めるといいでしょう。

ADVICE

#6

全エネルギーを「回復力」に回すとやせる

疲れたら「食べない！ 動かない！ 寝る」

改善が見込めるもの

疲労感／むくみ／消化／胃もたれ

やること

- ○疲労困憊《こんぱい》の日は、揚げ物や肉、お酒は控える
- ○汁物やお米を、30回以上噛んで食べる（お粥《かゆ》がベスト）
- ○長風呂や、汗をダラダラかくような運動は控える

なぜ？

▼肝臓疲労を溜めず、体力回復に全エネルギーを回す

▼ダラダラ汗と一緒に「気＝体力」が消耗する

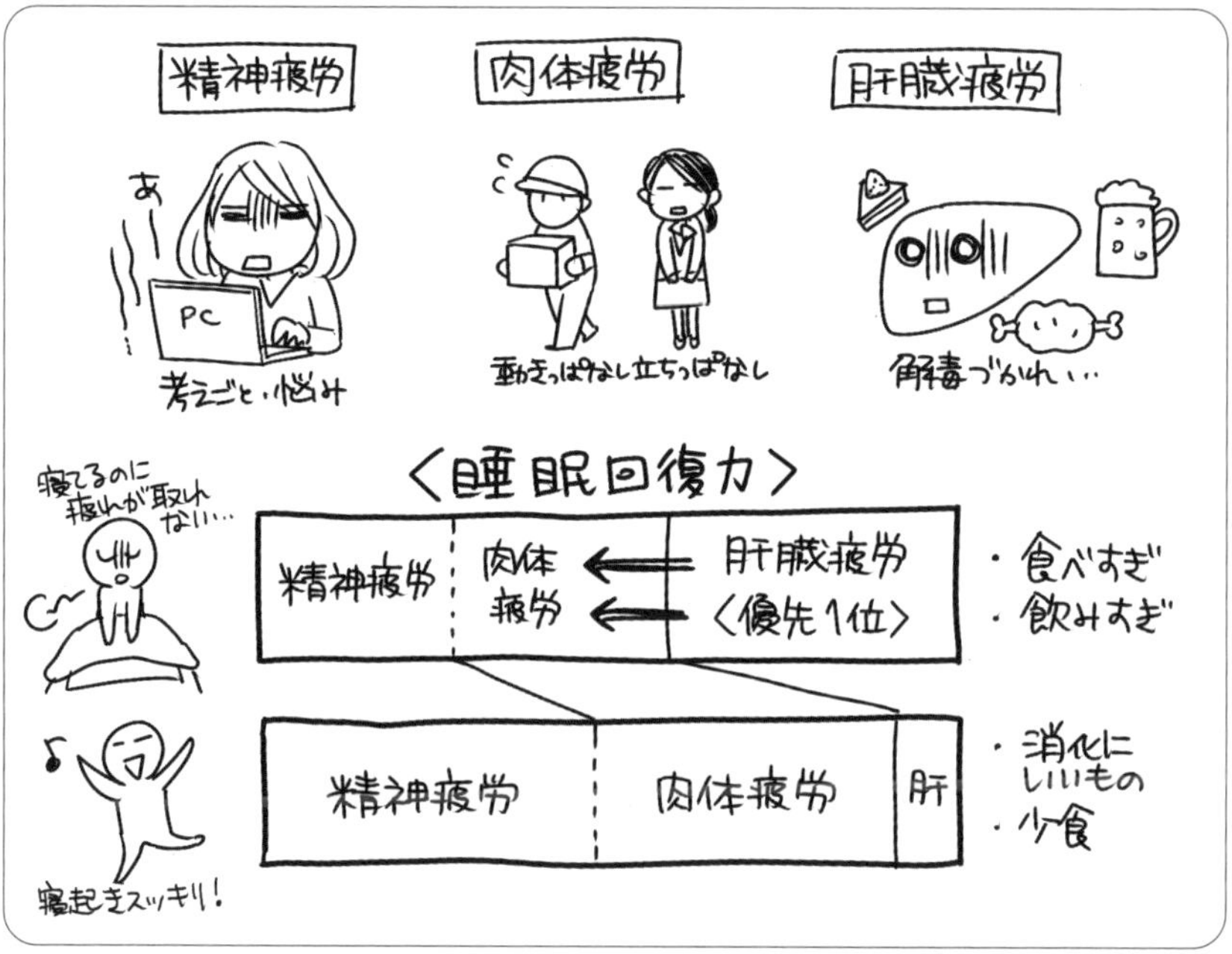

体の疲れには3種類が存在する

「疲れ」には①考えたり悩んだりする「精神疲労」、②体を使う「肉体疲労」、③消化や解毒などの「肝臓疲労」の3種類が存在します。肉や揚げ物を食べたり、飲酒をしたりすると肝臓への負担が大きくなり、睡眠中の「精神」と「肉体」の疲労回復を妨げる可能性があります。結果として、「代謝」の長期的な低下につながることもあるのです。

疲れた時は消化の悪い食べ物を避け、回復力を「精神」と「肉体」に回しましょう。「肝臓疲労」は、夜から朝にかけて12時間絶食することで自然に回復します。体力はダラダラ汗とともに消耗するので、運動や入浴はジワッと体を温める程度にとどめましょう。

ADVICE

#7

「ほぼ毎日」がいい感じ

ダイエットは連続が命。3日進んで2日下がる

改善が見込めるもの

疲労感／ストレス／落ち込み

やること

○「ハレの日」と「ケの日」にわける
（ハレの日＝楽しむ日／ケの日＝日常の日）

○ケの日の食事で「内臓機能」を整える食事を摂る

○ケの日は2～3日連続が推奨（ほぼ毎日）

○「ハレの日」は食べたいものを思いっきり楽しむ

なぜ？

▼思考と生活習慣にルールを定めると、誘惑に負けず食事に迷わない

▼「ケの日」が2～3日間続けば「味覚」がリセットし、太る依存的な食欲から脱却できる

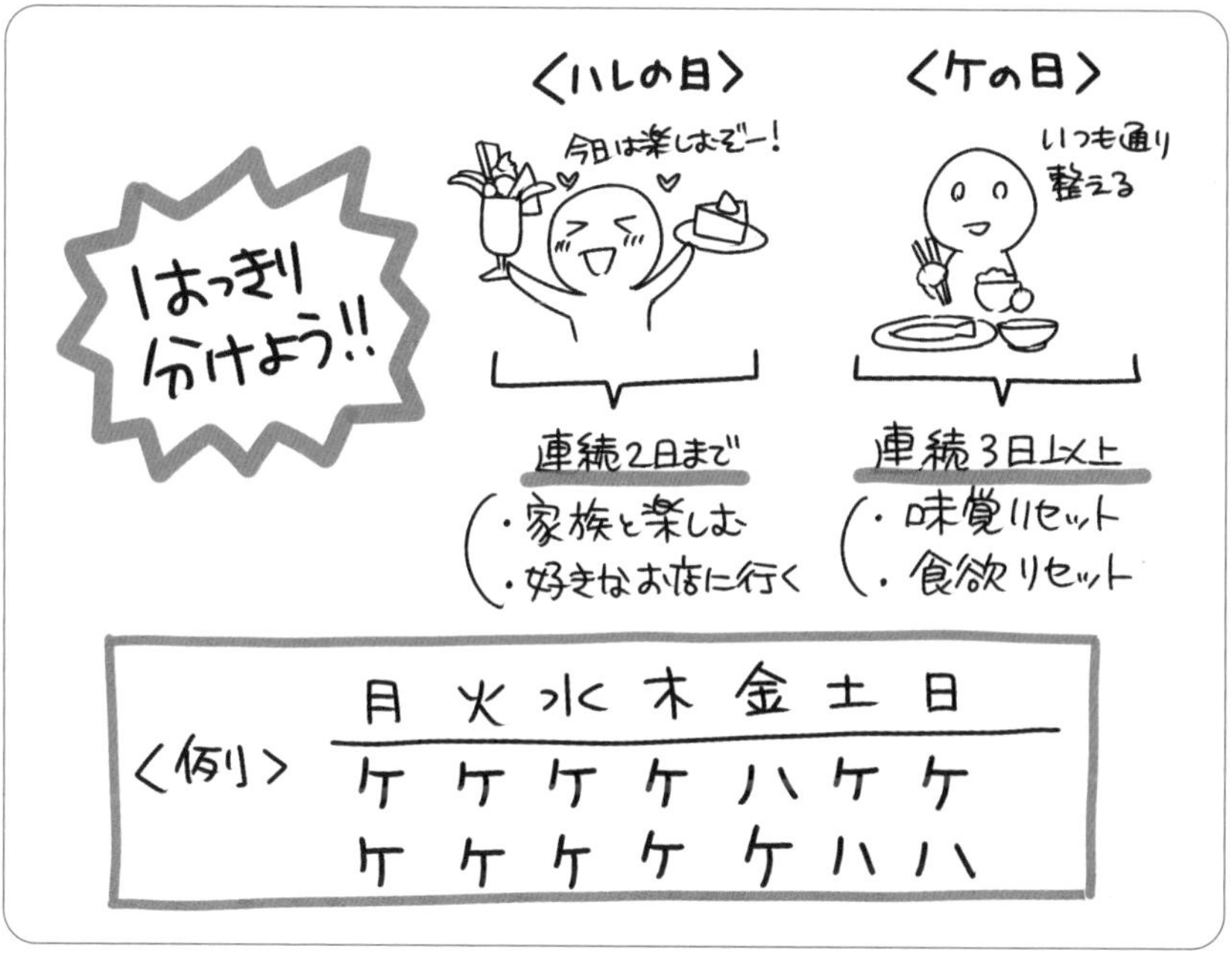

味覚が変われば、食欲も変わる

甘いものや脂っこいものは、ダイエットのために毎日少量ずつに減らしても、摂取の頻度が高いと依存性が持続してしまいます。この依存症をリセットするには、「2〜3日連続」で摂取を控えるのが大事。

食事の自制心も「ルール」の有無で変わるので、食べたいものは次の「ハレの日」に回すというルールを設けておけば、摂取すべきものの判断が容易にできるようになります。それが「小さな成功体験」となり、自己効力感（できる！）を感じることにつながります。

また「ハレの日」や「ケの日」で翌日の体調の違いを感じることも、ダイエット成功の秘訣です（大抵「ケの日」の後は快適）。

EAT

2

食べるものを変えるだけで自然にやせる

食べて養生 2

ADVICE

#8

「酸化させない」が代謝を上げるカギ

野菜は肉の2倍以上食べる

改善が見込めるもの

ストレス／食欲／血糖値／肌荒れ

やること

○植物性食品：動物性食品（肉・魚・卵）＝5：1

○野菜中心の献立に、少量の動物性食品を加える

なぜ？

▼動物性食品は大きな分子「有機酸」の分解にとどまり、体内を酸性にする（酸化＝陽）

※酸化＝肩こり、慢性疲労、肌荒れ、高血圧などの老化現象

▼体が酸化すると「肝臓」に負担がかかり、ストレスが増大する

▼植物性食品の抗酸化物質は「有機酸」を「炭酸＋水」に分解し、解毒を促す（中庸に近づく）

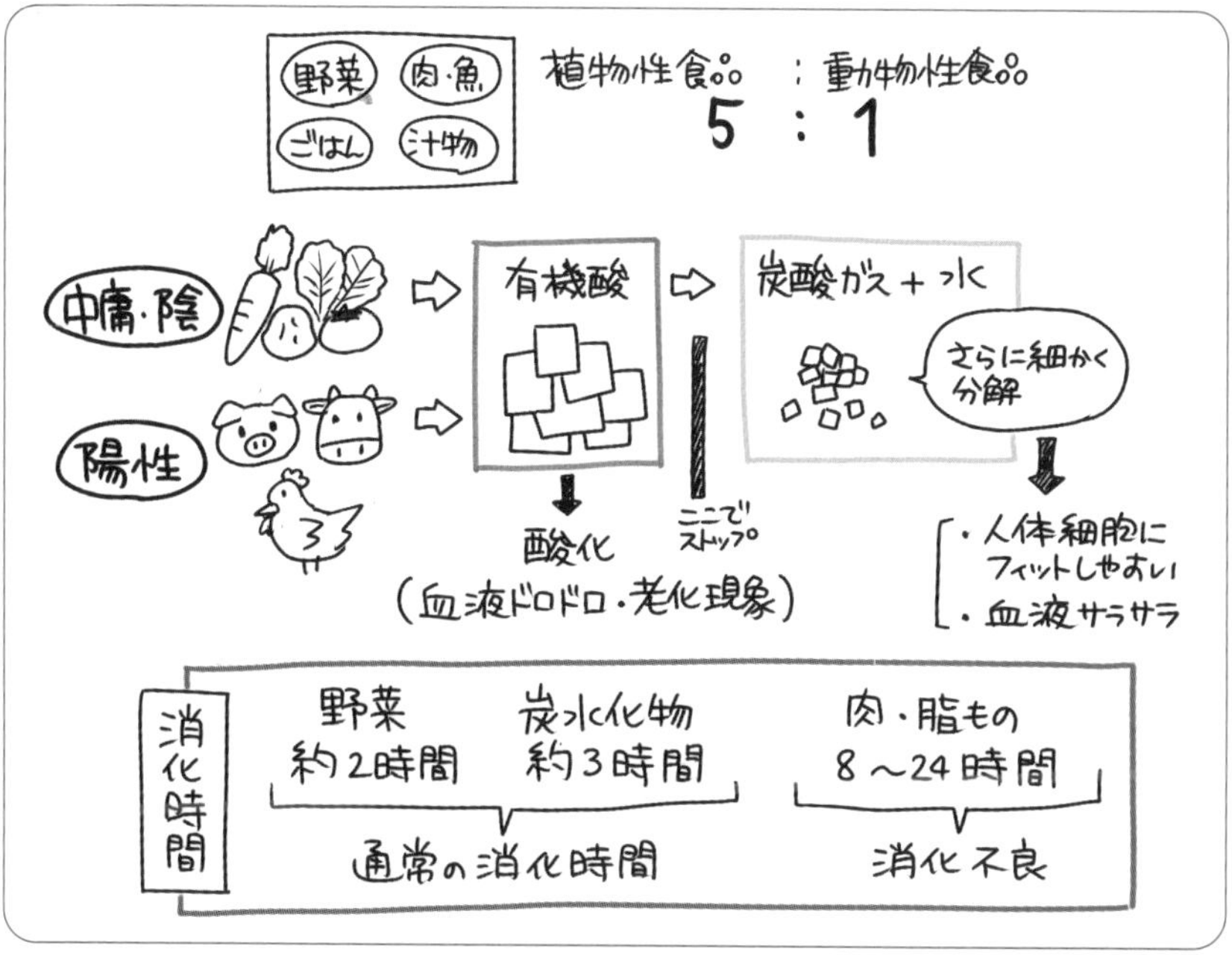

「酸化＝老化」…。酸化の軽減は「野菜」で行なう！

動物性食品（陽）を消化するのに必要な時間は、植物性食品（中庸・陰）の2～3倍にも及びます。植物性食品は、細かい分子まで分解されて吸収されますが、動物性食品は消化に時間がかかる上、「分解物」は植物性分子よりも大きくなります。これにより「酸性状態」が続き、体内は酸化しやすくなるのです。酸化は老化を加速させ、基礎代謝の低下につながります。

東洋医学では「肝」は自律神経とストレス管理を担当する器官。「肝」の負担で、イライラやストレス食いが増える可能性があります。野菜でビタミン、ミネラル、ポリフェノールなどを積極的に摂取して、体内の酸化物質を排出しましょう。

※出典：『健康と美容の食生活』森下敬一／文理書院

ADVICE

#9

同じタンパク質でも全く違う

迷ったら「肉」より「魚」を選ぶ

改善が見込めるもの

胃もたれ／ストレス／食欲／血糖値／血圧

やること

- ○週2回以上「魚介類」の献立を入れる
- ○外食は「魚料理」を選ぶ
- ○サバ・イワシ・アジなどの「青魚」、天然のサケがよい

なぜ？

▼日本人の遺伝子は「海産物」の消化が優勢なため、スムーズに栄養にしやすい

（身土不二《しんどふじ》：遺伝子や土地に合う食事が「健康に最もよい」という東洋医学的概念）

▼魚の油は体内で固まりにくい上、DHAが脳を強くし、EPAが血栓《けっせん》を分解する（オメガ3系オイル）

※脂＝体内で固まるアブラ／油＝体内で固まらないアブラ

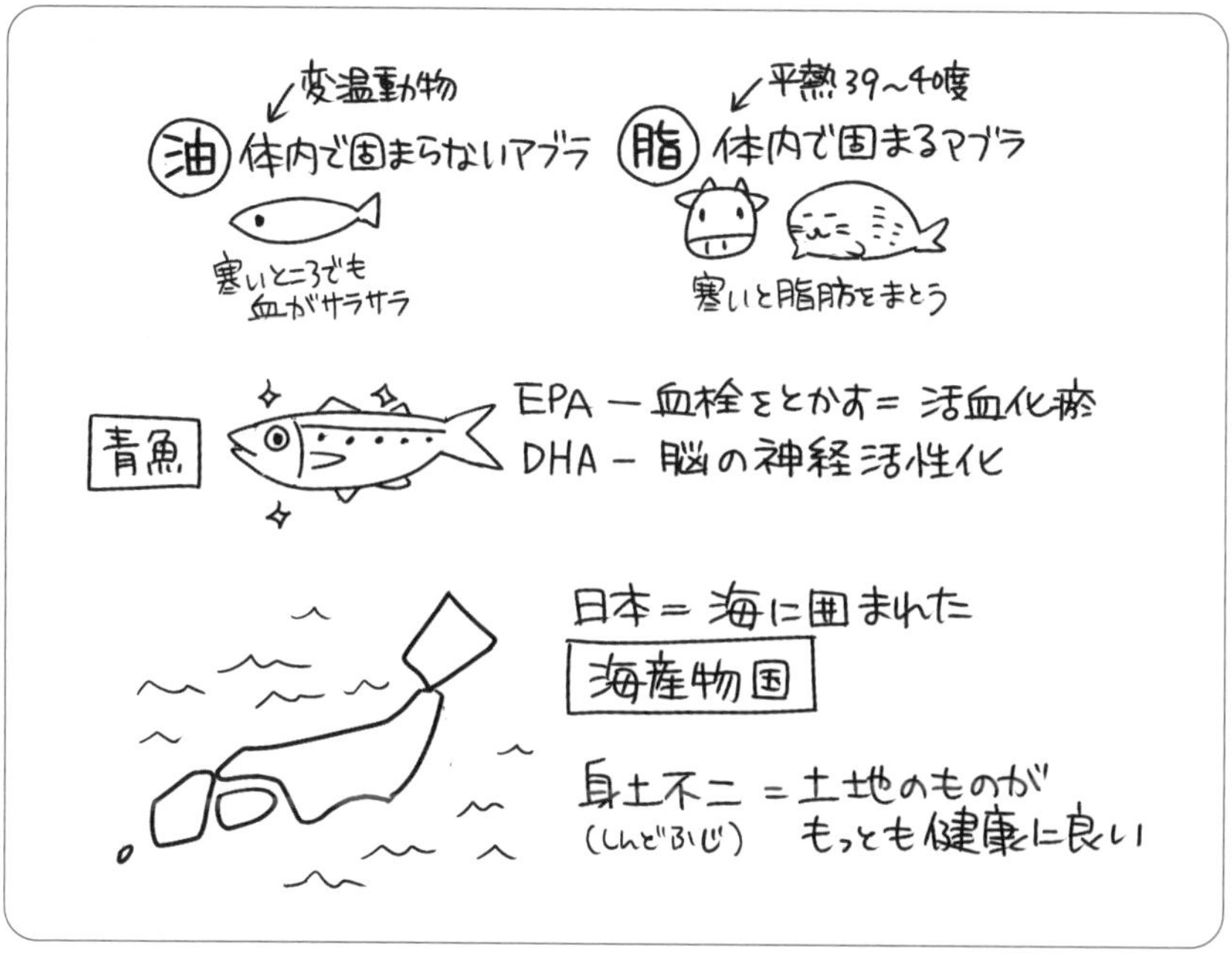

血液をサラサラにする「油」、ドロドロにする「脂」

肉と魚は同じ動物性食品ですが、血液内の老廃物に対する影響は全く異なります。天然の魚は、高血圧、高血糖、認知症など、血液由来の病気のリスクを軽減させます。東洋医学では、魚に含まれる油は、血流を活性化させ、血栓を溶かす「活《かっ》血《けつ》化《か》瘀《お》」の効果があるとされています。しかも魚の油は人間の体内でも固まりにくいのです。魚は大型魚の切り身や刺身よりも、サバ、イワシ、アジ、ジャコなど近海でとれた「手に乗るサイズ」を丸ごと食べるのが最適。内臓や骨まで食べる「全体食」にすれば、全身に栄養をスムーズに届けることができます。

国土の周辺が海である日本人は、海産物の消化に向く遺伝子を持ちますが、畜産物の消化にはあまり向いていません。

ADVICE

#10

代謝をデトックスモードに入れ替える

白米を卒業して「玄米」デビュー

改善が見込めるもの

むくみ／食欲／血糖値／血圧／ストレス

やること

○普段食べる主食を「白米100%」から卒業する

○目指すは「100%玄米」 ○「玄米パック」を利用する

なぜ？

▼玄米は血糖値の急上昇を防ぐ「全粒穀物食」

▼玄米の「糠《ぬか》と胚芽」に栄養分の90%以上がある

▼代謝の「デトックスモード（異化作用）」をオンする

発芽玄米・酵素玄米・ロウカット玄米なんでもOK

● 発芽玄米→一晩水につけて胚芽を発芽させたもの。殻が破れて少し柔らか

● 酵素玄米→小豆を入れて圧力鍋で炊き、約3日間熟成させたもの。寝かせ玄米とも呼ばれる

● ロウカット玄米（商品名）→玄米表面にある「ロウ」を除去した玄米

※陽（プチプチしている）／陰（柔らかい）

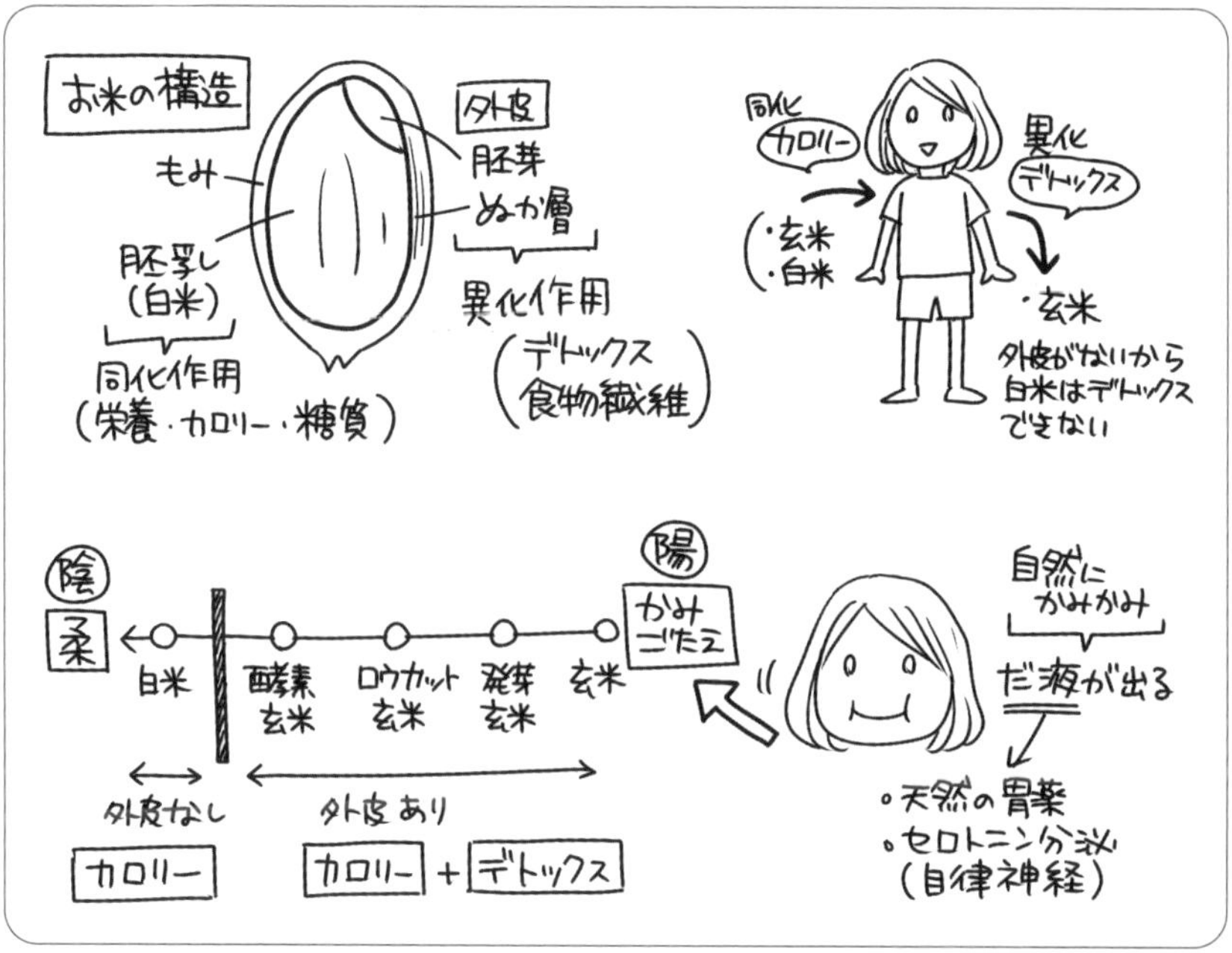

ダイエットで「玄米」を食べない理由がない

「白米」は「玄米」から「糠層・胚芽層（外皮）」が取り除かれた「胚乳」。米の栄養価の9割が「外側」にあり、食中の血糖値の上昇を防ぐ働きがあります。

また、白米は「同化作用＝体を大きくする働き」のみですが、「玄米」は「異化作用＝余分なものを排泄する働き」を持ちます。便秘の原因や水分系となる老廃物、重金属の除去まで強いデトックス力が働きます。

噛みごたえのある「玄米」は咀嚼《そしゃく》を促し、唾液や胃薬の分泌量が増え「消化器官」を強化。「玄米モード」のあるIH炊飯器では基本的に「浸水なし」で炊けますが、気軽に試したい方はレンジでチンするだけの「玄米パック」を利用してみましょう。

ADVICE

#11 白米を「玄米化」する方法

〜100％玄米を目指したいけど…、まずはここから〜

改善が見込めるもの

むくみ／食欲／血糖値／血圧／ストレス

やること

○白米1合に対し、大さじ1以上の雑穀を混ぜる

○白米：玄米＝5：5で炊く（「白米モード」で炊く）

○白米を茶碗1杯に対し、大さじ1以上の「すりごま」をかける

※玄米と白米を混ぜて炊く時は、玄米比率5割以下は「白米モード」それ以上は「玄米モード」がお勧め

♥お勧めの雑穀

・もち麦（便秘解消）　・ハトムギ（肌荒れ緩和）　・黒米（血液サラサラ）

・小豆（むくみ解消）　・粟（胃腸虚弱緩和）　・きび（ガスだまり緩和）

※小豆は粉（ヤンノー）、水煮でもOK

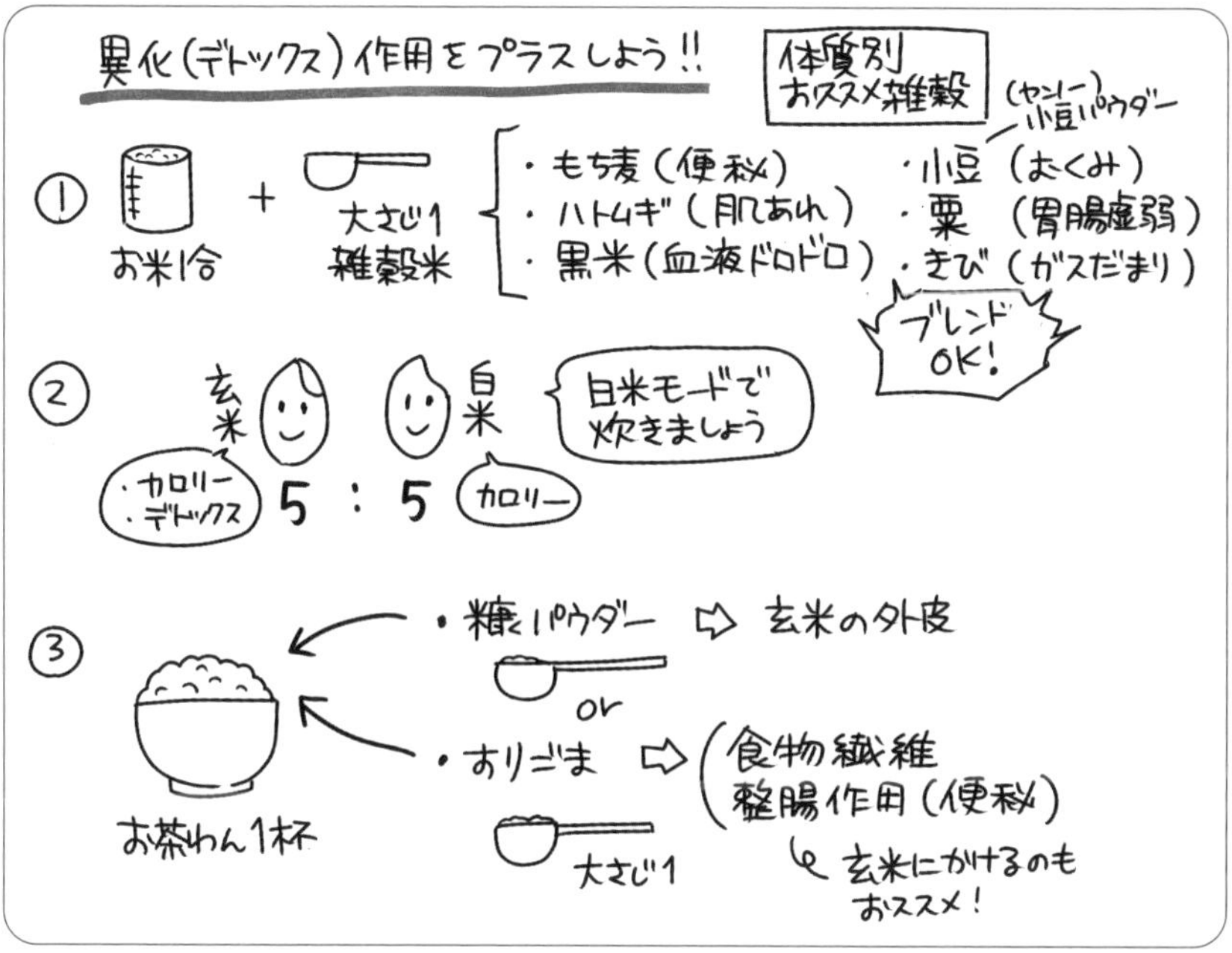

全粒穀物が「主食」を救う

白米は食物繊維が取り除かれており、白いパンやパスタも同じ。カロリーや糖質は多めで、脂肪蓄積モードに。もち麦やハトムギなど「全粒穀物」は外皮や胚芽などの食物繊維を含み、「玄米」に匹敵するデトックス力を持ちます。

玄米は強い力があるので、慣れないうちは「雑穀」を白米にプラスすることで、玄米に近い効果を持ちます。小豆や黒豆などの豆類、ごまなどの種子類も「外皮」から食物繊維を得ることができます。

どうしても白米しかない場合は「すりごま」や「糠パウダー」をたっぷりかけて食べましょう。パンはライ麦パンや黒パン、麺類は蕎麦《そば》など外皮が入っているものを選びたいです。

ADVICE

#12

二重顎《あご》、ほうれい線、下腹のたるみ

タプタプ肉は「甘い味」のせい。甘い味は砂糖だけじゃない！

改善が見込めるもの 疲労感／むくみ／食欲／血糖値／冷え症

やること

○ **お腹が空いたら「甘さ」以外で置き換える**

OK ☺ 素焼きナッツ、あたりめ

NG ☹ ドライフルーツ、スナック菓子、和菓子

○ **とにかく「無糖」！ 抽出された「甘味料」を使わない**

※糖質ゼロ、カロリーゼロの甘味料、ハチミツもＮＧ

なぜ？

▼どんな「甘さ」でも作用は同じ
↓・ゆるむ・水をためる・冷やす・膨張する・依存する

▼特に「砂糖・果糖」は腸を傷つけ、血液内に有害物質が漏れ出す恐れがある
↓血液ドロドロ

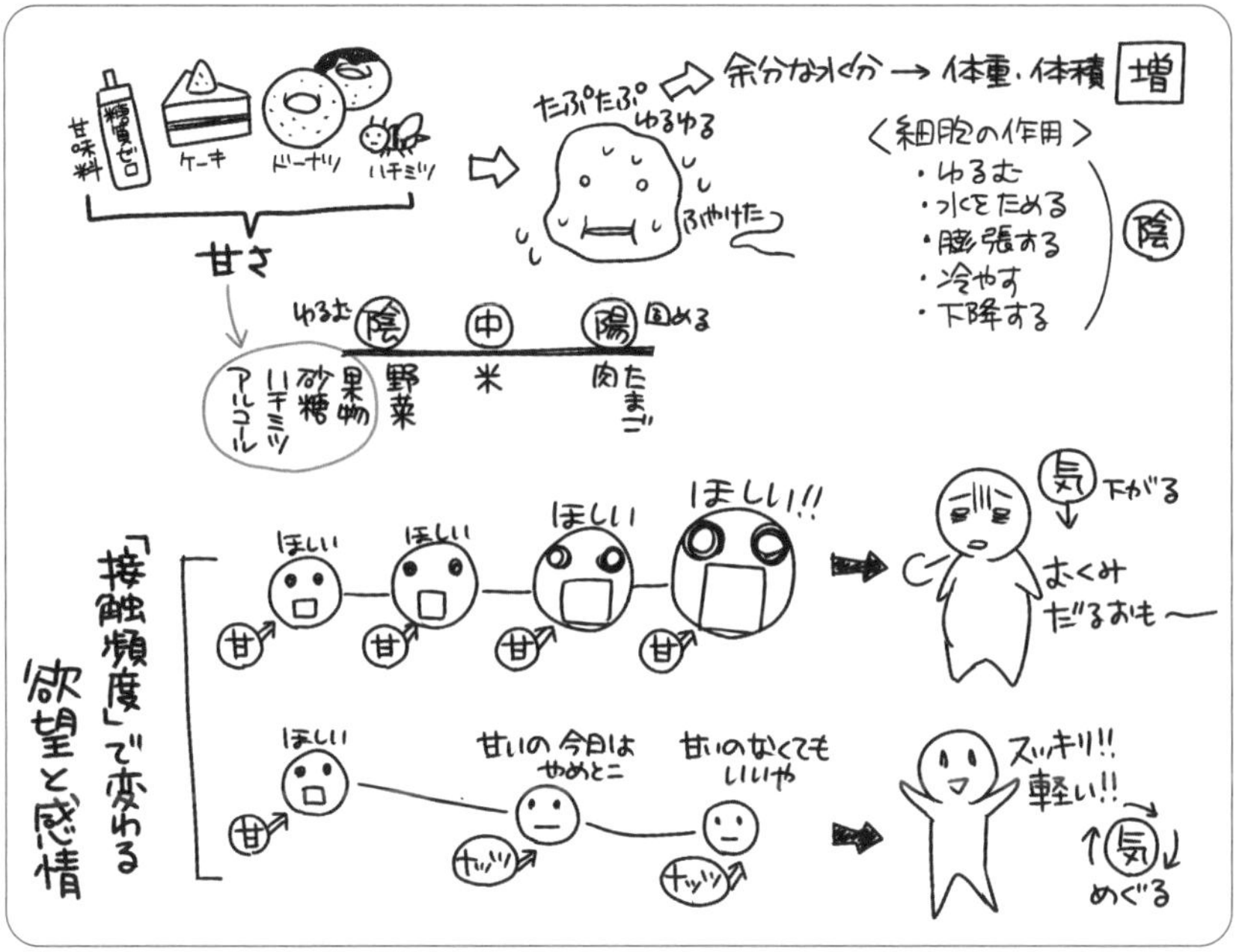

「どの『甘さ』ならいいか？」を考える前に

ダイエットにおいて、一番の「強敵」は「甘さ」。砂糖たっぷりの菓子や清涼飲料水が太りやすいのは常識。糖質オフの甘味料使用のものに変えても、残念ながら根本解決にはなりません。「甘味」自体に「細胞をゆるませる作用」があるので、どんな甘さであっても「水を含んで、膨張し、下垂する」ことは回避できないのです。しかも厄介なことに、「甘い味」は「依存性」が高く「スイートドラッグ」と呼ばれています。

ダイエットで最も重要なことは「甘さ」から距離をとること。「味覚は癖」ですので、接触頻度が減ると「甘いもの」の欲求が劇的に減り、ダイエットはイージーモードに。1週間続けるだけで、だいぶ変わります。

ADVICE

#13

内臓が極寒冷酷地獄と化す

凍った食べ物は本当に太る

改善が見込めるもの

胃腸虚弱／むくみ／食欲／冷え症／内臓脂肪

やること

○夏以外は「フローズン」は週1以下

○アイスクリームは「+温かい飲み物」で徹底的にお腹を冷やさない（ホット小豆茶がお勧め）

なぜ？

▼消化器官が劇的に冷やされ、内臓代謝が低下する（内臓脂肪がつく）

▼凍った食べ物は「甘い味」が強くなり、水分系の老廃物がたまる（むくみ・たるみの原因に）

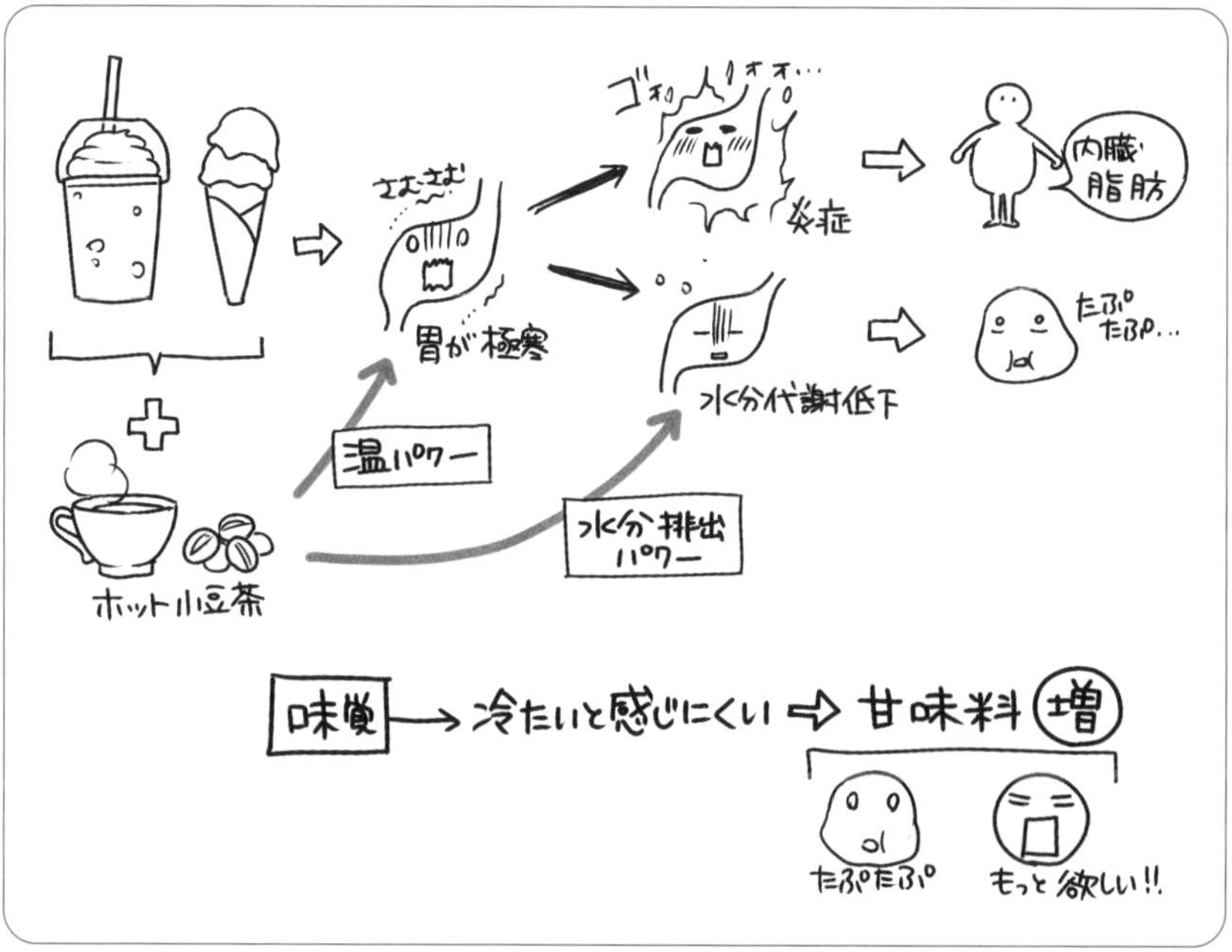

「甘く見てはいけない」フローズンの罠

フローズンドリンクやアイスクリームなど凍ったものは「消化工場」の「胃」を冷やします。再加熱で炎症を起こせば「内臓脂肪」に、低温度のまま機能悪化すれば「水太り」に直結。タプタプな腰肉や下腹は、「冷たく甘い」水分系の老廃物が骨盤まわりに溜まったものです。

凍ったものは「甘味」を感じにくいので、通常以上の甘味料を使用していることがあります。これも「むくみ」「たるみ」の原因のひとつであり、「依存性」を高める危険性も。

どうしても食べたい場合は、余分な水分をとる「小豆茶」や、基礎代謝を上げる「三年番茶（天日干しして3年熟成させた番茶）」など、温かいお茶とセットにしましょう。

ADVICE

#14

これも冷たいものだよ

「冷たいもの」とは体温より低いもの。「生野菜」も含む

改善が見込めるもの

胃腸虚弱／むくみ／冷え症

やること

○「おひたし」は食べる前に、冷蔵庫から出して常温にしておく

○「生野菜サラダ」を「煮物」「炒め物」「蒸し物」に変える

○毎食温かい「汁物」をプラスする

なぜ?

▼内臓温度（37～38度）が最も消化に適した温度

▼野菜は「体を冷やす＝陰性」食品。加熱して「陽」を追加する

※特に女性はもともと「陰性」が強い傾向があるので注意。男性は「陽性」の傾向があるので、女性ほど「生野菜」の影響は強くない

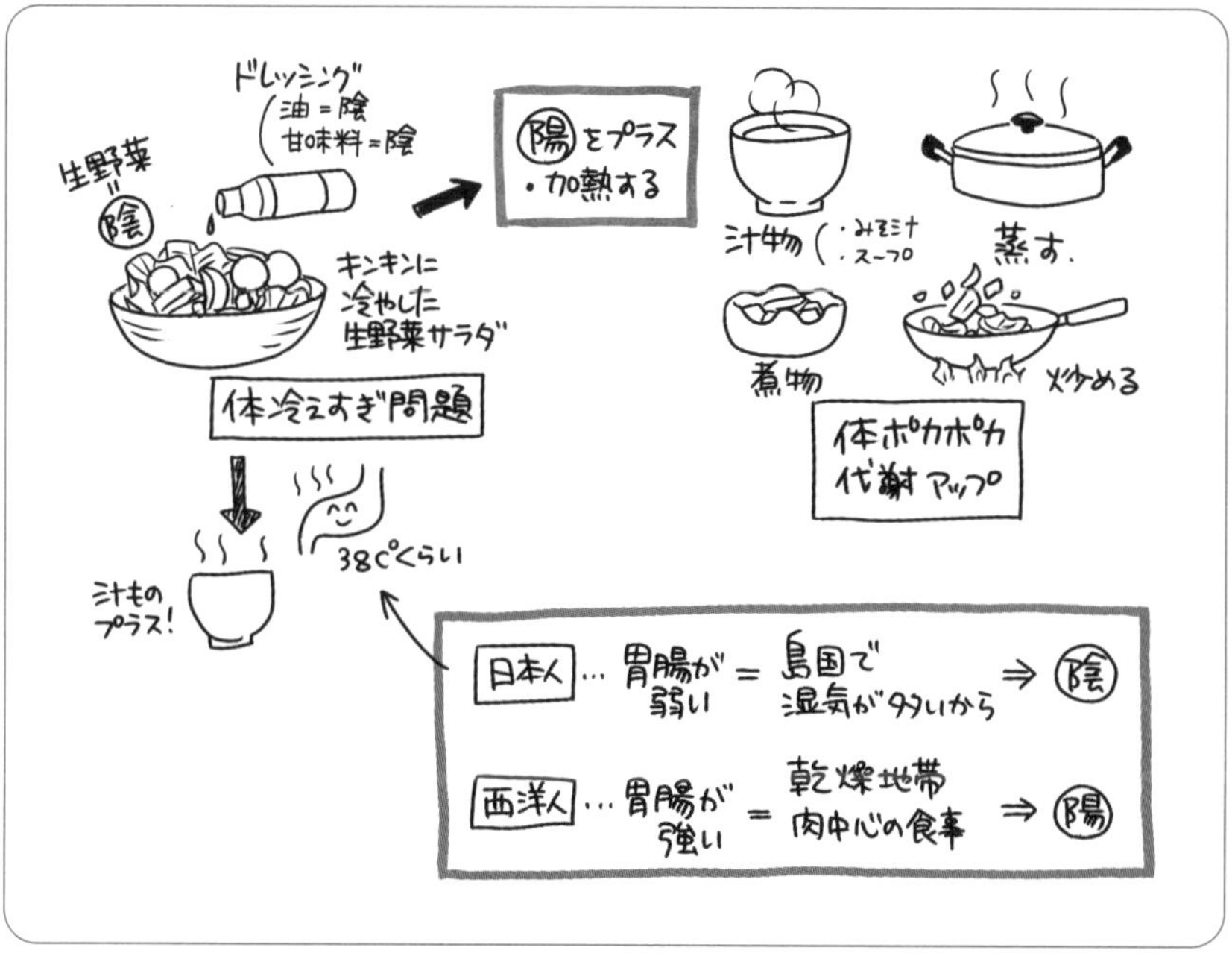

お腹にやさしいものは「温かい」

日本人がサラダを食べ出したのはおよそ100年前。もともと肉食（極陽）の習慣がなかった日本人にとって、必要なものではありませんでした。

海に囲まれた日本では「湿気」が胃腸を弱めるので、野菜も加熱して食べるのが消化にやさしい食べ方です。

東洋医学では「野菜」は陰性の食材。そのまま食べると「陰の力」で体を冷やします。火で調理して「陽」を加えることで、食事の陰陽バランスが整い、食欲や味覚の偏りがなくなります。

一度火を通した「おひたし」や「温野菜サラダ」も食事の前に「常温」に戻しておくことで、内臓温度が急激に下がるリスクを防ぐことができます。

ADVICE

#15

有効成分が10倍アップ

「干す」だけで100万馬力のやせパワー

改善が見込めるもの

胃腸虚弱／血圧／血糖値／疲労

やること

植物性の乾物を使う

例 ・干しきくらげ、黒豆、ひじき（体力増進・美髪・老化防止）

戻さず使える！

・干し椎茸（老化防止・疲労回復）　・切り干し大根（脂肪分解発散）

・高野豆腐（更年期太り・老化防止）

※椎茸・大根は「機械干し」ではなく「天日干し」を選ぶ

なぜ？

▼「太陽の光」と「時間経過」で野菜に「陽」のパワーが追加される（吸収のよい栄養に変わり、体を冷やさない）

▼紫外線でビタミンDが倍増。セロトニンの生成を促し、自律神経が整う

▼「旨味」が凝縮し、薄味でも美味しく味わえる。素材そのものを味わえる舌が正常な状態「味覚リセット」が実現

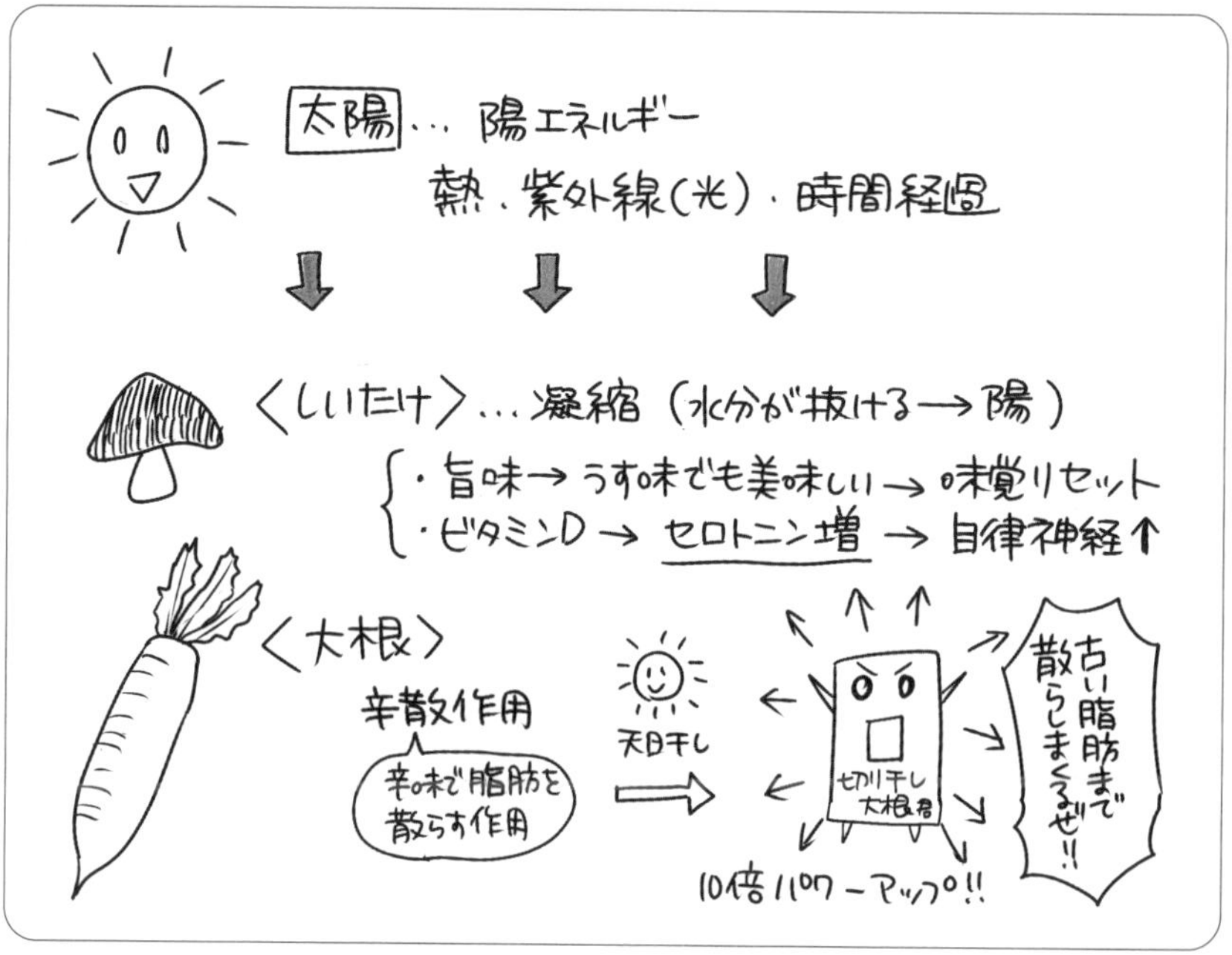

「栄養」「作用」「陽の力」が全部アップ!

植物性食品は消化に負担が少なく「デトックス効果」の高い食品ですが、食べ方によっては体を冷やします。植物性食品は陰性なので干すことで「陽」の要素である「太陽」と「時間経過」を加えれば、体を温め「動」のエネルギーがプラス。代謝の促進につながります。

水分が抜けて体積当たりの栄養価や旨味が凝縮されるので、薄味の味付けでも美味しく「味覚リセット」に近づきます。また、干すことで本来の効果が倍増。「切り干し大根」は「脂肪分解作用」が、「干し椎茸」は「ビタミンD」など神経伝達を活性化する成分の作用が高まります。硬いものや「ひじき」以外は、軽く洗って、そのまま煮物や汁物に入れると栄養価を逃すことはありません。

ADVICE

#16

楽しむ日と、整える日を明確に

お酒は毎日少量より、週2でガッツリ楽しもう

改善が見込めるもの

ストレス／血圧／血糖値／疲労感／内臓脂肪／むくみ

やること

○お酒は「中2日」あける

○毎日ビール1缶より、週末にまとめて楽しむ

なぜ？

▼アルコール＝極陰性
↓水を溜める、膨張する、下垂する、依存性が高い（顔がむくむなど）

▼肝臓が解毒を優先し、蔵血（血の適切な貯蔵）が弱まる

▼自律神経の働きが不十分になる
↓基礎代謝の低下

▼胃の炎症が進み食欲が増える

▼依存度は「接触回数」に比例する

▼アルコールは完全に抜けるまで2日かかる

※アルコール以外の極陰性の例：添加物、ドラッグ、薬品、砂糖

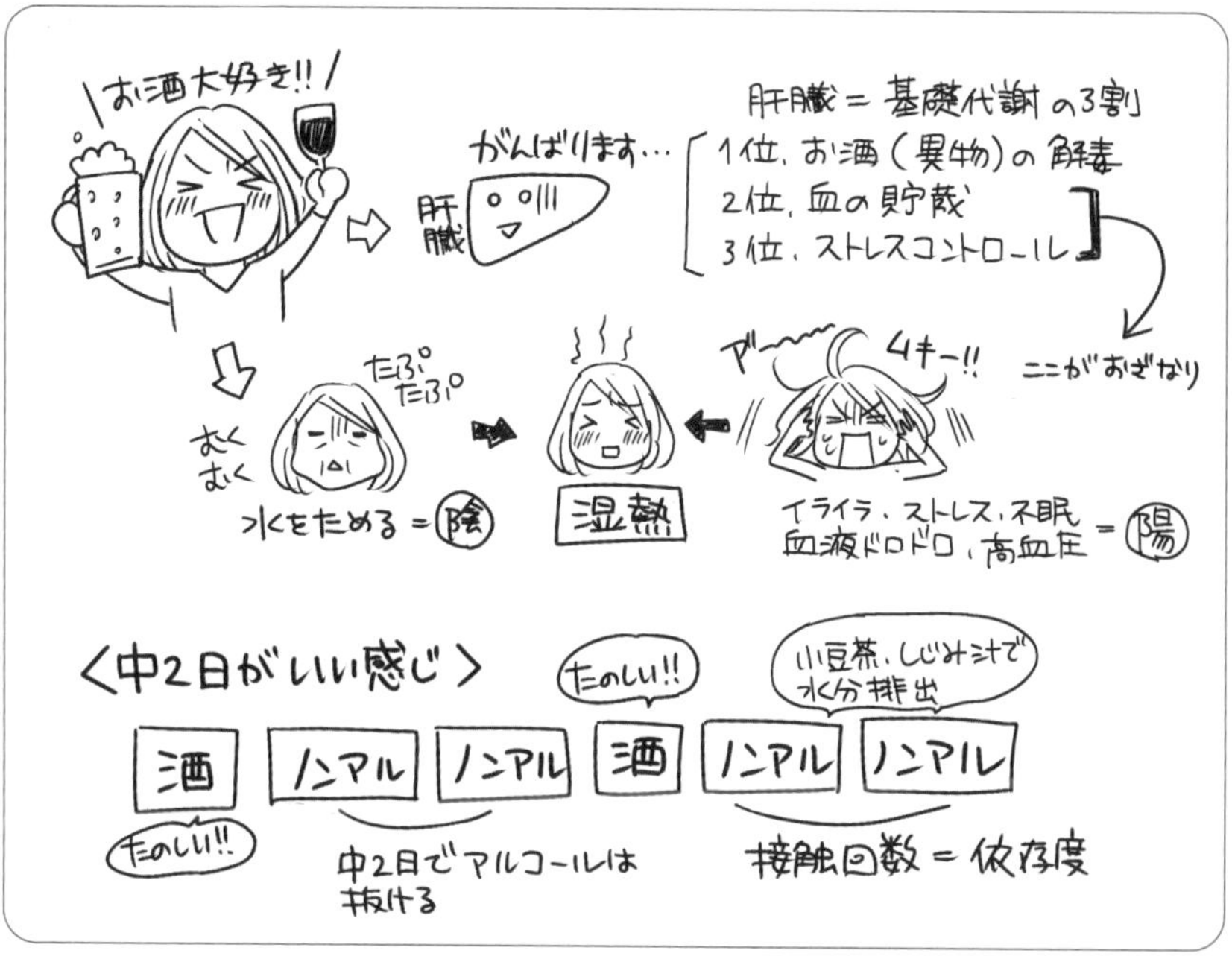

基礎代謝の大役を担う肝臓の邪魔をする

アルコールは「依存性」が高い極陰性。接触回数を減らすのが得策。

人はストレスを感じると「リラックス」を求め、本能的にお酒を飲みたくなる衝動に駆られます。しかし、細胞間に水分が溜まる「膨張」が起き、潤いはなく老廃物を含んだ粘液である「湿」がたまるだけです。これは、甘味料を触ってベトベトする感覚に似ています。アルコールは温かさと多幸感をもたらしますが、湿気は冷たく、しばらくすると寒さで震えます。

肝臓は体の基礎代謝の30%を担っており、解毒などの複数の機能を持っています。飲酒をするとアルコールの解毒が最優先されるので、全体的な肝臓の機能の低下につながる可能性も出ます。

ADVICE

#17

体調・体質に合わせて選ぼう

水分補給はぬるめのお茶がベスト

改善が見込めるもの

血圧／血糖値／疲労感／内臓脂肪／むくみ／食欲

やること

○水分補給は40〜60度くらいのホットをちょびちょび飲む

○1日1〜1・5リットルまで

♥体質・体調に合う飲み物

水滞・湿熱　お酒を飲んだ翌日・甘いものを食べた時（陰）

↓小豆茶・黒豆茶・とうもろこしの髭《ひげ》茶（利水＝余分な水分を除去）

瘀血・湿熱　高血圧・高血糖／肉や揚げ物を食べた日（陽）

↓ハブ茶・ドクダミ茶・プーアール茶（清肝＝肝臓代謝促進）

気虚・血虚　疲労感・全身冷え・病後（陽不足）

↓三年番茶・たんぽぽコーヒー

気滞　イライラ・落ち込み・不眠

↓ジャスミン茶・ラベンダー茶・ハブ茶

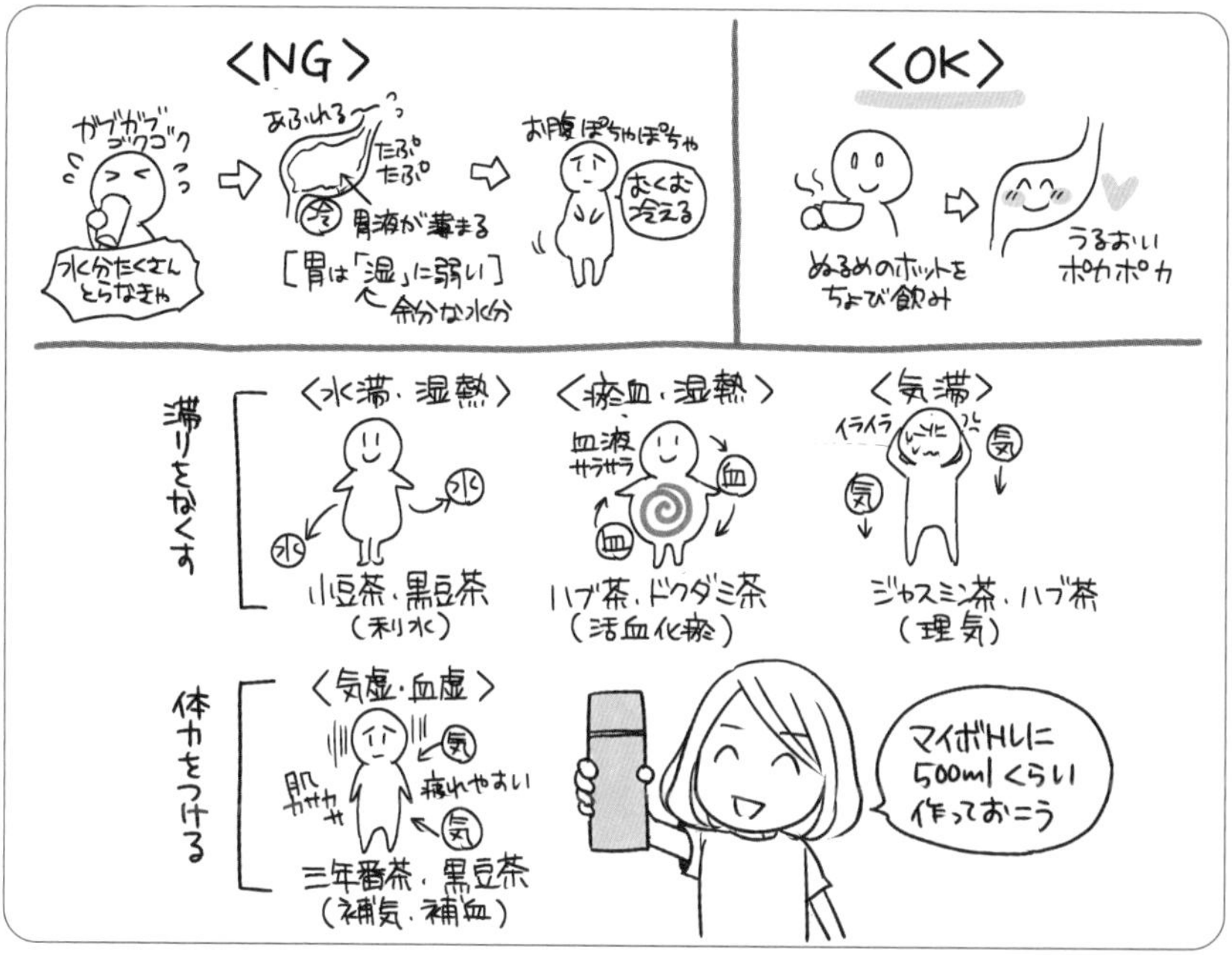

内臓に近い温度で少しずつ飲むだけ

水分補給は、体質・体調に大きく影響する生活習慣。お茶は古来から「薬草」として治療にも使われてきました。2週間〜2ケ月間、解決したい症状に合わせたお茶を飲み続けると、体質改善が進みます。特に水滞や湿熱で求められる「水分代謝」は改善スピードが速く、数日で減量を実感できるかもしれません。

大切なのは「服用温度」。薬草は「温服」といって「内臓に近い温度」で吸収力が高まります。水分補給そのものが新陳代謝ではないので、1日1リットルほどで十分。胃を痛めないように、一口ずつゆっくり飲むのがポイント。胃にタポタポした感覚があったら、飲むスピードが速いサインです。

ADVICE

#18

知らないと損する「秘密の食材」

「大根」は日本人の脂肪除去の特効薬

改善が見込めるもの

血圧／血糖値／内臓脂肪／むくみ／ストレス

やること

○買い物に迷ったら、とりあえず大根

○味噌汁や煮物に大根を多用する（気虚・血虚なら特に）

♥瘀血・湿熱の体質なら

・肉を食べた日は「大根おろし」を添える

・週2回以上「切り干し大根」を食べる

なぜ？

＊「東洋医学」的には、消化機能が劇的に上がり、血中老廃物が分解・発散される

▼辛味食材→老廃物を分解（辛散作用：不要なものを破壊して散らす）

▼消食作用→消化促進・水分排泄（西洋医学的には）

▼消化酵素アミラーゼが大量に入っている

▼血管内の血栓除去のアリルイソチオシアネート

▼強力な解毒作用オキシダーゼ

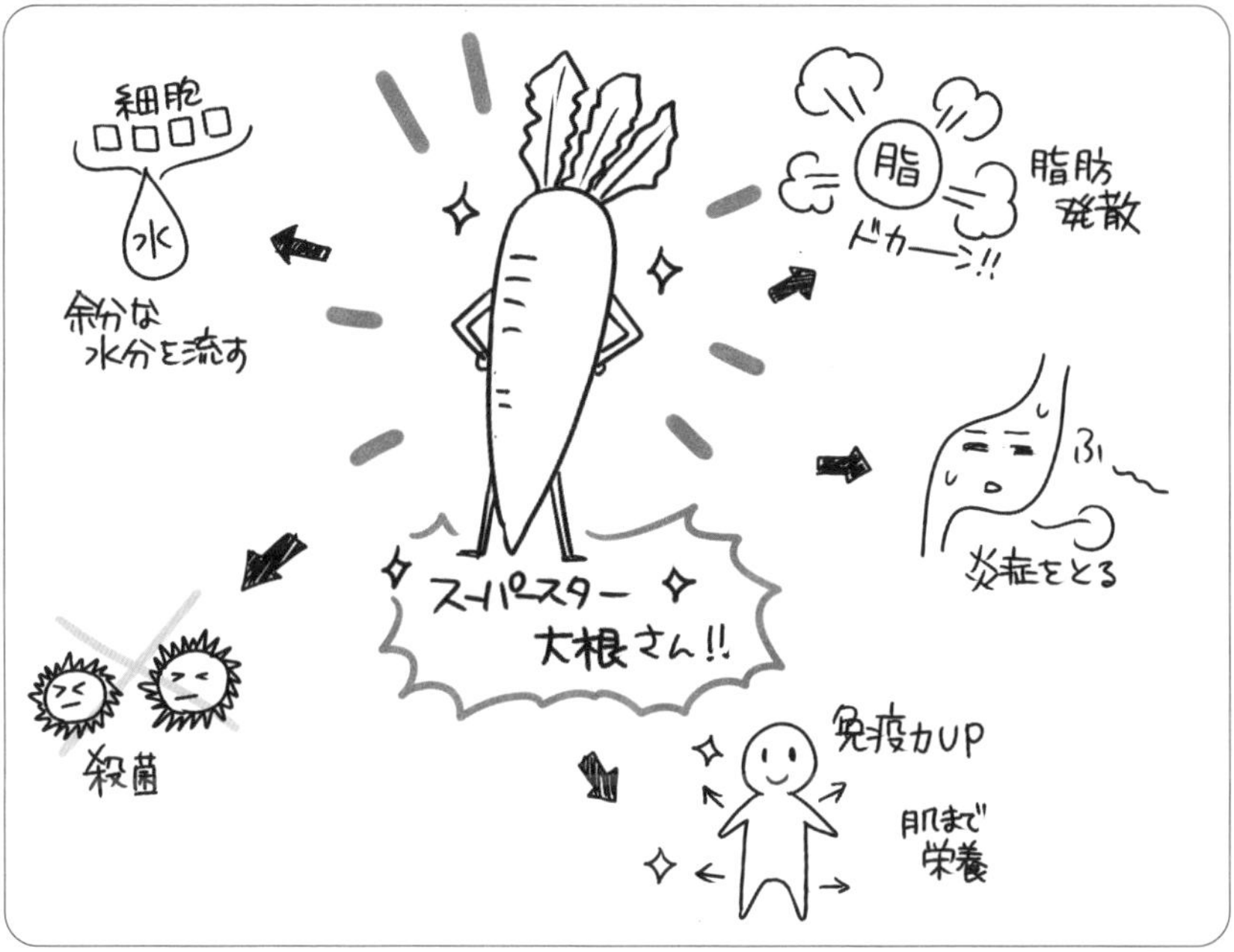

迷ったら「大根」で失敗しない

養生界の最強食材といえば「大根」。特に胃の炎症を起こしやすい「陽性」体質の方に最適な野菜。東洋医学では大根は「不要なものを破壊して散らす＝辛散作用」があるとされ、「散らす力」は皮膚まで到達し「外からの病気」を防ぐ「免疫力」をつくります。

特に「生の大根」は食後の胃の回復にお勧め。肉や揚げ物に付け合わせされるのも納得です。「切り干し大根は」すでにある血中の老廃物に作用します。週2～3回「切り干し大根」を加え、肉を控えてみましょう。ウエストまわりのサイズダウンにも効果的です。加熱した大根は「整腸作用」があり、体力不足の人の栄養吸収力アップにも効果的です。

ADVICE

#19

爆発！　じわじわ!!　すごすぎる!!!

「ショウガ」ほど優秀な薬膳用食材はない

改善が見込めるもの

血圧／内臓脂肪／冷え症／肌の乾燥／落ち込み

やること

○耳かき1杯分程度のショウガをプラス（味噌汁、お茶、おかずなどに）

↓おろしショウガ（瘀血、湿熱向け）：不要なものを破壊発散＝辛散作用

↓ショウガパウダー（気虚・血虚、水滞向け）：体を温める＝温中作用

なぜ？

▼生のショウガはジンゲロールを含み、脂肪発散を強化→ババっと発汗

▼加熱するとショウガオールに変化し、深部から末端まで温める

↓ジワジワ血流アップ

▼皮には精神安定・水分代謝促進作用があるため、皮ごと使うのが望ましい

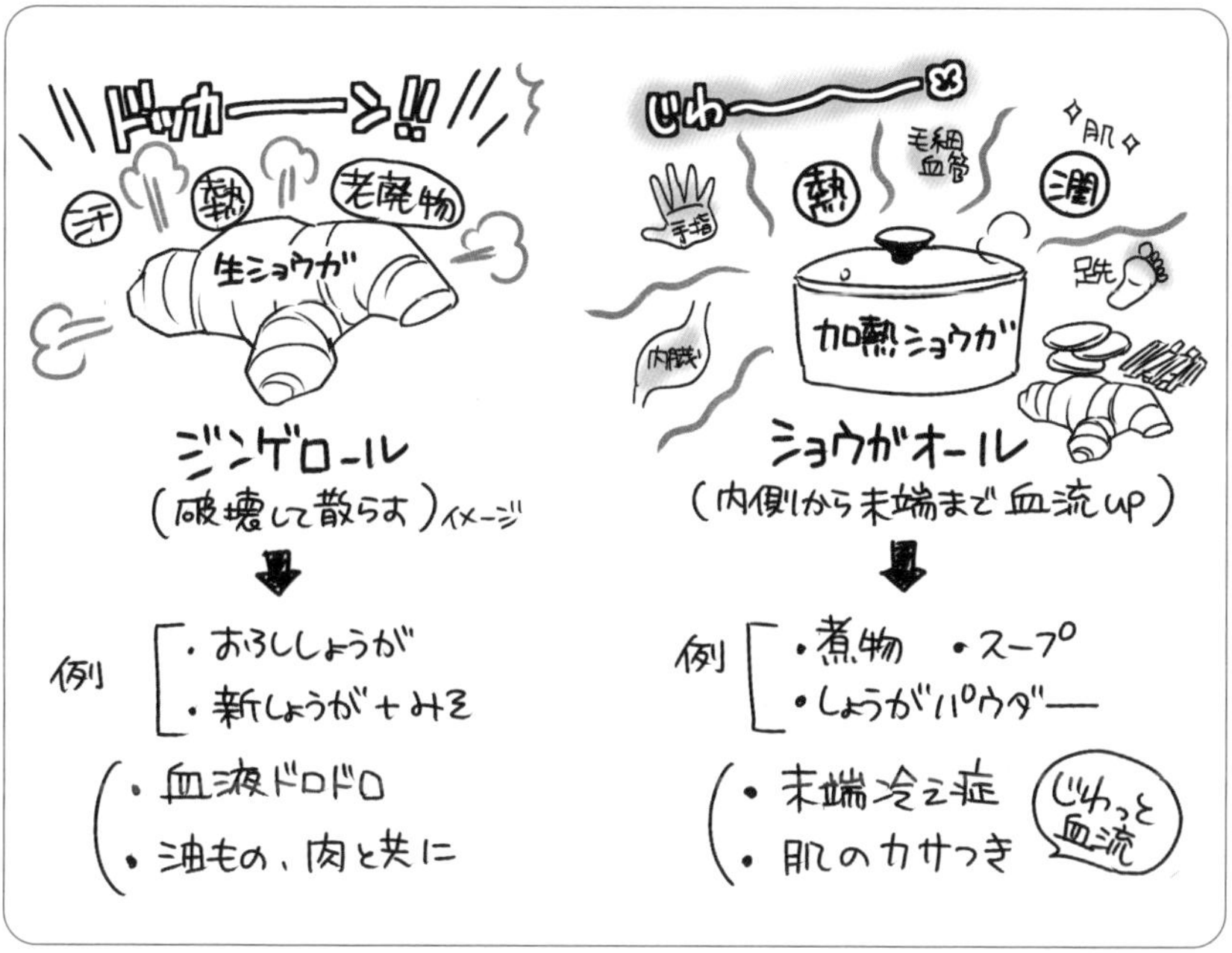

生でも加熱でも効果抜群。でも強い薬効に注意

「生のショウガ」は強い発散作用のジンゲロールがあり、胃や血液内の脂肪を代謝。さらに発汗作用で表皮まで潤いや栄養を届けるため、肌や髪にもハリが出るようになります。

「加熱したショウガ」ではショウガオールに成分が変わり、内臓を温め、手先足先まで血液を届けます。体力不足でゾクゾク冷える方や、血流が悪く（瘀血）手足が冷える「末端冷え症」の方にお勧めです。

ただし、チューブのおろしショウガは有効成分が半減している場合が多いです。皮ごとすりおろして使いましょう。冷凍でもOK。「加熱ショウガ」はスープや煮物に入れます。蒸して粉砕された「ショウガパウダー」が便利です。

ADVICE

#20

時間や体力の温存までできる！

本当の力尽きご飯は「一汁一菜」

改善が見込めるもの

血圧／血糖値／内臓脂肪／冷え症／食欲

やること

○食事に迷ったら「玄米と具だくさん味噌汁」

○一人暮らしなら「インスタント味噌汁&玄米パック」で全てリセット

なぜ？

▼ご飯と味噌汁以上に、簡単な「自炊方法」はない

▼2つの代謝＝同化作用・異化作用を兼ね備えている、完璧なメニュー

▼余分な栄養（添加物・脂肪分・抽出された甘さ）がない

▼胃腸肝臓（消化器官）にやさしい

▼完全栄養食で満足感が高まり、食欲抑制につながる

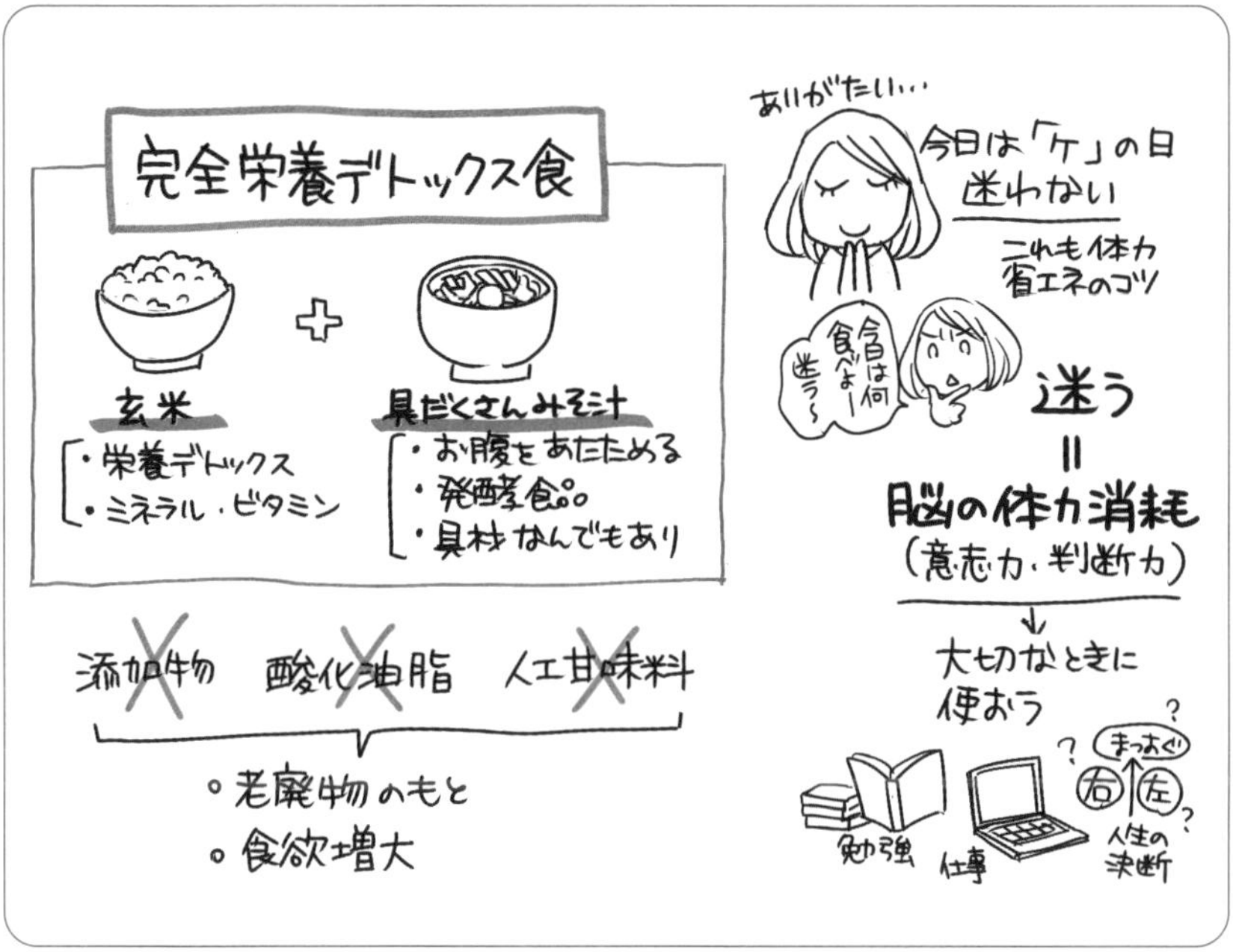

日本の最強健康メニューは「一味噌汁一菜」

強い武士の時代から食されていた「玄米と味噌汁」の組み合わせは完全栄養食といわれ、2つの代謝機能（栄養吸収と排泄デトックス）を上げる無駄のない食事。さらに「外皮が入った玄米」「発酵食品の味噌」は食中の血糖値の急降下をおさえ、食欲抑制にもつながります。

味噌汁は小学生でも調理でき、味噌はコンビニでも売っている国民食。あれこれメニューに悩むより、潔く「一汁一菜スタイル」にすると、より大切なことに「力」を使えるようになり、人生が豊かになるでしょう。同じく簡単調理といえども、安い加工食品だと添加物が多く、「エンプティカロリー（高カロリーなのに栄養不足）」になりがちです。

ADVICE

#21 雨の日は「乳製品」をやめておく

湿気・冷え・タプタプ脂肪の「負」の方程式

改善が見込めるもの 婦人科系の不調／冷え症／食欲／血糖値／むくみ

やること

○雨の日は「乳製品」をやめておく

○「ホットの小豆茶」で水分補給

例
・クリームシチュー→味噌汁　・カフェラテ→ブラックコーヒー
・チーズ→アボカド　・プリン→素焼きナッツ

なぜ？

▼雨の日は「湿気」が多く、体に余分な水分が入ってくる（湿邪）
▼余分な水分は冷えやすい
▼大きな出っぱった骨（顎・肩甲骨・骨盤）の下側に溜まりやすい
→タプタプ脂肪
▼骨盤周辺にたまると、子宮や腎臓が冷える「婦人科系の不調」を起こしやすい

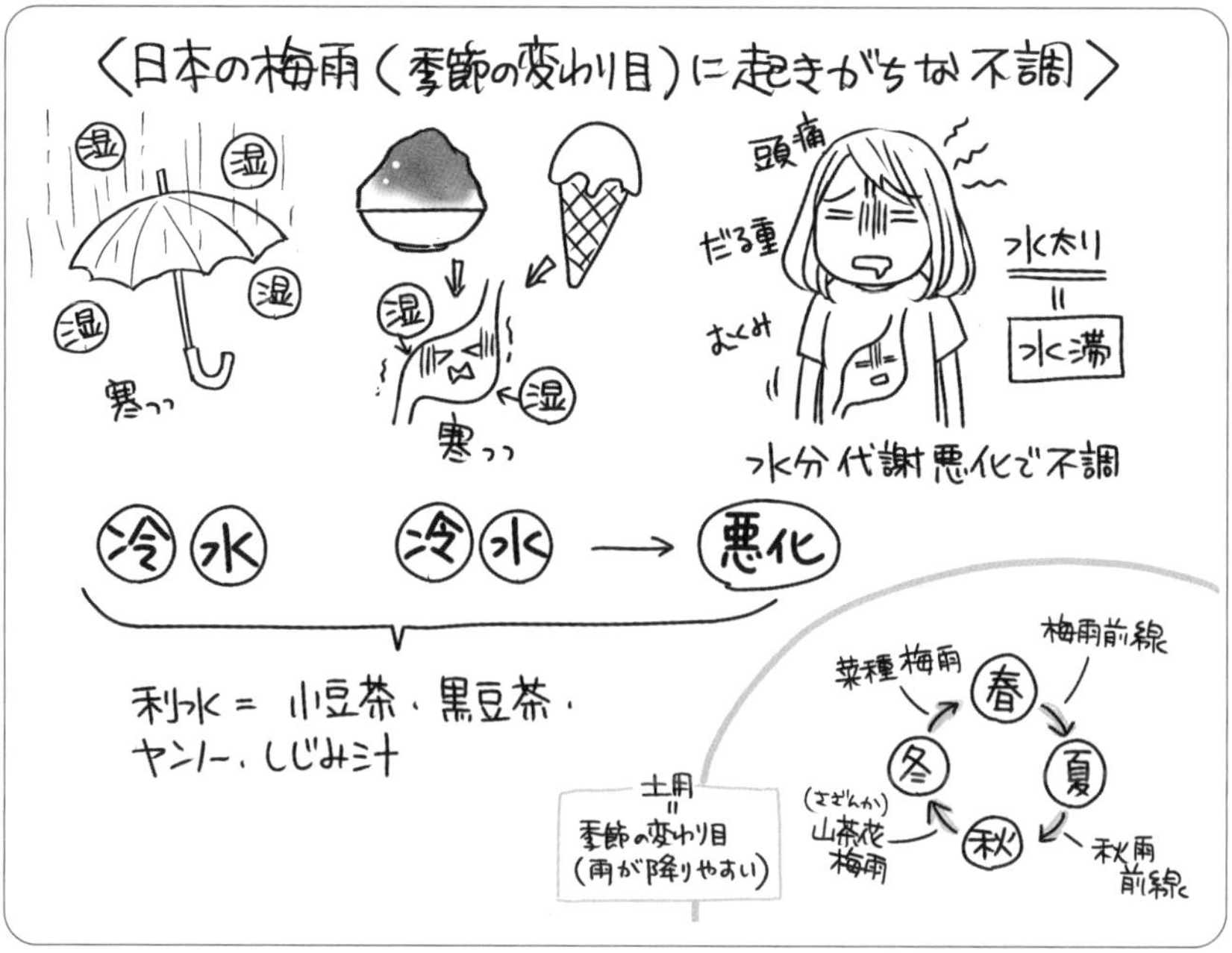

「水分系脂肪」でいろいろ「下がる」

「甘さ」と同様に「乳製品」は陰性の食べ物。余分な水分を溜め、膨張、下垂、体温低下が起こります。クリーミーな味は甘さと相性がよく、アイスクリームや生クリームに甘味は多く含まれます。

乳製品は動物性脂肪のため、冷えると血中で固まりやすいのも厄介。東洋医学では「雨」は「湿邪」と呼ばれ、胃を弱くすることでも有名です。水分代謝は主に「胃」で行なわれます。甘さや乳製品で水分がたまったところに、外側から「湿気」が入るとさらに胃が悪化。

たまった水分は下降して「憂鬱《ゆううつ》な気分」や「だるさ」も誘発。心身の軽さは「余分な水分」をためないことから始まります。雨の日は小豆茶など「利水作用」のあるお茶で温めて排出させましょう。

ADVICE

#22

顔から太る人はコレ！

二重顎を消す「ハトムギパウダー」

改善が見込めるもの

赤ニキビ／肌荒れ／冷え症／食欲／血糖値／むくみ

やること

ハトムギパウダー（焙煎《ばいせん》粉末・無漂白）を、毎日ティースプーン2杯摂る

例 ティースプーン1杯なら、お茶、コーヒー、味噌汁に入れるとよい
米2合につき、大さじ1杯を入れて炊く

なぜ？

▼ハトムギは余分な水分を排出し、胃の回復力を上げる。肌の「腫れ」や「炎症」を沈静化

▼二重顎は顎の骨の下に、余分な水分「湿」がたまったもの。甘さ・アルコール・乳製品で二重顎になりやすい

肌と顔の輪郭《りんかく》を整える「最強美容パウダー」

焙煎粉末にしたハトムギは「ヨクイニン」という生薬。二重顎など「むくみ」や「肌荒れ」に使われてきました。水分代謝が苦手な方は「胃が弱い」傾向がありますが、ハトムギで胃の回復作用も高まります。

ハトムギは皮膚のターンオーバーにもとても有効。炎症を鎮め角質細胞の回復作用がある「コイクセノライド」で、新陳代謝が早くなります。肌は余分な水分が抜けた上、サイズ感がフィットして、ハリが戻ります。

自然食品の「ハトムギパウダー」は無味無臭で料理の邪魔をしません。溶けにくいですが「有効成分」が多いので、気にせず摂れるとベストです。お米と一緒に炊くと気になりません。

ADVICE

#23

使うだけで勝手にやせる

やせる味付けは「本物の調味料」で叶う

改善が見込めるもの

血圧／血糖値／内臓脂肪／冷え症／食欲／むくみ

やること

○ 自炊時に使う調味料を「本物」に揃える

○ 成分表で「／」以降の表示のないものを選ぶ
（「／」以降は添加物）

○ 「○○のたれ」や「○○の素」は使わない

○ 味付けに迷ったら、「味噌・しょうゆ・塩・みりん」でシンプルに

例

小麦粉、ポテト、食塩、植物油脂、玉ねぎ、ショウガ／調味料(アミノ酸等)、トレハロース、レシチン、香料(一部にカニ・牛肉・豚肉含む)

なぜ?

▼ 添加物や抽出された甘味料は「依存性」が高く食欲を増やす

▼ 過度に加工されたものは「老廃物＝太さ」の要素になる

▼ 本物の調味料は肝臓の負担を軽減し、基礎代謝を上げる

▼ 醸造された発酵食品は「腸」を最適化し、血液を浄化する

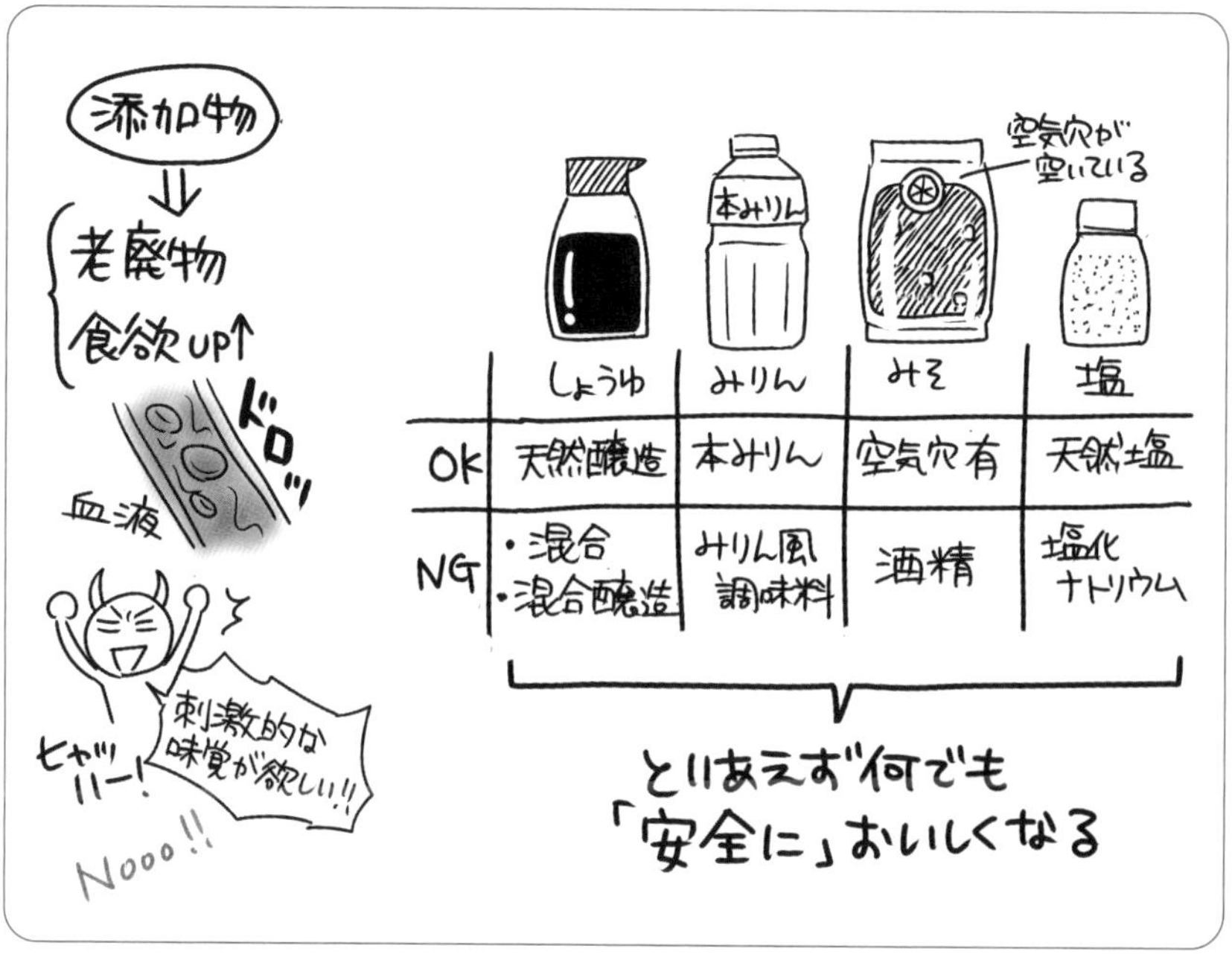

	しょうゆ	みりん	みそ	塩
OK	天然醸造	本みりん	空気穴有	天然塩
NG	・混合 ・混合醸造	みりん風調味料	酒精	塩化ナトリウム

とりあえず何でも

「安全に」おいしくなる

ヒャッハー!

天然由来の調味料で、美容と健康の両方が手に入る

食欲や血糖値を上げて老廃物を生む加工品や添加物を、食材だけでなく調味料でも使わず自炊するのが、ダイエットが最も進む食事につながります。

日本古来の「無添加調味料」は日本人の腸内細菌バランスを整え、健康や美容に合う形で発展してきました。その機能を有する「本物の調味料」のみを使うことで、代謝が上がり、やせスピードがアップするのです。

特に味噌・しょうゆ・みりんといった発酵食品は、基礎代謝の要である胃の「食物を腐食させる」働きを促進します。発酵が続いているものを選びましょう。本物の調味料は「刺激的な味」ではないので、食の依存性もリセットします。

ADVICE

#24

朝の空腹は体質リセットの絶好の機会

お湯に溶かすだけ！体調が整う魔法の飲み物

改善が見込めるもの

血圧／血糖値／冷え症／食欲／むくみ

やること

朝イチの空腹時に、左記のものを飲む

「12時間断食」中に飲んでもOK。朝食をこれに置き換えるもよし

- **ヤンノー湯**　お酒を飲んだ翌日、むくみ、二重顎
  ヤンノー…ティースプーン1杯／お湯…200㎖
- **梅しょう番茶**　便秘、軟便、疲労感、血液ドロドロ、シミ、クマに
  梅干し…1個（甘味料入りでないもの）／おろしショウガ…小さじ1／3
  しょうゆ…小さじ1・5／三年番茶、またはお湯…200㎖
- **具なし味噌汁**　体力アップ、消化器官を休める
  だし粉またはかつお節…小さじ1／味噌…大さじ1／お湯…200㎖

ヤンノーや梅しょう番茶はネットショップなどで購入可

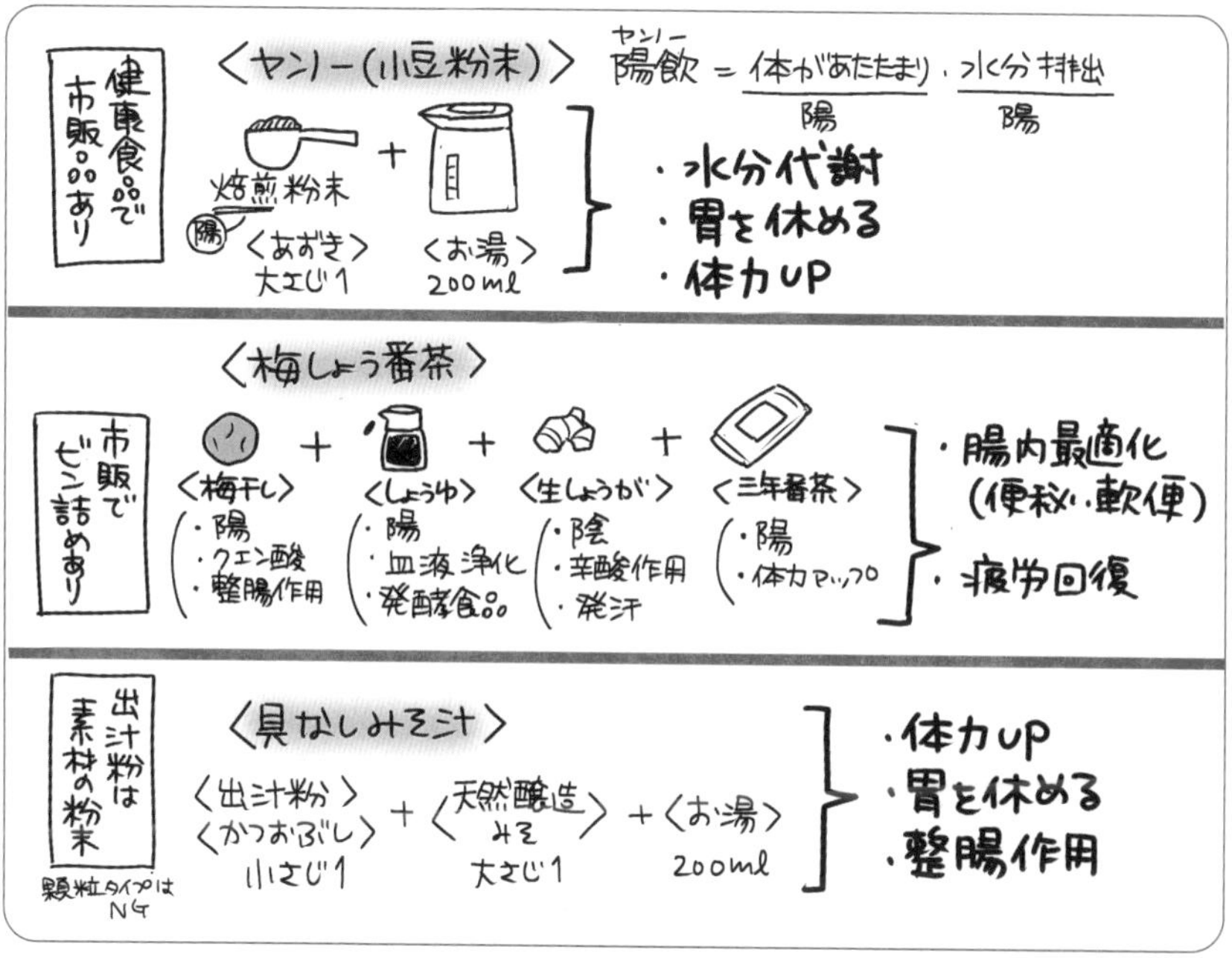

空腹中は「自然やせ力」アップのベストタイミング

朝食を体質に適した飲み物に置き換えることで、改善力がアップ。消化器官を休め、血糖値の急高下を抑える「断食」効果も継続します。P54の「12時間断食中」もOKです。

「ヤンノー」は体を温め「水分デトックス」するので「水滞」の方向け。「梅しょう番茶」は「天然の抗生物質」と呼ばれ、梅干しのクエン酸が疲労感を緩和してくれるほか、殺菌作用で腸内の細菌バランスを最適化するので軟便・便秘の方問わず使えます。

「具なし味噌汁」は万人向け。1日のエネルギーチャージに最適。味噌は空気穴が空いている「無添加味噌」がベスト。発酵が止められておらず、腸内でも生きた菌が働きます。

ADVICE

#25

今日はたくさん食べてしまった…と思ったら

寝る前に飲むとチャラになる「第一大根湯」

改善が見込めるもの

内臓脂肪／血圧／冷え症／食欲／血糖値／むくみ

やること

食べ過ぎ・飲み過ぎた夜に、熱々の「第一大根湯」を飲む。特に肉・揚げ物を食べた日にお勧め

第一大根湯の材料

大根おろし…大さじ2～3／おろしショウガ…小さじ½

しょうゆ…大さじ1～2／お湯または三年番茶…200㎖

ポイント

- 温度は50～70度くらい。ふうふう言いながら飲む温度
- お腹がいっぱいでも、飲んだほうが翌日の胃もたれ・二日酔いがない
- 疲労感が強い方は「梅しょう番茶」がよい（P102）

〈第一大根湯〉だいいちだいこんとう

〈大根おろし〉・強力な辛散　〈おろししょうが〉・強力な辛散　〈しょうゆ〉・血液浄化　お湯or〈三年番茶〉・還元力・体力

爆発させる イメージ　　　浄化する イメージ

水　脂　肉油　熱　老廃物

熱　発散して下げる

深夜　あちっ　食べすぎたら～飲んどこっ　アツアツ大事

風邪の発熱にも超効きます♡
東洋医学では「解表」（げひょう）

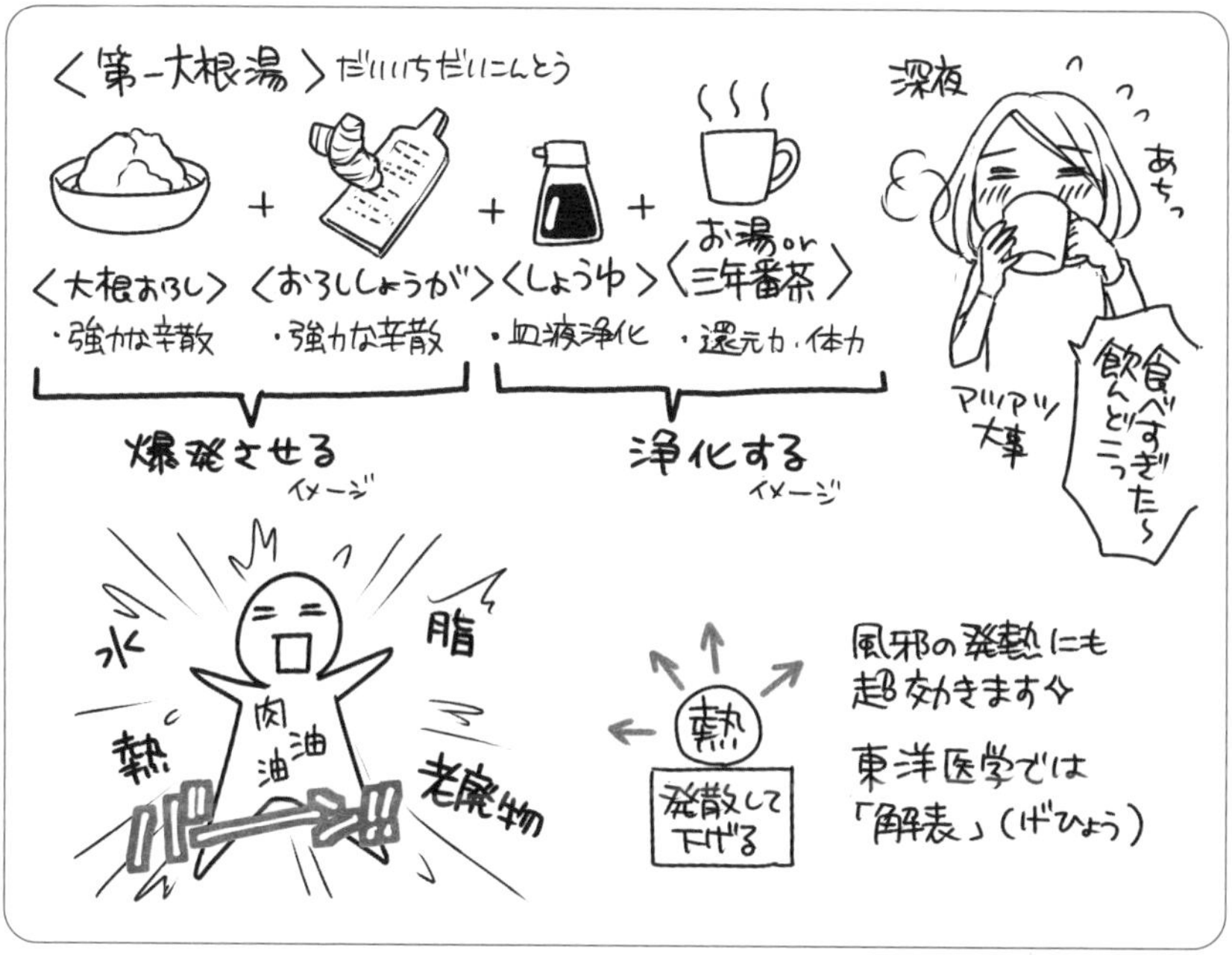

食事を楽しんだ日は「第一大根湯」で労る（いたわ）

　「第一大根湯」は酸化した「血液」を正常に戻し、体内の炎症をとる飲み物。

　熱を持ち、腸を酸化させて、粘度を帯びた血液を作り出す動物性食品や揚げ物の食後に最適です。

　大根やショウガには解熱・発散・発汗作用があり、老廃物を排出し代謝させます。三年番茶は「体を温める」お茶ですが、ハトムギ茶やお湯で代用が可能です。思いっきり楽しんだ食事を「悪者」に変化させないための「特効薬」です。

　また、内臓脂肪は消化器官の炎症によるもの。「第一大根湯」で解熱を促すととれやすくなります。効能の強い飲み物なので、1日1～2杯まで。疲労感の強い方は、効き目がゆるやかな「梅しょう番茶」にしておきましょう。

105

ADVICE

#26

色の濃さは「体力」のかたまり

赤黒食材がやせるワケ

改善が見込めるもの

冷え症／食欲／血糖値／むくみ／疲労／婦人科系の不調

やること

黒や赤の食材を選ぶ（着色料はもちろんNG）

例 黒（腎臓によい）…黒ごま、黒きくらげ、海藻、貝、黒豆、黒米、きのこ、ごぼう
赤（心臓によい）…トマト、パプリカ、ナツメ、クコの実、にんじん、鮭、赤身魚

ポイント
- 舌の奥に白い苔が多い→腎臓が弱く基礎代謝が低い⬇黒い食品を！
- 爪が欠けやすい→血液不足で基礎代謝が低い⬇赤い食品を！

なぜ？
- ▼東洋医学では「赤＝造血」「黒＝老化防止」→基礎代謝の低下による肥満を防止
- ▼「ポリフェノール＝抗酸化物質」が豊富で、酸化による血液ドロドロを防ぐ
- ▼「クロロゲン酸＝血糖値コントロール」「アントシアニン＝活性酸素除去」も豊富

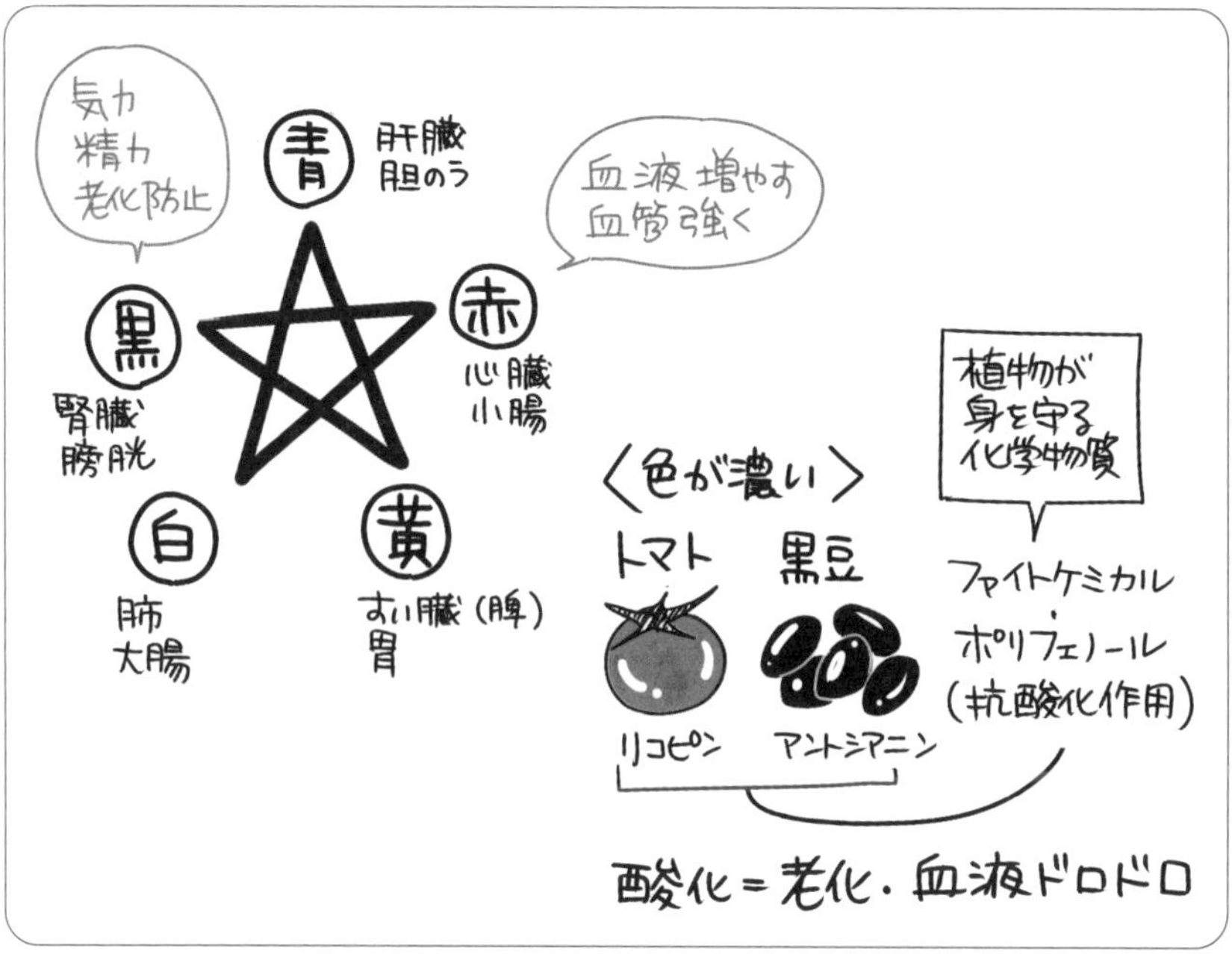

「ちょっと食べるとすぐ太る」は体力や血液の不足が原因

東洋医学では「腎臓」に生命力が貯蔵するとされており、生命力が体の機能・成長や老化を司っています。また、その生命力に乗せて、体に栄養を届けるのが「血液」です。水が潤沢になれば川がスムーズに流れるように、血液の量により「体の巡り」が決まります。体内の血液は余分な老廃物も回収し、体が「酸化＝老化」しないように動いています。

その働きを強化するのが「赤黒食材」なのです。また濃い色は、植物が紫外線や害虫から身を守るための化学物質「ファイトケミカル」が豊富な証拠。そのひとつのポリフェノールは、人体でつくり出せない「抗酸化物質」なので、積極的に取り入れたいですね。

ADVICE

#27

毎日晩酌はこうやって卒業
お酒をやめたい人は肉を控える

改善が見込めるもの　食欲／血圧／血糖値／むくみ

やること

○肉・卵・魚の干物の量を野菜の半分以下にする
○野菜中心の献立にする

なぜ？

▼動物性食品（特に「塩蔵品」といった、食塩を使った保存食）は「陽の力」が強く、アルコールなどの「陰の力」の食欲を増やす
▼動物性食品は高揚感や緊張感を強化するため、アルコールのリラックス感を無意識に求めるようになる
▼アルコールは依存性が高いので、減らす精神的ハードルが高い。一方で、動物性食品は置き換えが比較的簡単

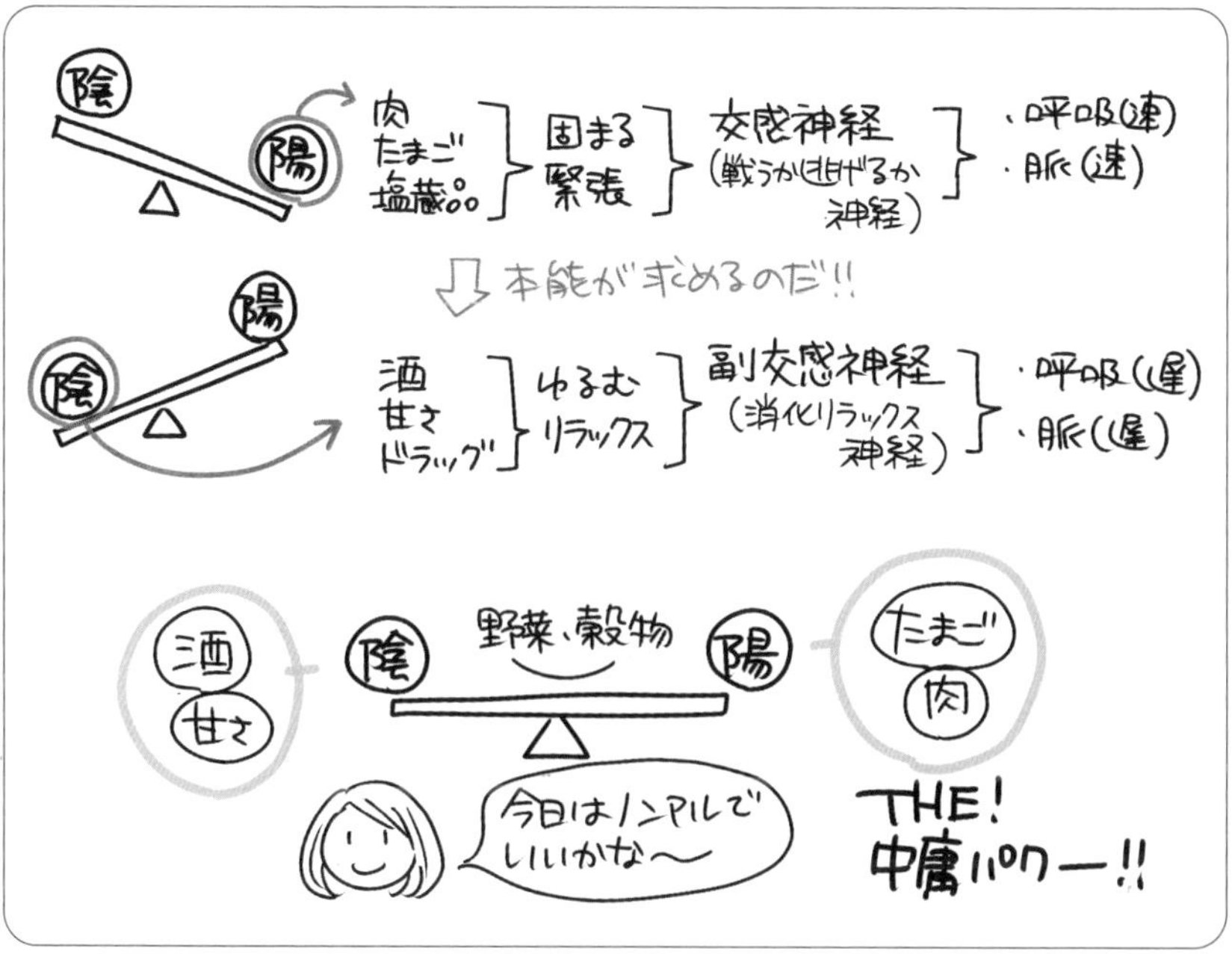

肉による陽を控えて、酒による陰の欲求を減らす

毎日の晩酌がやめられない方は、日常生活で交感神経が優勢な傾向。緊張感やストレスが多く「常に体をゆるめたい」潜在意識が働いています。「陽」の力が強い状態です。

環境だけでなく「陽性食品＝動物性」は心身に熱を持ち凝縮させる働きがあります。筋肉や血管が固くなることで緊張感を強めます。

「お酒」は動物性食品の正反対の存在で、固まったものをゆるめる「極陰性」の食品。**肉を減らして「緊張感」をとっていくと、自然と「お酒」への欲求がおさまります**。リラックスできた日はお酒に頼りにくくなるので「ノンアルコール」に置き換えて、肉も控えめで過ごしましょう。

ADVICE

#28

ここが最重要「味覚リセット」

甘いものをやめたい人は「素焼きナッツ」を食べる

改善が見込めるもの

食欲／血糖値／血圧／むくみ／だるさ

やること

○小腹が空いたら迷わず「素焼きナッツ」を食べる
○口寂しくなったら「無糖のお茶」を飲む
○「甘いもの」は週2回までにする

素焼きナッツ
・味がついていないもの、植物油を使用していないものを選ぶ
・10粒ほど。ひとつかみくらい
・くるみ、アーモンドがお勧め

なぜ？

▼「甘さ」＝水分吸収・膨張・冷え→体重と体積が増える
▼甘さは依存度が高い。「接触頻度」を減らすことで、欲求が激減する
▼口寂しさは「喉が渇いている」と感じた脳の錯覚によるもの
▼素焼きナッツは栄養価が高く、咀嚼でリラックス作用が出る

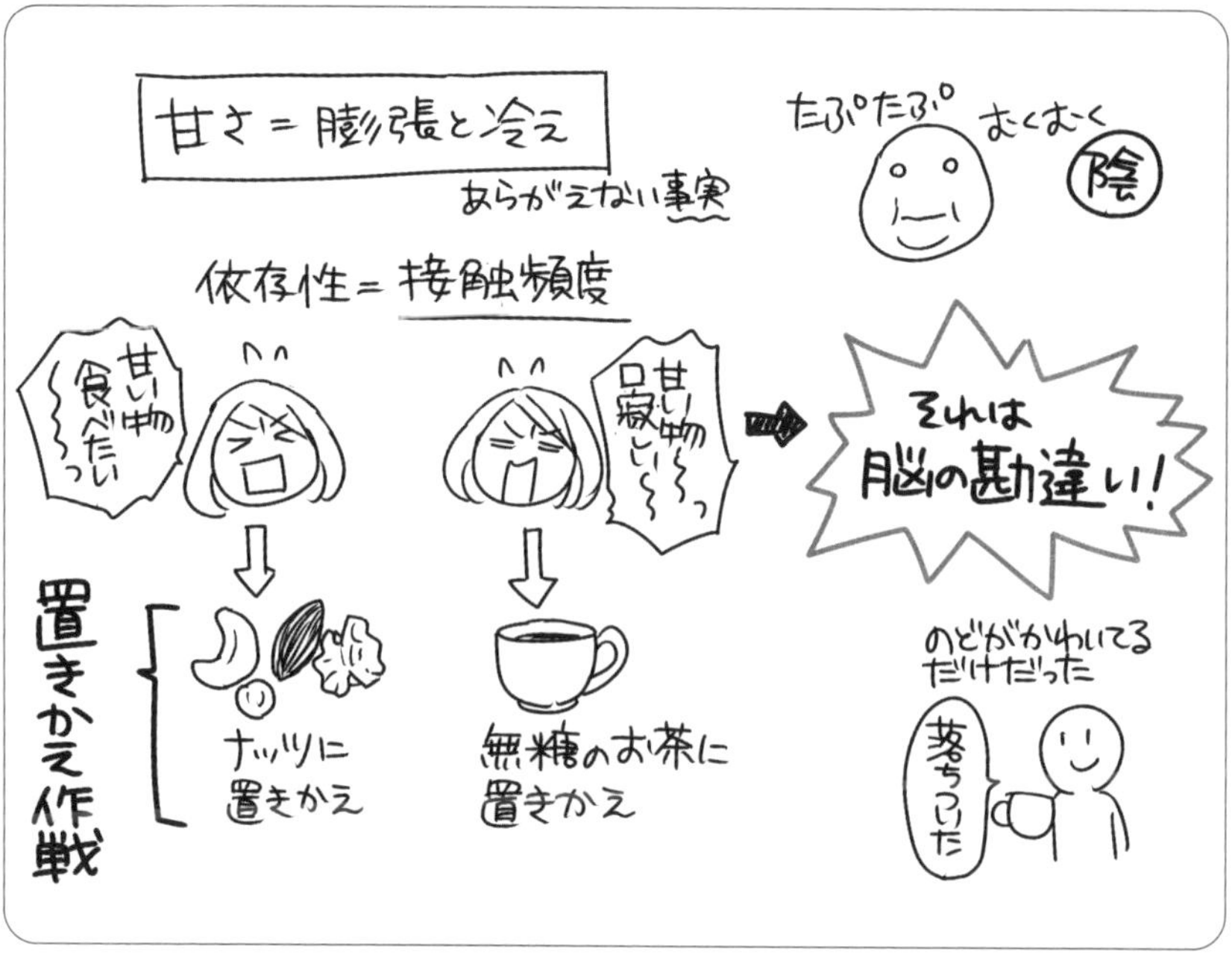
甘さ＝膨張と冷え
あらがえない事実
たぷたぷ
むくむく
陰
依存性＝接触頻度
甘い物食べたい〜っ
甘い物寂しい〜っ
それは脳の勘違い！
置きかえ作戦
ナッツに置きかえ
無糖のお茶に置きかえ
のどがかわいてるだけだった
落ちついた

とにかく「接触頻度」を減らしたもの勝ち

甘いものは体を膨張させる上、依存性が高いため、常食にしなくなるとダイエットは軌道に乗ってきます。

しかし、甘いものから抜け出すのはそこまで難しくないのです。週に2回ほどに抑えればいいだけ。人間の味覚は「3日」で変化するといわれています。約2ケ月続ければ「さほどほしくないかも」と感じられるはずです。甘いものは「あってもなくてもいい距離」が望ましいです。

また「喉が渇いている」状態を空腹だと「脳」が読み違えていることも多いので、お茶などで口を潤すと食欲が落ち着きます。ただしお茶は必ず「無糖」にしましょう。

ADVICE

#29

水分過多と体力不足を防ごう

たるみで縦に大きくなる顔の解消法

改善が見込めるもの

自律神経／倦怠《けんたい》感／疲労感／たるみ／むくみ／肌荒れ

やること

○ 果物・スイーツ・アルコールの量をこれまでの半分に

○ 利水作用のあるお茶で水分補給する

例 小豆茶、黒豆茶、とうもろこしの髭茶

○ こまめに休憩をとる

なぜ？

▼ 顔に余分な水分が溜まって下がると「たるみ」になる

▼ 体力を消耗しすぎると「気」のホールド力が減り下垂する

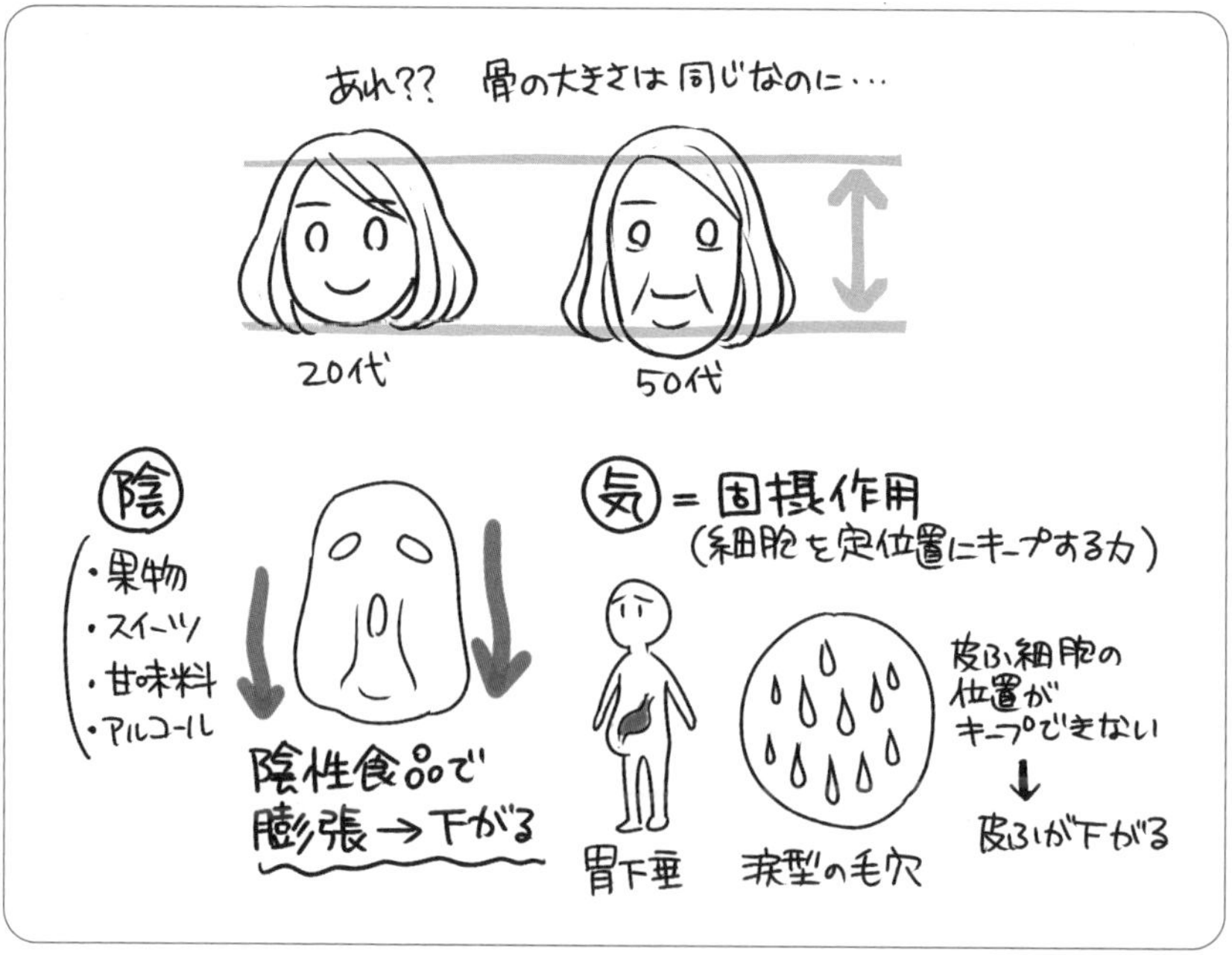

完全にやめなくていい。半分に減らしてよく休もう

老化で顔が大きくなります。縦の肥大化は、主に顔の「水分代謝」の悪化と「気」のホールド力の低下が原因。

果物やスイーツ、お酒などの「陰性食品」が多くなると水がたまりやすいので、「食べる回数と量」を減らすと小顔に近づきます。小豆茶や黒豆茶など、余分な水を排出する「食材」を利用するとよいでしょう。

疲れがたまって頬《ほお》がこけたように下がる「たるみ」は、気が不足し、体にとって必要なものをその場にとどめておく「固摂《こせつ》作用」が減少しているサイン。胃下垂などの内臓下垂も一緒に起こりがちです。体を休め、胃に負担をかけないように消化の悪い油物や肉を控えると回復します。

ADVICE

#30

陰陽バランスや体の状態がわかる！

毎日舌をチェックしてみる

改善が見込めるもの

冷え性／むくみ／自律神経／ストレス／血圧

やること

○舌をチェックする

※薄ピンク色、歯の中にすっぽりおさまるサイズなら正常
※過去2日間の「食べ物」の偏りが舌に出やすい

例「陰性・冷え」に偏っていた場合
・冷えが強い↓白い厚い苔　・体力不足↓舌がぼてっと大きい、歯型がついている、色が薄め
・余分な水分が多い↓舌に歯型がついている・唾液がしたたる・色が白い

例「陽性・炎症」に偏っていた場合
・ストレス過多↓舌のサイドが赤い、苔が厚い
・血液ドロドロ↓舌が赤紫、舌の先に赤いツブツブがある　・炎症が強い↓黄色い厚い苔（発熱時も）

○正常でない場合は、ケの日の食事（P66）で中庸に近づける

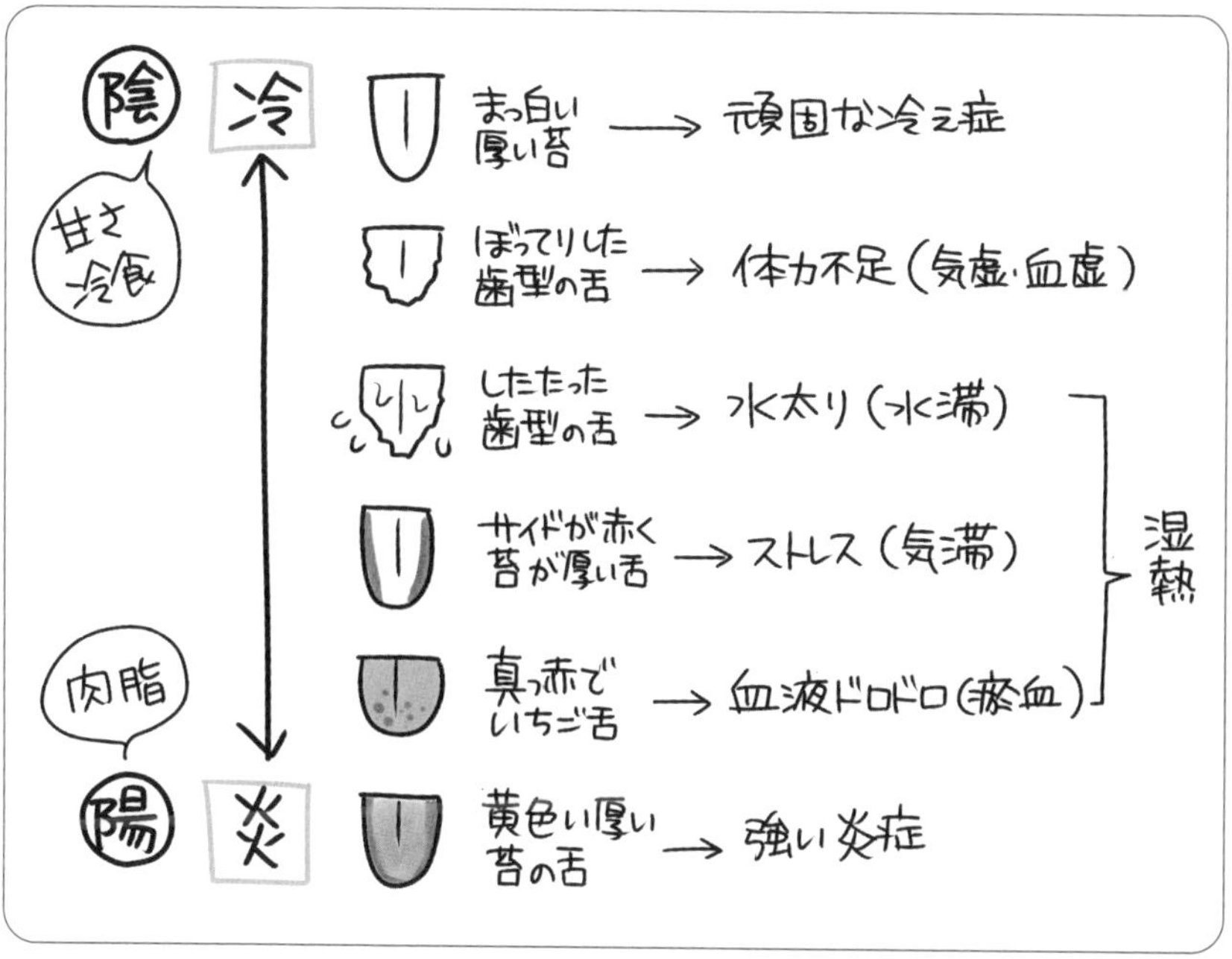

昨日のハンバーガーで舌が赤くなった

舌の診断は「舌診《ぜっしん》」と呼ばれ、東洋医学では体調・体質の判断材料となります。陰陽が偏った食事を摂ると1～2日後くらいに、舌に表れることが多いです。症状があったら、数日間の食事を振り返ってみましょう。表面の色で体の温冷がわかり、形で水分量がわかります。白い場合は冷えが、赤・黄は炎症、紫は血流の悪さとして表れます。風邪で熱を出すと舌が黄色くなるのは、内臓に熱を持っているからです。水分が多かったり、気の固摂作用（細胞を定位置でキープする力）が少なくなると舌が膨張し、歯におさまらないため、歯型がつきます。

健康な舌に近づけるように、一汁一菜などで「中庸」にリセットすることが大切です。

HEAL

3

心身を癒すだけで自然にやせる

癒して養生

ADVICE

#31

全身ブルブル…。手足が凍る?

自分の冷えタイプを知って温めよう

改善が見込めるもの

疲労感／冷え性／末端冷え性／消化不良

やること

冷えのタイプ

- **気不足タイプ（気虚・血虚）**…いつも体の芯から寒い。体力（気）が不足していて、体を温められない
↓基礎代謝が低い・冷房が辛い
- **水はけ不足タイプ（水滞）**…雨の日は体が冷たい！　体に余分な水分が溜まり、水風船を抱えているように冷える↓水太り・むくみ・婦人科系の不調・落ち込み
- **ゴースト血管タイプ（瘀血、湿熱）**…手足の毛細血管まで血液が届かず、指先が氷のように冷たい
↓肌のくすみ・高血圧

○ 気不足・水はけ不足タイプ

冷たいもの・辛いもの・水分の摂り過ぎを控えることが先決

○ ゴースト血管タイプ

血液をサラサラにすべく「ショウガ・大根」を多用し、マッサージで毛細血管を目覚めさせる

実は太る原因の「冷え性」

「体が冷えている」には、「気」が不足して温められないタイプ、水で冷えるタイプ、毛細血管が活動せずに温かい血液を届けられないタイプがあります。どのタイプでも、代謝機能が下がっているのは明白な事実。「寒さで風邪をひきやすくなる」のも、体温低下により免疫力が下がったサインです。

まずは「胃」を温め、甘さやアルコールなど「陰性食品（水をためる）」を控えめにしましょう。汁物や温野菜は体力（気）を養いながら、血液をサラサラにすることができます。

気不足の方は「鮭」がお勧め。北海道の郷土料理「石狩鍋」「ちゃんちゃん焼き」など、寒冷地の伝統料理を参考にするといいでしょう。

ADVICE

#32

レンジで1分30秒で温熱天国

「小豆カイロ」の全力癒しパワーに頼る

改善が見込めるもの

疲労感／冷え性／末端冷え性／消化不良／婦人科系の不調

やること

レンジでチンした小豆カイロを、20分間あてて温める

（小豆カイロはネットショップやドラッグストアで買える）

A 首にあてる

改善が見込めるもの…肩こり、ストレス、食欲

ゆるめる筋肉と症状…僧帽《そうぼう》筋／緊張、いかり肩、上半身太り

B おへその裏側にあてる

改善が見込めるもの…消化器官、水分代謝・冷え性、便秘

ゆるめる筋肉と症状…脊柱《せきちゅう》起立《きりつ》筋／腰痛、ひざ痛、猫背、自律神経の乱れ

内臓への影響…腎臓・胃の活性

C 下腹部にあてる

改善が見込めるもの…生理痛、便秘、体力不足、水太り、下半身太り

ゆるめる筋肉と症状…腸腰《ちょうよう》筋／腰痛、股関節痛

D 足首にあてる

改善が見込めるもの…末端冷え性、足のむくみ、下半身太り

ゆるめる筋肉…ひらめ筋・腓《ひ》腹《ふく》筋

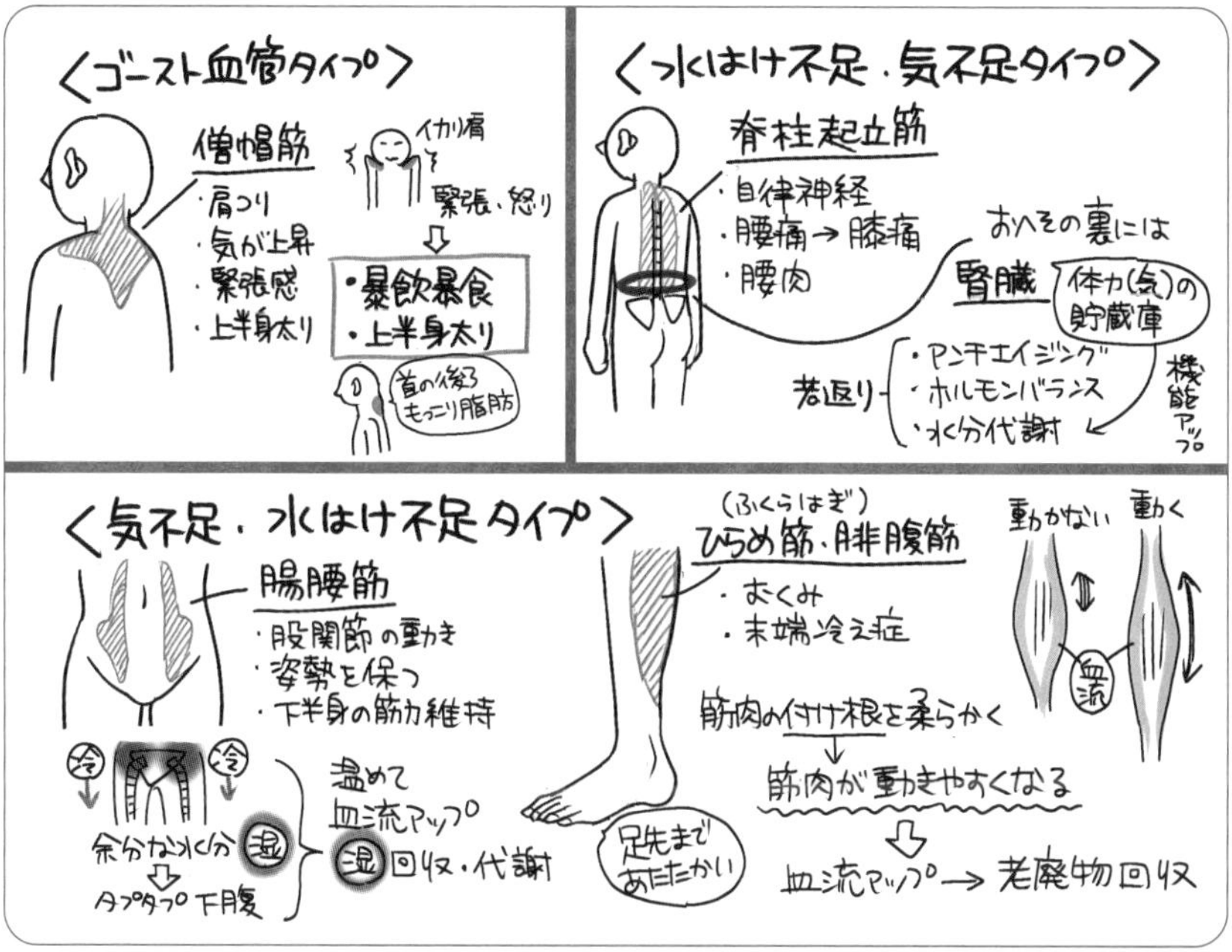

代謝アップと食欲コントロールを実現

普通のカイロは「乾熱」といって表面を温めますが、小豆カイロの熱は温熱。蒸気で体の深層部である筋肉や内臓まで温めて機能を回復させます。

ダイレクトに「代謝＝自然やせ力」のパワーチャージになるのです。特に骨盤まわりは「余分な水分」が周辺を冷やし「タプタプ脂肪」をつくり出しているので、外側から温めることが下半身やせのとっかかりになります。

また、筋肉が芯まで温まると、柔らかくなり無駄な緊張感がとれていきます。筋肉がかたくなる緊張感は焦りや不安となり、ストレス食いの原因に。食べ物以外の方法で意図的にリラックスさせることも、食欲コントロールになるのです。

ADVICE

#33

お灸ってこんなに簡単なの?

手軽で簡単! 火を使わないお灸

改善が見込めるもの

疲労感/冷え性/末端冷え性/婦人科系の不調/消化不良

やること

シールをはがして、凝った場所やツボに貼る(効果時間:約3時間)

※緊張している時、寒さを感じた時、胃腸が悪い時、雨が降っている時がお勧め
※「火を使わないお灸 太陽」と検索すれば出てくる。他にも商品はある

肩のツボ 肩井《けんせい》、大椎《だいつい》
合う体質…気滞、湿熱、瘀血
改善が見込めるもの…食欲、自律神経

腹のツボ 関元《かんげん》(丹田《たんでん》)
合う体質…気虚・血虚、瘀血、水滞、湿熱
改善が見込めるもの…全身冷え、骨盤まわりのタプタプ系脂肪、婦人科系の不調、降雨時の水分代謝

腰のツボ 腎兪《じんゆ》
合う体質…気虚・血虚、水滞、湿熱
改善が見込めるもの…全身ゾクゾク冷え、便秘、猫背によるぽっこり下腹

膝下 足三里《あしさんり》
合う体質…気虚・血虚、水滞
改善が見込めるもの…胃腸、足の冷えによるセルライト、むくみ

足首 三陰交《さんいんこう》
合う体質…気虚・血虚、瘀血
改善が見込めるもの…婦人科系の不調、末端冷え性、足のむくみ

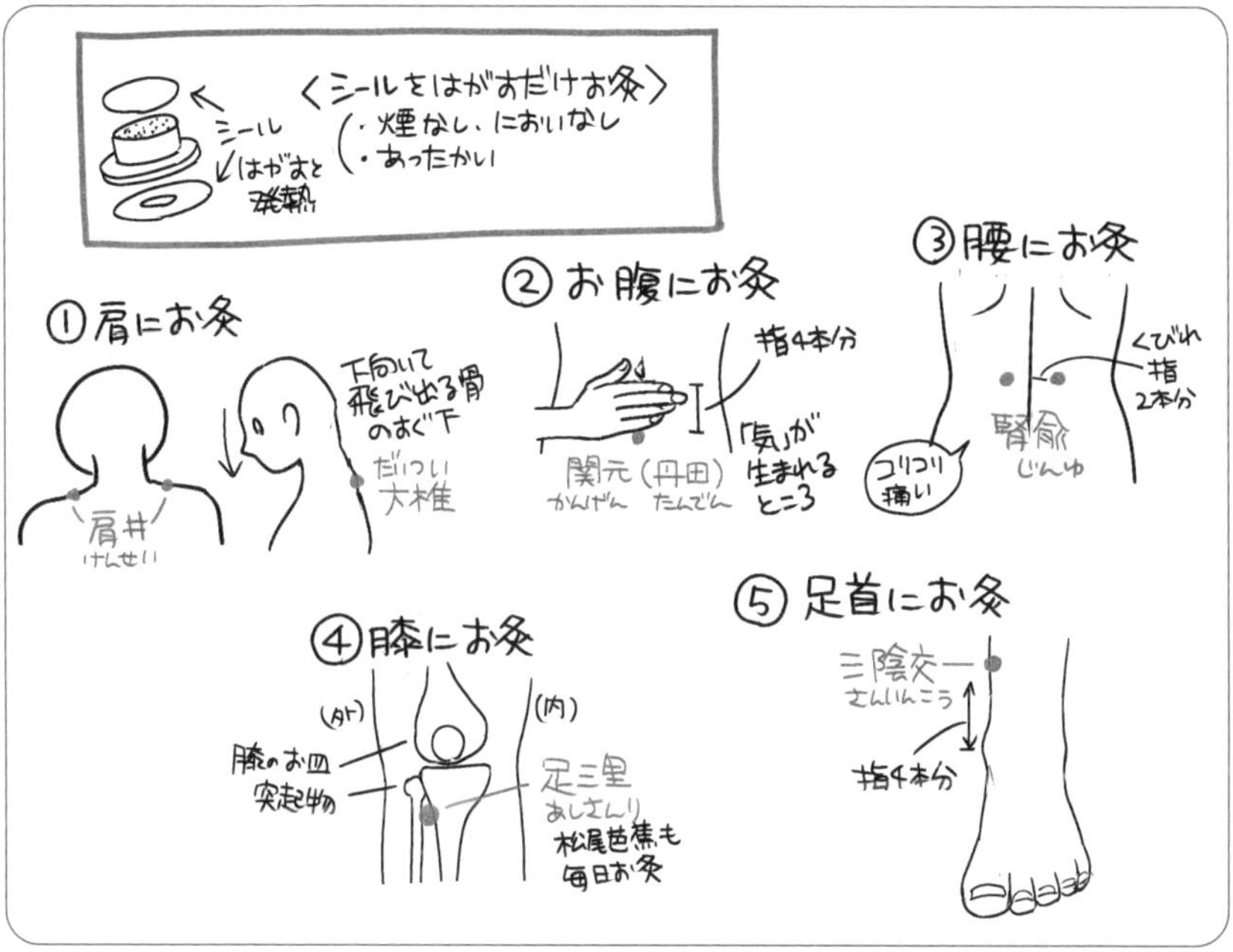

いつでもどこでも温熱パワー

お灸は体に点在するツボを温めることで、血行を良くし自然治癒力を高め、体に起こっている症状を改善する方法。人間が本来持っている「代謝」を回復させる安全な方法です。太りやすい、体力がないという症状は、原因となる内臓への道筋（経絡《けいらく》）に気や老廃物が滞っているサインです。

ツボの位置は厳密に合わせる必要はなく、押して痛いところのような「アバウトな感覚」で十分。火を使わないお灸は、シールをはがすだけで発熱し、煙も出ないので、人の目も気にならずどこでも使えます。私は冬の外出時や登山にも持っていき、寒さや筋肉のこりを感じたら使うようにしています。小さく持ち運びにも便利です。

ADVICE

#34

体をキレイにするだけじゃない

入浴の本当の意味

改善が見込めるもの

疲労感／冷え性／ストレス／消化不良／婦人科系の不調／不眠症

やること

38〜40度のお湯で全身浴5分、半身浴10〜15分

※夜に湯船に浸かって汗ばむ程度がよい。ダラダラ汗だと体力を消耗してしまう

※入浴剤を入れて、温熱効果を促進させる。エプソムソルト（硫酸マグネシウム）を入れると筋肉がほぐれやすく緊張感が緩和（ストレス食抑制）

なぜ？

▼入浴時の発汗で「陽の力＝交感神経」を押し出し、「陰の力＝副交感神経」を引き出す。結果として陰陽バランスが整う

▼副交感神経が優位になると、睡眠消化モードになる

▼交感神経が優位のままだと睡眠や消化の質が下がる

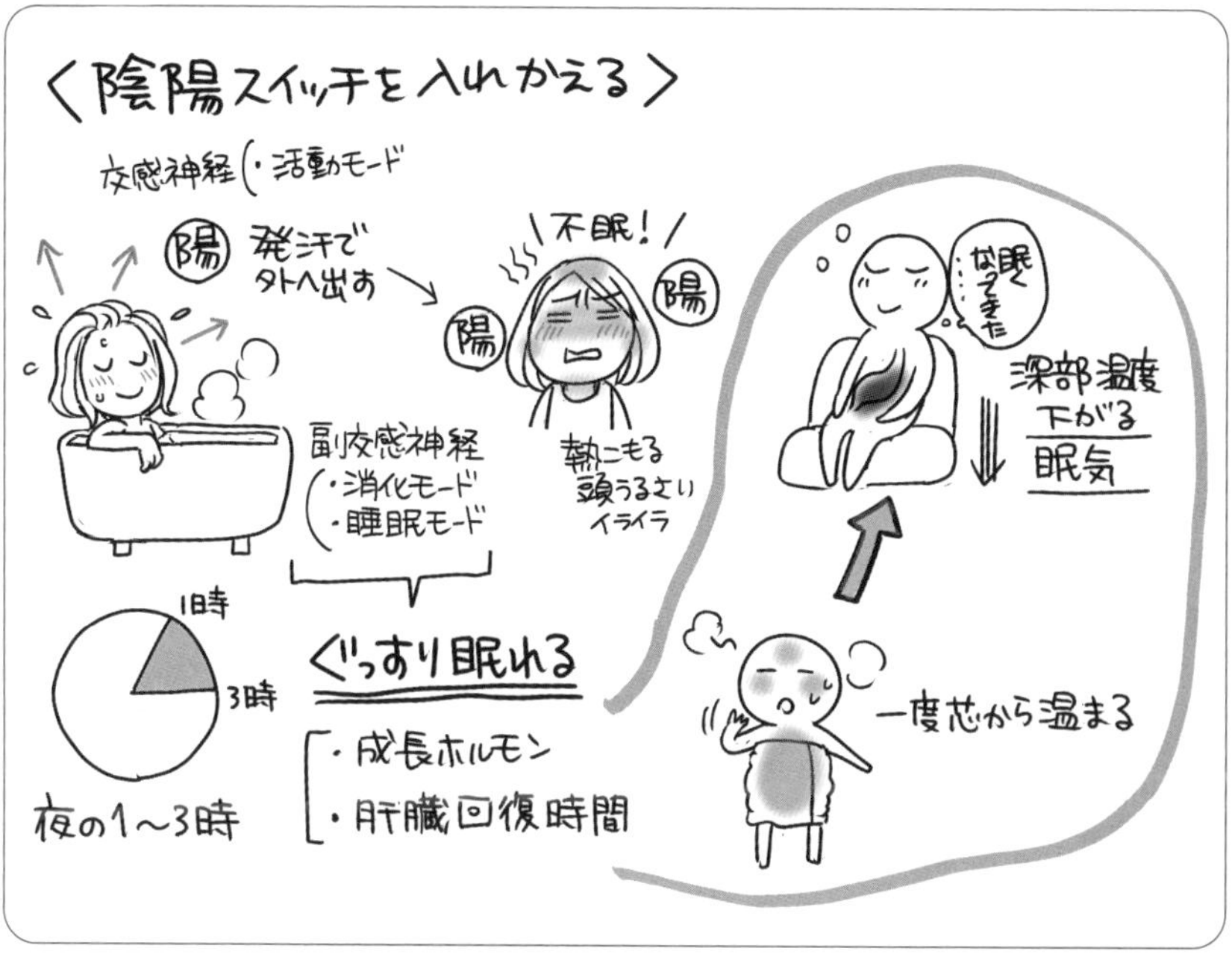

「陽」がたまりすぎると寝られない

忙しい日常では「動＝陽」の熱が内臓や脳にたまり、消化不良やイライラを引き起こしやすくなり、寝つきを悪化させます。

入浴は睡眠と消化の質を上げる「副交感神経」を優位にさせるスイッチにもなります。ジワっと流れる汗で熱を発散させることで「静＝陰」の状態に入れ替わって体の深部温度が下がり、眠気を促すのです。入浴は温熱効果もあり、血行を改善し、筋肉を柔らかくし「老廃物」の代謝を活性化させます。

夜中の1～3時は細胞を修復する成長ホルモンや、肝臓の回復時間と重なるので、夜の入浴は「自然やせ力」を復活させる絶好のチャンスなのです。

ADVICE

#35

〜生理前の暴飲暴食もこれで解決〜

タプタプ冷え冷え下半身なら、「半身浴」で足を出す

改善が見込めるもの

疲労感／冷え性／婦人科系の不調

やること

全身浴の後、半身浴で膝下を湯船の外に出し10分浸かる
↓骨盤に集中的に血液を集める

お勧め入浴剤

・大根干葉：大根の葉っぱを天日干ししたもの。老廃物除去、血行改善、アンチエイジングが期待できる。

健康食品のお店・ネットショップで購入可能

・エプソムソルト（ｐ１２４）

なぜ？

▼タプタプ腰肉・下腹部は水太りによる骨盤まわりの冷えが原因

▼足を出すことで、熱を骨盤周りに集め、徹底的に温める。腎臓・子宮の冷えをとりダイレクトに機能回復させる

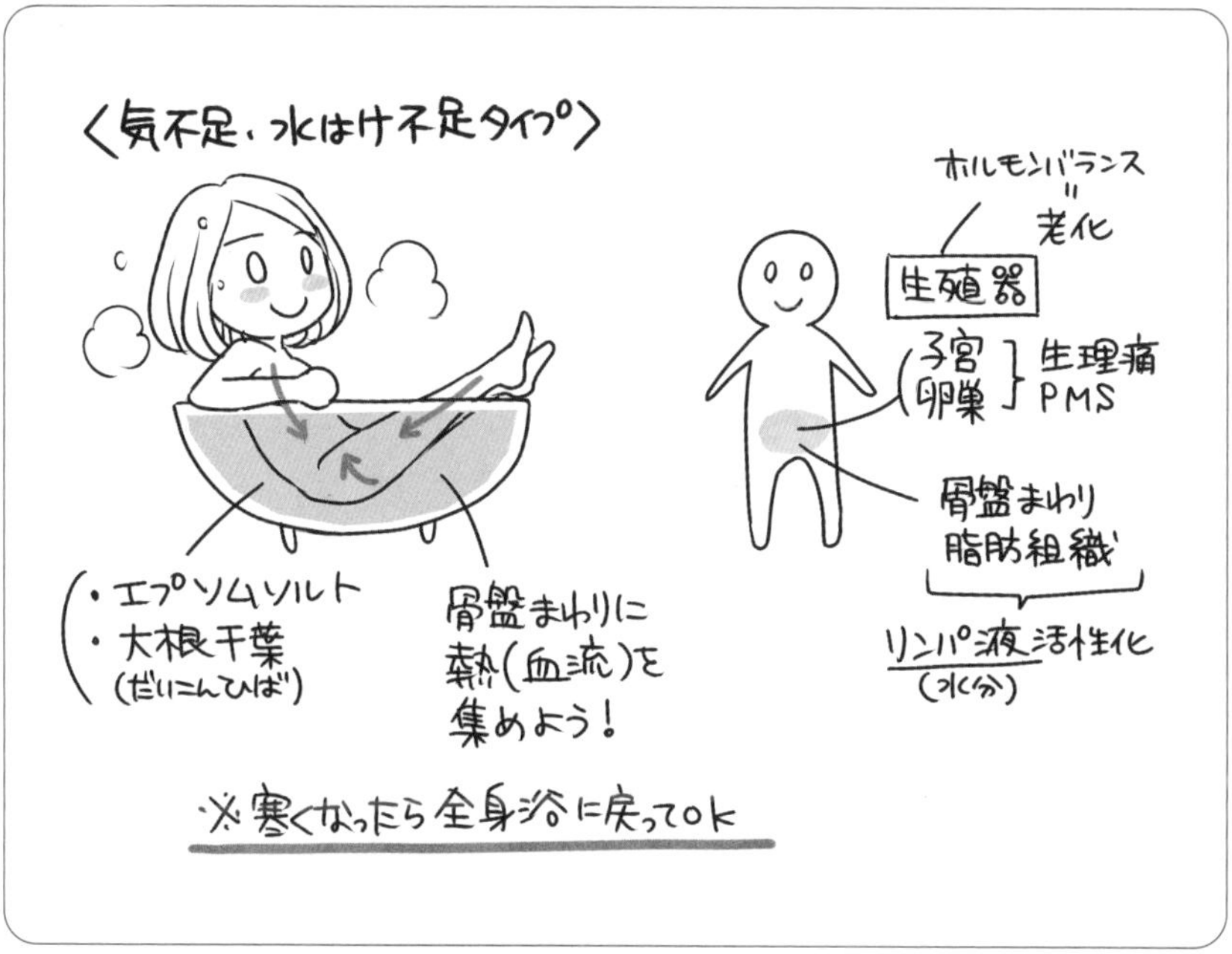

タプタプ下腹は婦人科系の不調をあわせもつ

骨盤まわりの脂肪は、水分がたまったもの。骨盤を冷やし、周辺の内臓の機能も下げます。特に骨盤まわりの血行が悪化すると、生理時に血液を排出しにくくなり、生理痛やPMS（月経前症候群）が起きやすくなったり、更年期のホルモンバランスが崩れやすくなったりします。

生理前や更年期のイライラや暴飲暴食は、骨盤まわりを温めて血行改善することで防ぐことができます。

婦人科系の不調がある方は「腰湯」がお勧め。足先を出し、骨盤に集中的に熱を集める方法です。腎臓・卵巣・子宮・前立腺などアンチエイジング生殖系の内臓におだやかに作用します。血中の老廃物を出す「大根干葉」や「エプソムソルト」などの入浴剤で効果はアップ。

ADVICE

#36

ゴースト毛細血管よ、よみがえれ！

自然やせ力を上げる最強の温冷交代浴

改善が見込めるもの

疲労感／末端冷え性／消化不良／むくみ／不眠症

やること

湯船から上がったら、足先〜太ももに冷水を30秒かける（20〜30度）。皮膚が赤くなったらOK！

※高血圧・心疾患がある方は禁止

ステップアップ

全身浴3分→30秒冷水をかける→全身浴3分→30秒冷水をかける→全身浴3分

※最後は全身浴で終わること

なぜ？

▼毛細血管を激しく刺激することで、血行を促す

▼陰陽を激しく入れ替えることで、陰陽バランスが整う

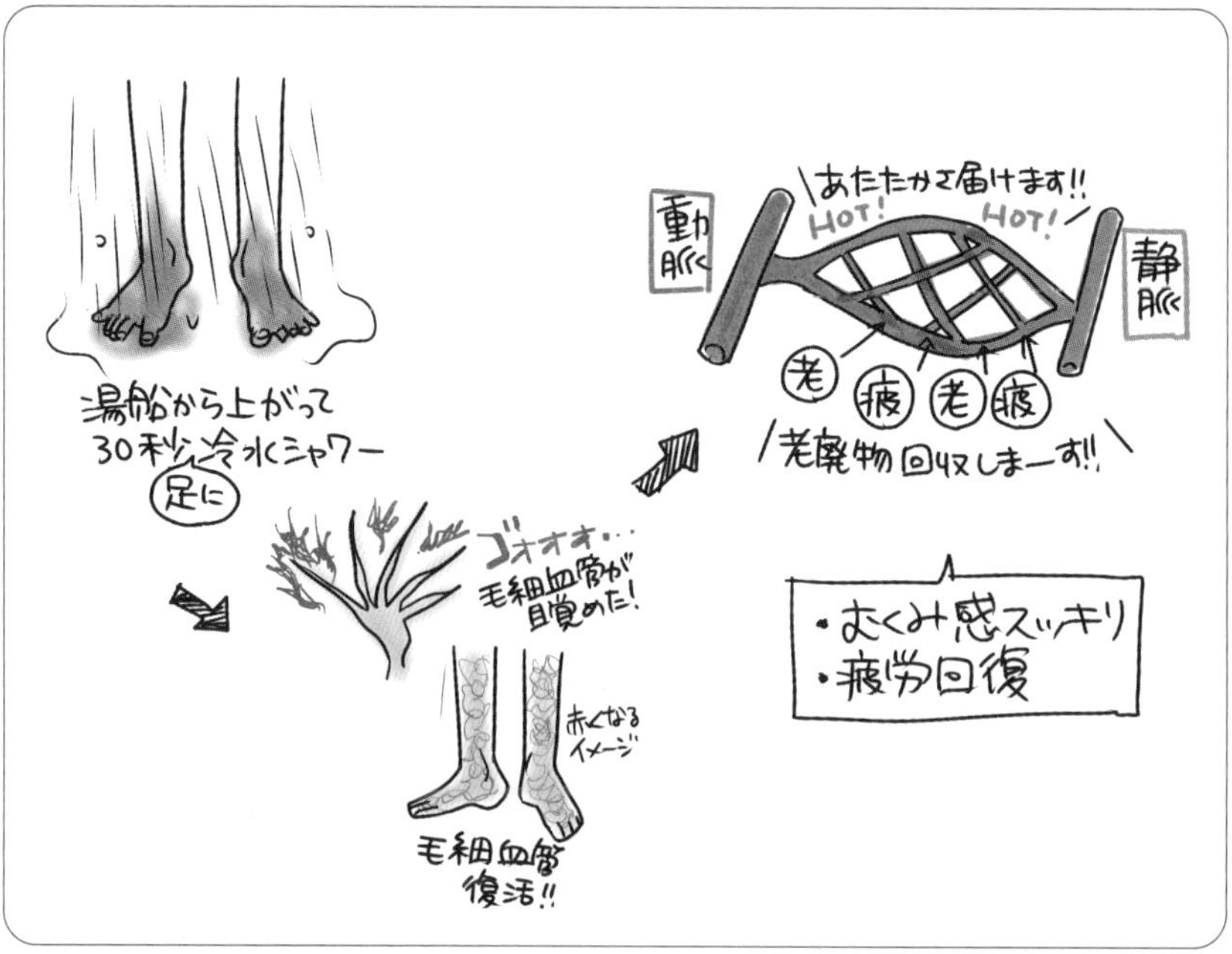
湯船から上がって
30秒冷水シャワー
足に
ゴオオオ…
毛細血管が目覚めた!
赤くなるイメージ
毛細血管復活!!
動脈
静脈
あたたかさ届けます!!
HOT!
HOT!
老
疲
老
疲
老廃物回収しまーす!!
・むくみ感スッキリ
・疲労回復

激しい温冷刺激で「生き生き血管」に

足の冷えや太さに悩む方は、湯船から出てすぐに30秒間、冷水を足にかけてみましょう。皮膚が赤くなってきたら、毛細血管が刺激されて、血流が回復しているサイン。

冷えやすい足の毛細血管にたまりがちな老廃物が減り、それが冷えて固まるセルライトも減って、足の太さが解消されるのです。静脈瘤や足のむくみも、これで解消されます。

いきなり全身に冷水を浴びるのは勇気がいりますので、まずは膝下～太ももでトライしてみましょう。体で一番大きな筋肉である太ももの「大腿四頭筋《だいたいしとうきん》」の緊張感や疲労物質（乳酸）が発散され、全身の疲労回復、睡眠の質の向上につながります。

ADVICE

#37 やせるどころの騒ぎじゃない 老廃物がドバドバ流れる5つのポイント

改善が見込めるもの

冷え性／末端冷え性／疲労感／セルライト／たるみ／肌荒れ／運動不足

やること

「老廃物のゴミ箱＝リンパ節」がある場所を押したりつまんだりしながら、30秒間動かす

●大きなリンパ節がある場所5つ

A 脇の下　B 鎖骨　C ろっ骨下　D 鼠蹊部《そけいぶ》　E 膝裏

なぜ？

▼「太さ」は本来回収されるべき「老廃物」が溜まったもの（細胞の死骸・脂肪・余分な水分など）。その老廃物は大きなリンパ節に吸収されて排出される。しかし、リンパ節が詰まっていると「老廃物」が代謝できずに定着する。リンパ節は大きな関節付近にあるが、そこをよく動かすことで詰まりが解消される。さらには関節が以前より動くようになることで、消費カロリーも増やすことができる。

	老廃物が詰まる所	太くなる部位
A	脇の下	二の腕・背中
B	鎖骨	全身・顔
C	ろっ骨下	胴体全体
D	鼠蹊部	下腹部・脚
E	膝裏	ふくらはぎ・足首

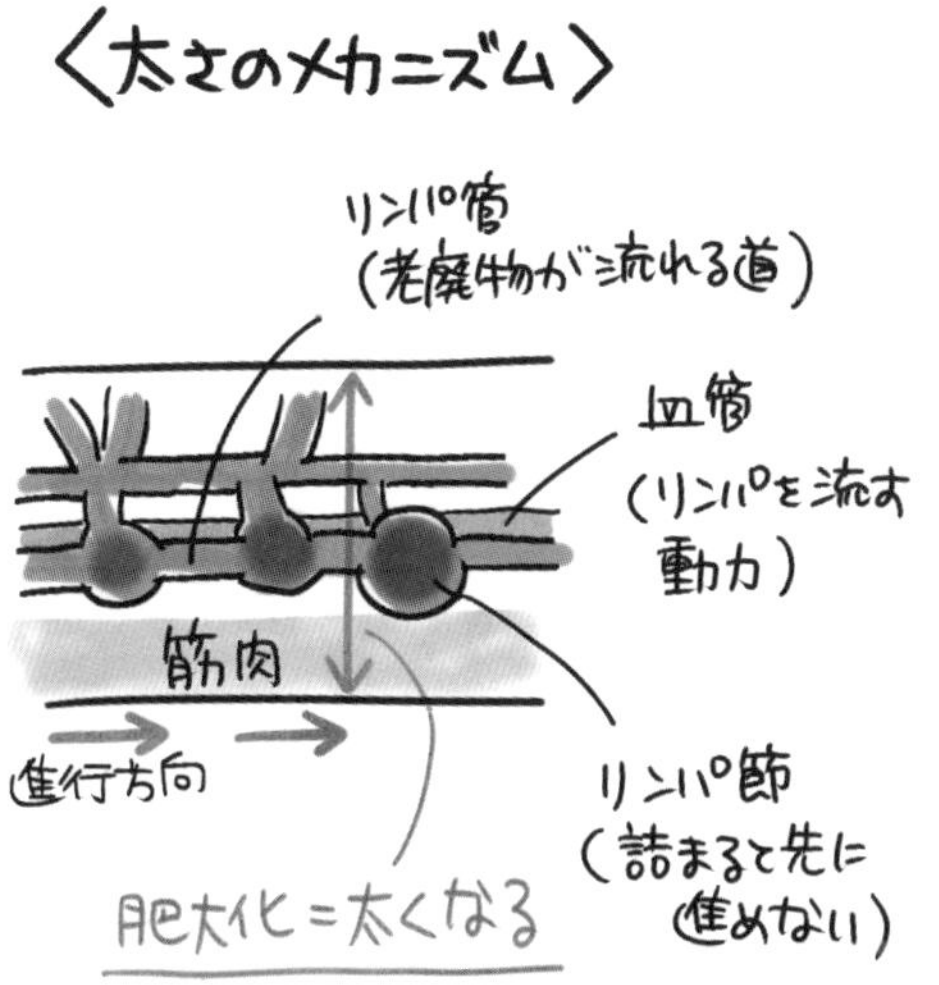

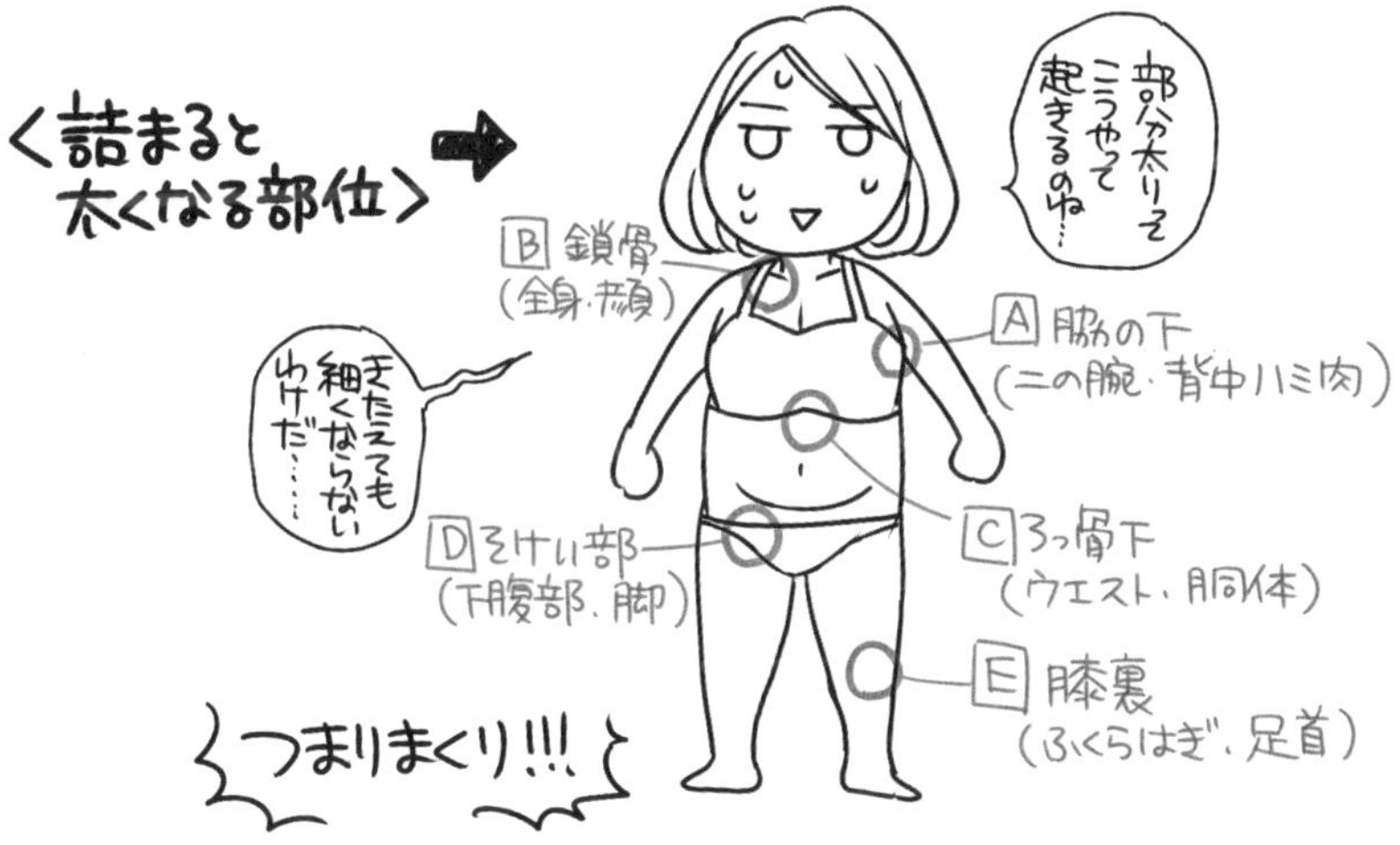

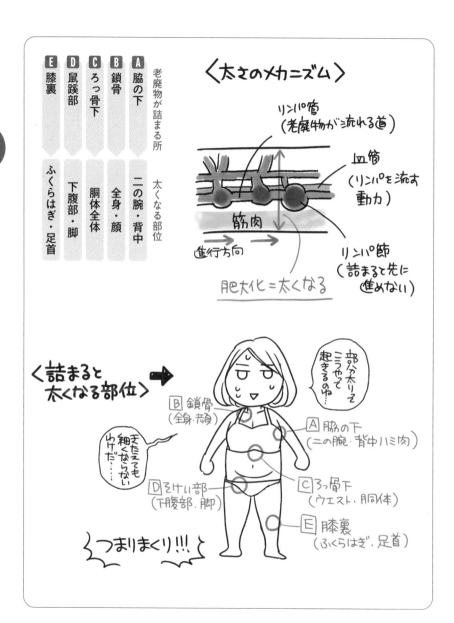

マッサージ方法

各30秒行なう

A 脇の下

脇の前側の筋肉をつかんだまま肘《ひじ》を後ろに30秒回す。次も同様に、今度は脇の背中側の筋肉をつかんだまま肘を後ろに30秒回す。

B 鎖骨

ピースサインで鎖骨をはさんでから、肩を上げる。指をくいこませるようにする。ピースサインは、内側から外側に移動させていく。ピースサインの反対側の鎖骨をはさむとやりやすい（ピースサインをしたのが右手であれば、左側の鎖骨をはさむ、ということ）。以上を30秒かけて行なう。両側で計1分が目安。

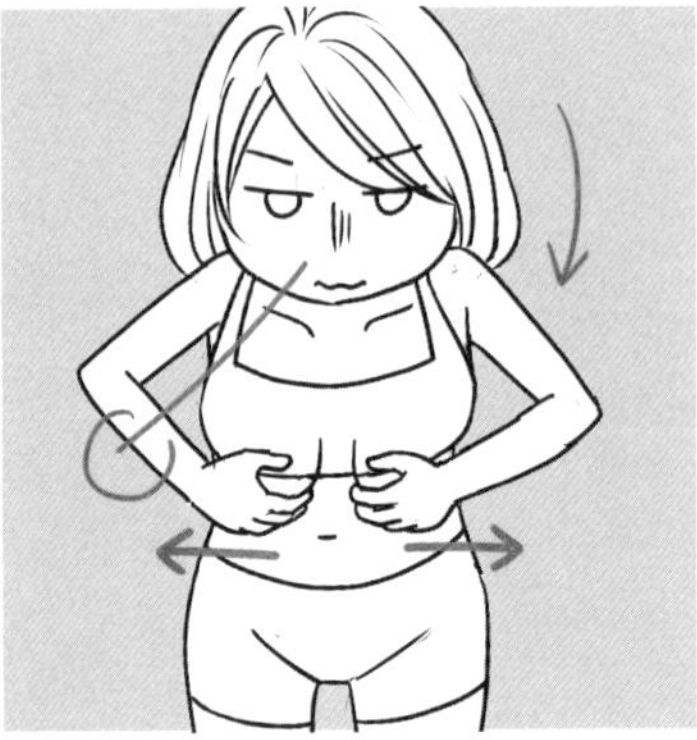

C ろっ骨下

みぞおちの外側に4本指を差し込み、上体を前に倒す（くいこむ！）。指はちょっとずつ外側に30秒かけて移動。鼻呼吸で吐きながらすると、いっそう効果がアップ！

E 膝裏

膝の裏側のシワに両手の親指を当て、膝をパタパタさせる（くいこむ！）。それぞれの足を30秒ずつパタパタさせる。

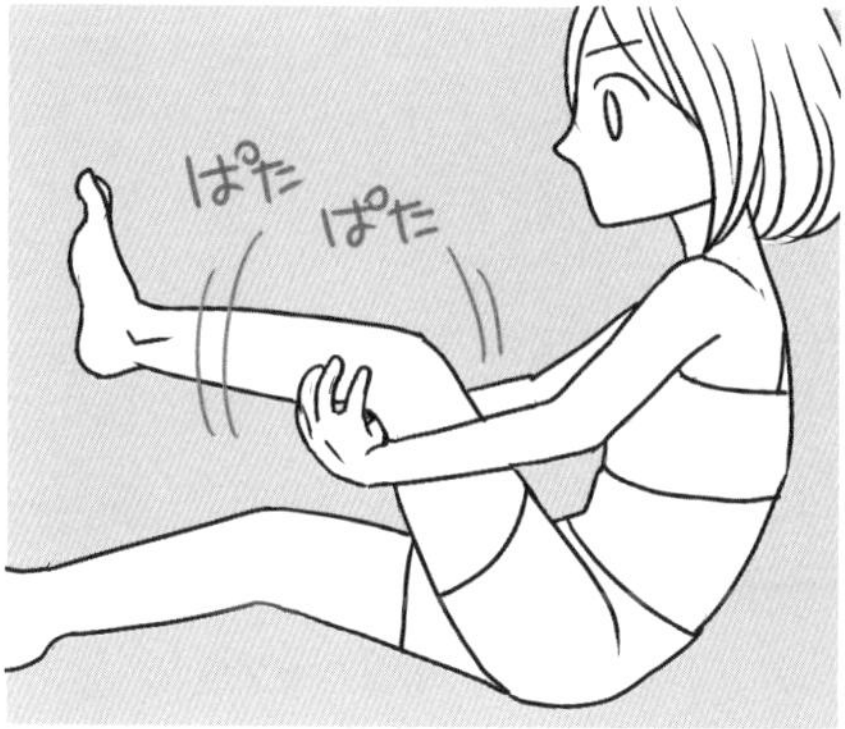

D 鼠蹊部

胴体と太ももの境目のシワに4本指を差し込み、上体を前に倒す（くいこむ！）。前に倒すのは5秒間かけてを計5回ほどするのが目安。鼻呼吸を大きくしながらで、効果はよりアップ。

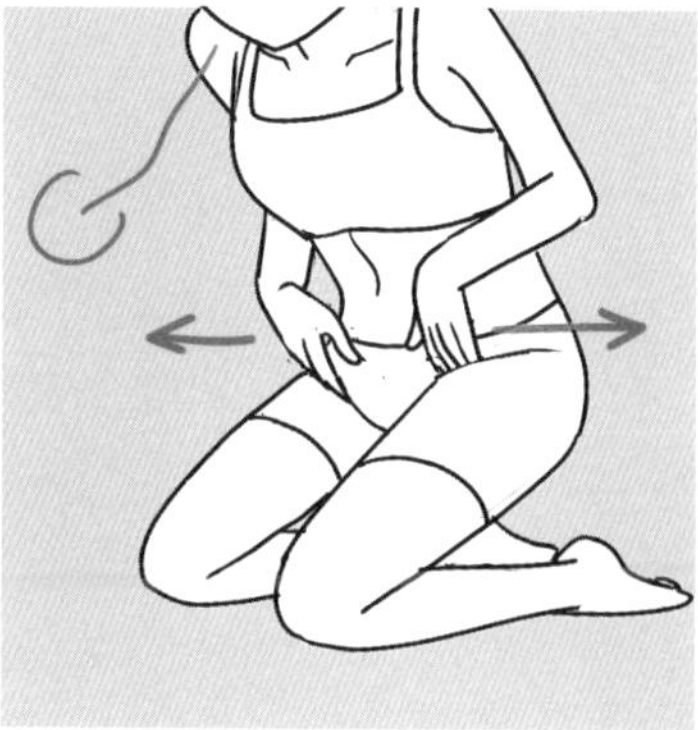

太さの根本解決は「老廃物」を流すこと

老廃物を体外に追いやるリンパ管が集まるターミナル駅のような存在が「リンパ節」。この「リンパ節」に老廃物が詰まったままになると、後からやってきた「老廃物」が進めなくなり「太さ」として定着します。

そこで「リンパ節」の詰まりを解消させるわけです。「リンパ節」は大きな関節の近くにあるので、その関節をよく動かせば詰まりが減ります。

と同時に関節が動くことで、消費カロリーがアップという効果も。結果的に以前より関節が動くほど、日常で行なう運動に限らない普通の動きだけで「勝手にやせる仕組み」が出来上がるのです。

ADVICE

#38

ただの日常が「ガチやせ習慣」に変わる

筋肉の伸び縮みの幅を大きくする

改善が見込めるもの

冷え性／末端冷え性／疲労感／セルライト／たるみ／運動不足

やること

○大きな筋肉をほぐして伸ばす

○特に、脇腹、前もも、肩〜背中の筋肉は大きいので、よく伸ばすとよい

なぜ？

▼太さは「筋肉のハリ（縮みっぱなし）」の要素が大きいが、伸び縮みさせることでそれが解消できる

▼筋肉が伸びやすくなれば、日常生活の動きが大きくなる
↓日常生活がちょっとした運動に変わる

▼筋肉は50〜150％まで伸び縮みする

▼50〜100％に縮めるのが筋トレ↓筋肉が大きくなりやすい

▼100〜150％がストレッチ↓筋肉が正しい大きさになる

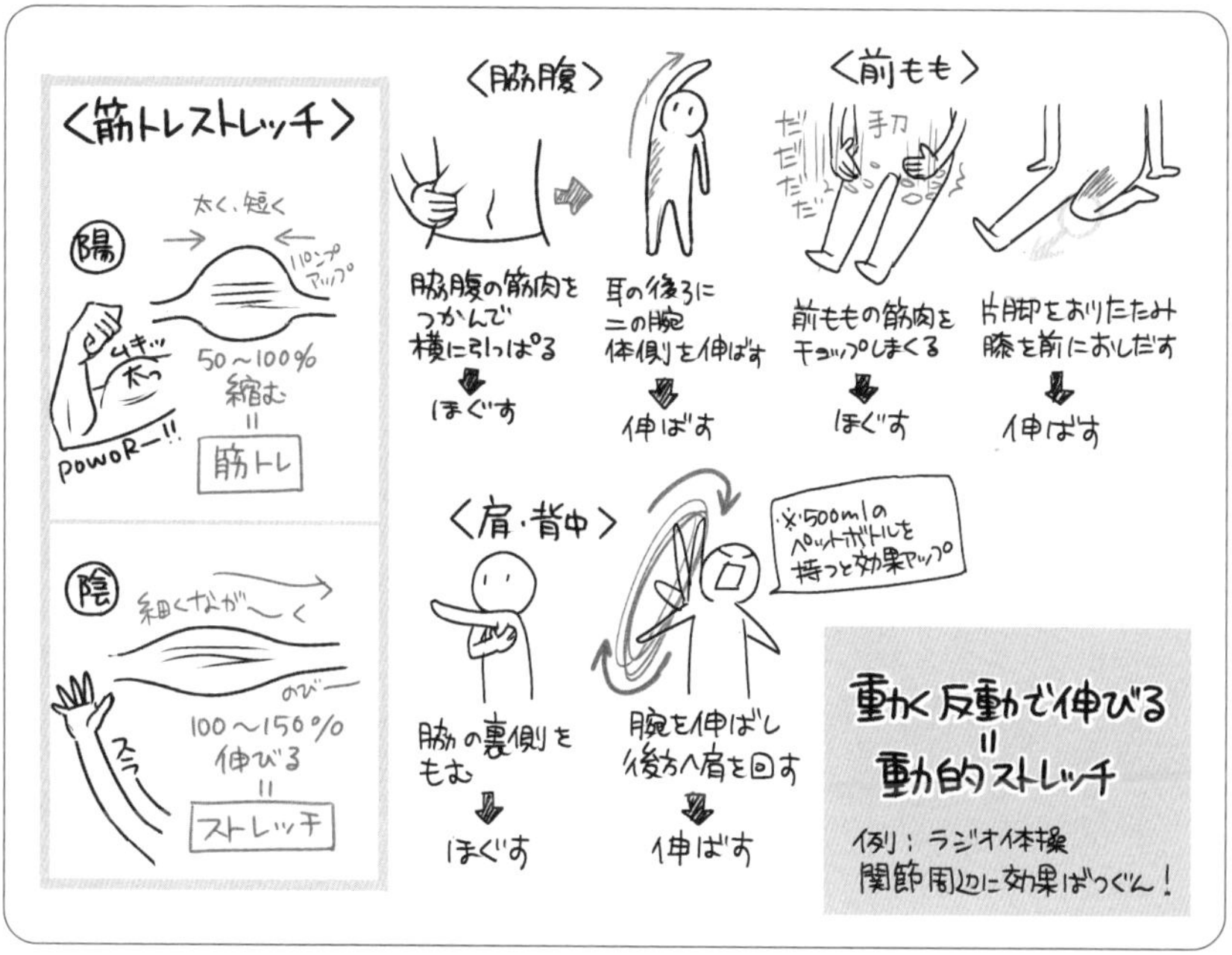

<筋トレストレッチ>
陽
太く、短く
パンプアップ
ムキッ
太っ
50〜100%
縮む
＝
筋トレ
POWOR—!!
陰
細くなが〜く
のび〜
スラ
100〜150%
伸びる
＝
ストレッチ
<脇腹>
脇腹の筋肉をつかんで横に引っぱる
ほぐす
耳の後ろに二の腕 体側を伸ばす
伸ばす
<前もも>
だだだだ
手刀
前ももの筋肉をチョップしまくる
ほぐす
片脚をおりたたみ膝を前におしだす
伸ばす
<肩・背中>
脇の裏側をもむ
ほぐす
腕を伸ばし後ろへ肩を回す
伸ばす
※500mlのペットボトルを持つと効果アップ
動く反動で伸びる
＝
動的ストレッチ
例：ラジオ体操
関節周辺に効果ばつぐん！

日常生活をダイエットにつながる運動だらけにする

筋トレは「筋肉を縮める運動」であり、逆にムキムキ激太になってしまうことも。一方で、ストレッチは固まった筋肉を伸ばして柔らかくします。筋肉はまるで粘土のようであり、伸びると細くなって筋力もアップします。

日常生活の「立つ・歩く・手を上げる」は低負荷の有酸素運動。よく伸びる筋肉は動きの大きさ、スムーズさに直結し、消費カロリーが増えます。大きな筋肉や関節近くの筋肉をよく動かすと、基礎代謝がアップ。ほぐした後に「ラジオ体操」などの動的ストレッチをしても効果抜群です。

筋肉が伸びることで動きやすくなった体は「気」の巡りまでよくなり、ストレスや落ち込みを少なくします。

ADVICE

#39

重心がズレると足が太る…
足指《あしゆび》をやわやわにすれば「下半身やせ」

改善が見込めるもの

末端冷え性／セルライト／むくみ／下半身太り／腰痛／膝痛

やること

○1日1回！　足指と握手して、指を付け根から動かす

○足先が冷たいと思ったら、足指に爪を立てて足先に血流を集める

なぜ？

▼足指（足の指）の関節を動かすことで、足の重心を整える→O脚・XO脚による脚の太さ解消

▼「痛い」刺激に血流が集まる→温まる・老廃物回収・セルライトやむくみの解消

※正しい重心は「うちくるぶし」の下

※靴のかかとの外側が減りやすい方は、重心が不安定であることに特に注意

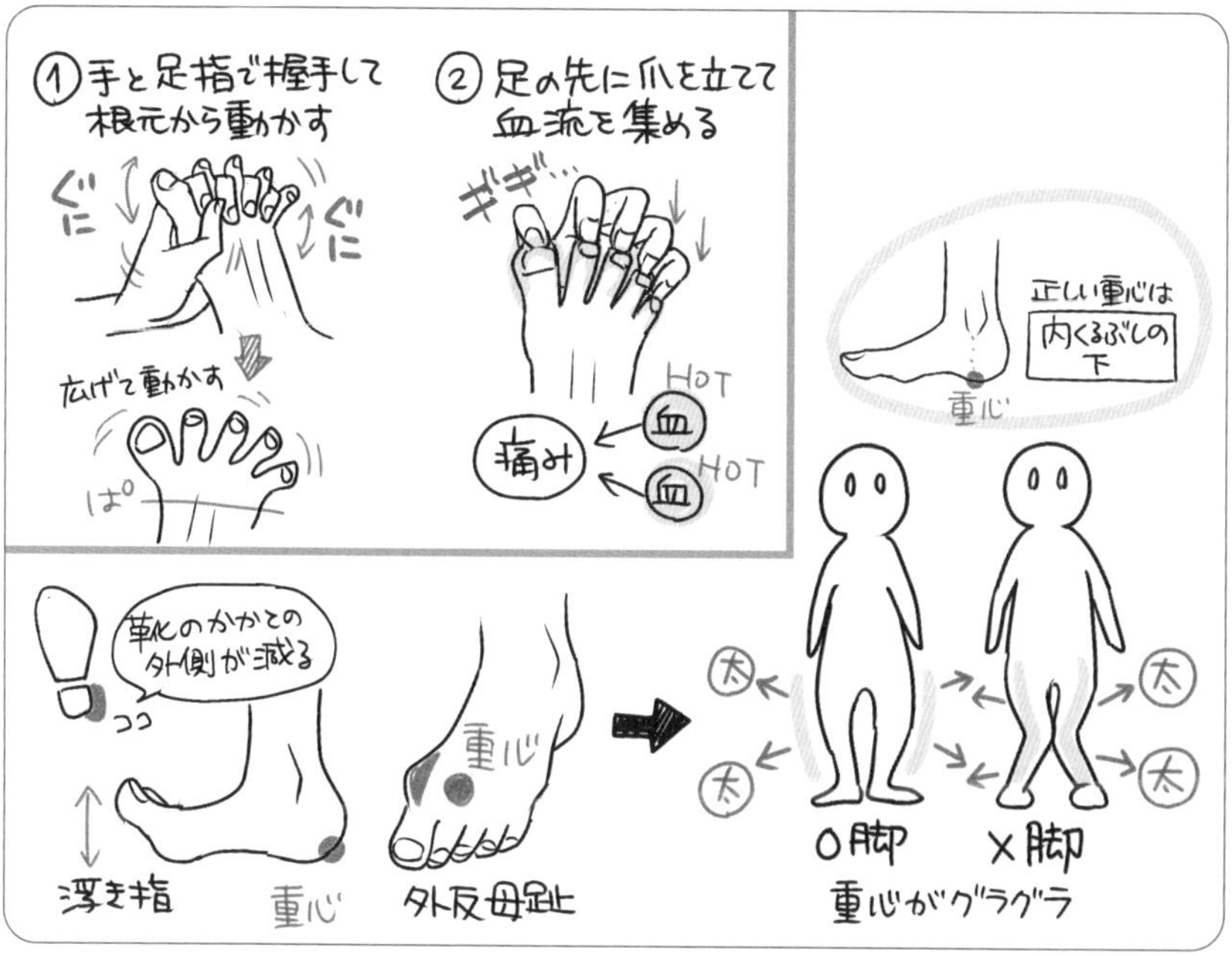

足指でグーチョキパーできるか？

下半身や足の太さに悩んでいる方の90％以上が感じる足指の硬さや冷たさは、血流の妨げや、全身の重心不安定を生み出します。足指が宙に浮く「浮き指」は、かかとの外側に重心が置かれ、O脚やXO脚で脚が外側に太くなります。長時間ヒールのある靴を履くと、母趾球《ぼしきゅう》（足の裏の親指の付け根にあるふくらみ）に重心が置かれ、ふくらはぎや前ももが太くなります。

1日の終わりに、硬くなった足指をほぐし、刺激を与えることで、重心が整い血流アップ。頑固な足のむくみ・セルライトの代謝にも効果的です。普段から5本指ソックスなどを利用して、足の指が密着して固まらないようにするのもお勧めです。

ADVICE

#40

呼吸が浅くお腹が出ている。それは「ろっ骨」のせい

ろっ骨をさするとウエストが細くなる

改善が見込めるもの

食欲／血圧／自律神経／ウエスト／ストレス／疲労感

やること

○ろっ骨をさすって深呼吸

○お腹を軽く凹まし、肩を下ろして、ろっ骨を立てる

なぜ？

▼お腹はろっ骨と骨盤にはさまれた「柔らかい」ところ

▼ろっ骨の上部が前に倒れると、お腹が潰れて横に肥大化する

▼胸を張りすぎて、ろっ骨の下側が前に出すぎると、肋骨が開きすぎて「みぞおち」が太くなる

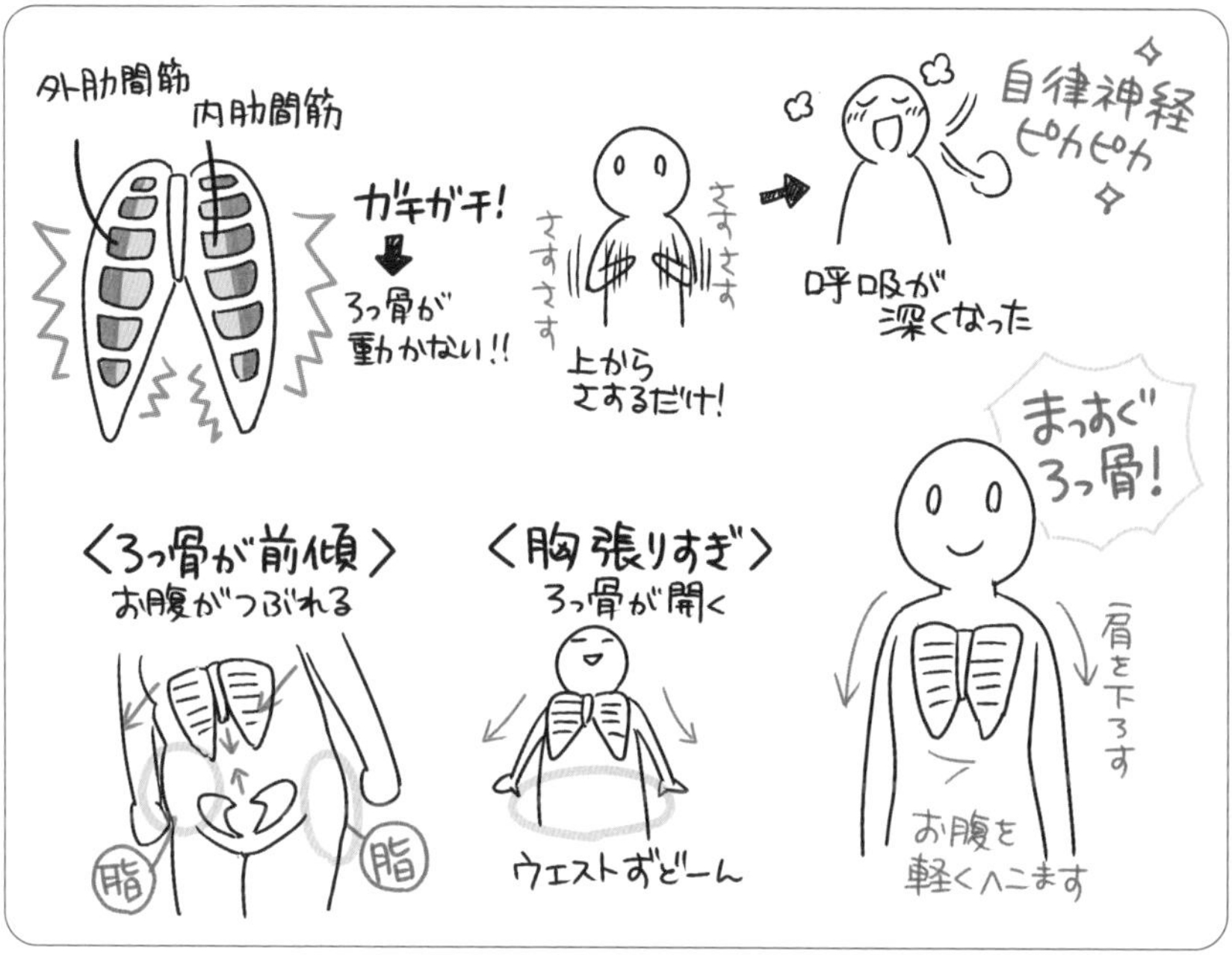
外肋間筋
内肋間筋
ガチガチ!
ろっ骨が
動かない!!
さすさす
さすさす
上から
さするだけ!
呼吸が
深くなった
自律神経
ピカピカ
まっすぐ
ろっ骨!
〈ろっ骨が前傾〉
お腹がつぶれる
脂
脂
〈胸張りすぎ〉
ろっ骨が開く
ウエストずどーん
肩を下ろす
お腹を
軽くへこます

お腹だけに注目せず、ろっ骨からアプローチ!

BMIが23以上の方は「食べて養生」で内臓脂肪・皮下脂肪を落とす必要があります。

一方でBMI22以下でお腹まわりに悩む方は、ろっ骨の向きに影響していることがほとんど。お腹はろっ骨と骨盤にはさまれた「柔らかい」部分なので、上下の骨の向きと距離で、お腹での老廃物のつきやすさは変わるのです。最も多いのが猫背気味で「ろっ骨」上部が前に傾き、お腹を潰して横に肥大化するタイプ。

ろっ骨を正しく立てることで解決しますが、ろっ骨を覆う「肋間筋」をさすってほぐしておく必要があります。肋間筋がほぐれると、その中の肺の膨らみの制限が少なくなるので、呼吸が深くなり、自律神経も整います。

ADVICE

#41

4000年前から続く普遍の教え

決して「尾てい骨」で座ってはならぬ

改善が見込めるもの

食欲／自律神経／ウエスト／ストレス／疲労感／消化不良

やること

座る時は必ず「両方の坐《ざ》骨《こつ》」で座る

NG

・尾てい骨で座る
・片側のお尻で座る

なぜ？

▼尾てい骨で座ると、確実に猫背になる
▼片側で座ると、骨盤が斜めになり、部分的にお腹が潰れる
▼坐骨で座ると安定し、骨盤が立つ
▼最も太らない座り方は「あぐら」

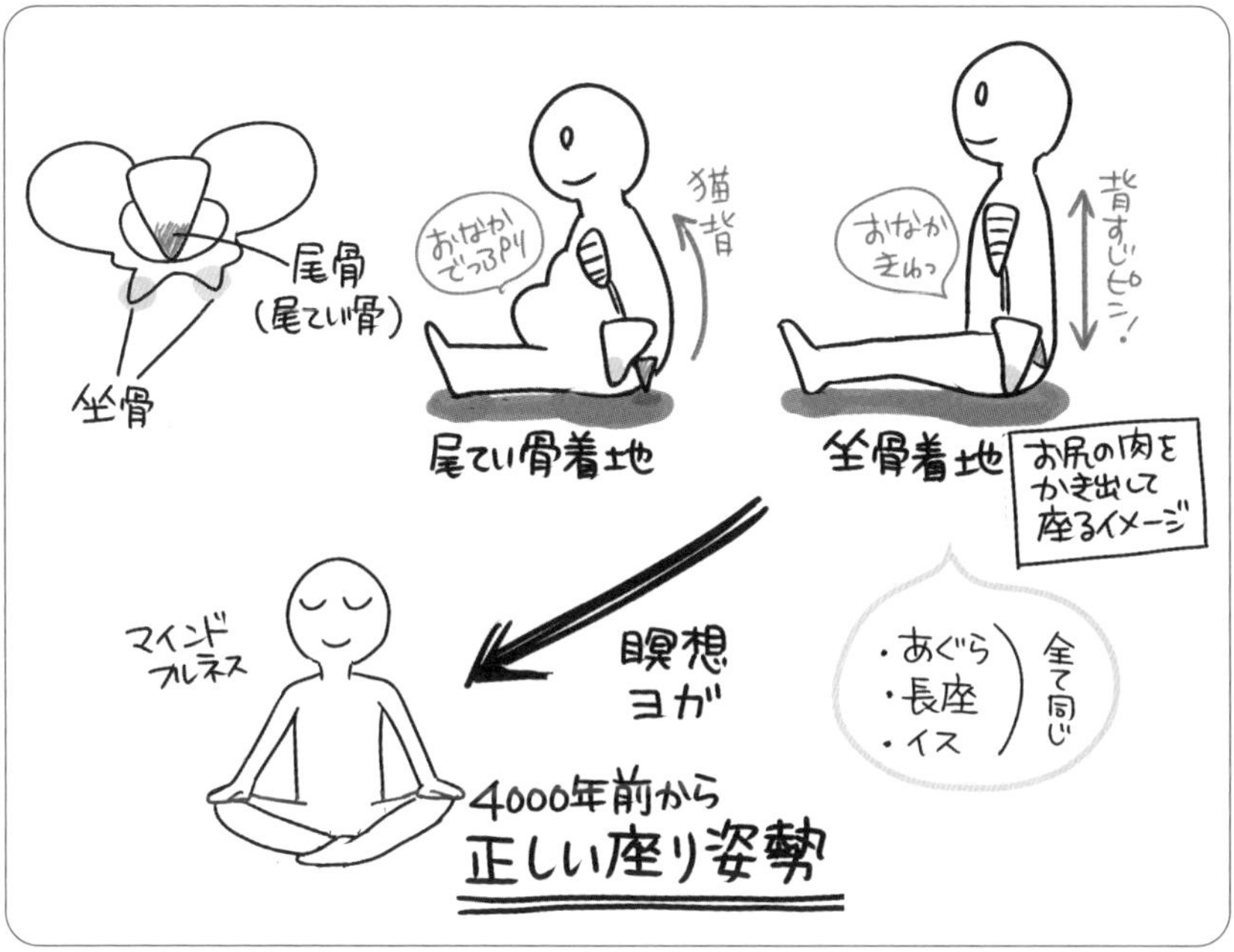

座り方次第で筋肉を強化か？内臓を破壊するか？

喫煙より怖い生活習慣は「座りっぱなし」。2時間増えるごとに死亡リスクは15%アップという説も。危険な理由は、座り方に原因があります。「骨盤」が垂直になれば、背骨や内臓に不具合は出にくいです。尾てい骨で座ると骨盤が後ろに倒れて「猫背」となり、ろっ骨が前傾してお腹が潰れて胃や腸などを圧迫。内臓機能の低下も懸念されます。

両側の坐骨で座る方法は、4000年前のインドから伝わりました。ヨガや瞑《めい》想《そう》で長時間座るための座法で、筋肉を整えることもできます。この筋肉はインナーマッスルと同義で、基礎代謝の高い筋肉としても知られています。

イスでも床でも、座る時は坐骨で座るのが「自然やせ力」を上げる鉄則です。

ADVICE

#42

自律神経とはどこにあるのか?

首の後ろをつねると全部整う

改善が見込めるもの

食欲/自律神経/ストレス/疲労感/消化不良

やること

頭蓋骨《ずがいこつ》の付け根~首の後ろ~肩甲骨《けんこうこつ》まで、つねってほぐす

なぜ?

- 頭蓋骨の付け根から背骨周辺に、自律神経(交感神経・副交感神経)がある
- 頭蓋骨が下がり、首が縮まることで自律神経は圧迫され、乱れやすくなる
- 背骨周辺の僧帽筋は緊張によって上に上がって固まり、ストレスをためる

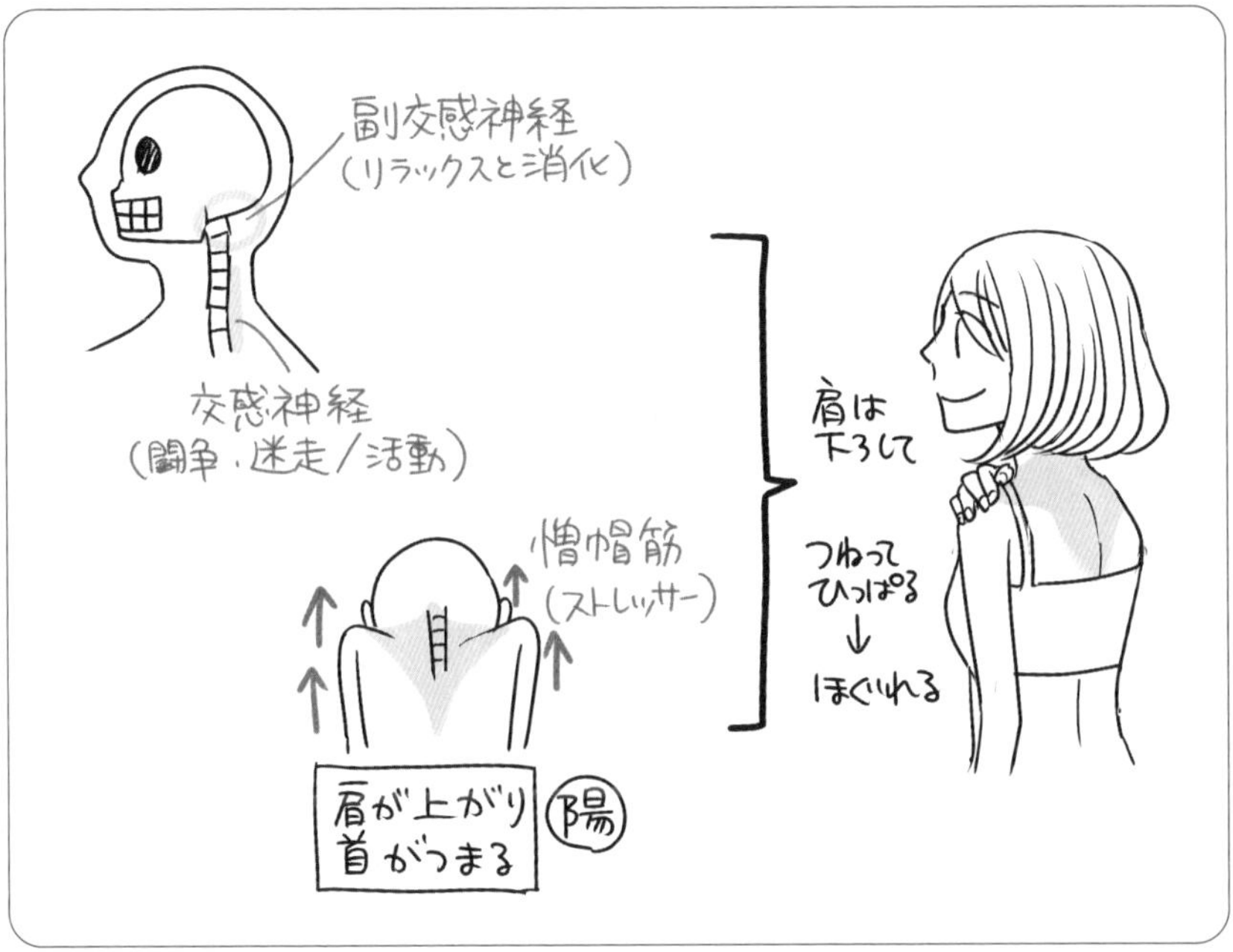

自然にやせたけりゃ、自律神経を利用しよう

自律神経とは、意志に関係なく生命維持のために動く神経。内臓や血液、呼吸などを司っています。基礎代謝に頼る「自然やせ力」にとって重要な存在です。

　自律神経は脊髄《せきずい》（交感神経）と脳幹（副交感神経）にあり、背骨が曲がったり首が詰まったりすることで乱れやすいのも特徴です。猫背やスマホ首などで固まりやすいのが僧帽筋。「僧帽筋の硬さで背骨が詰まり、自律神経が乱れ、ストレス反応で僧帽筋が固まる」という負のループにハマることも…。

　首の後ろを柔らかく保つだけで、負のループを断ち切ることが可能。ほぐすと肩の荷が下りたような感覚になり、リラックス（副交感神経）が復活します。

ADVICE

#43

にぎる癖が、太る癖

親指の付け根を揉むと二の腕やせ

改善が見込めるもの

食欲／自律神経／ストレス／消化不良／不眠

やること

○親指の付け根の筋肉をゆっくり揉む

○肘下・脇の裏側を揉むとさらに細くなる

モノを持つ時のポイント

OK 親指を抜いて握る

NG 親指を内側に入れて握る

なぜ？

▼親指が内側に入ると、肩関節が内側回転し、猫背や巻き肩が定着しやすい。さらに肩関節周辺の筋肉が固まり、老廃物が溜まりやすい（二の腕・背中）

▼握る癖は「交感神経＝陽」を優位にさせ、ストレスをためやすい

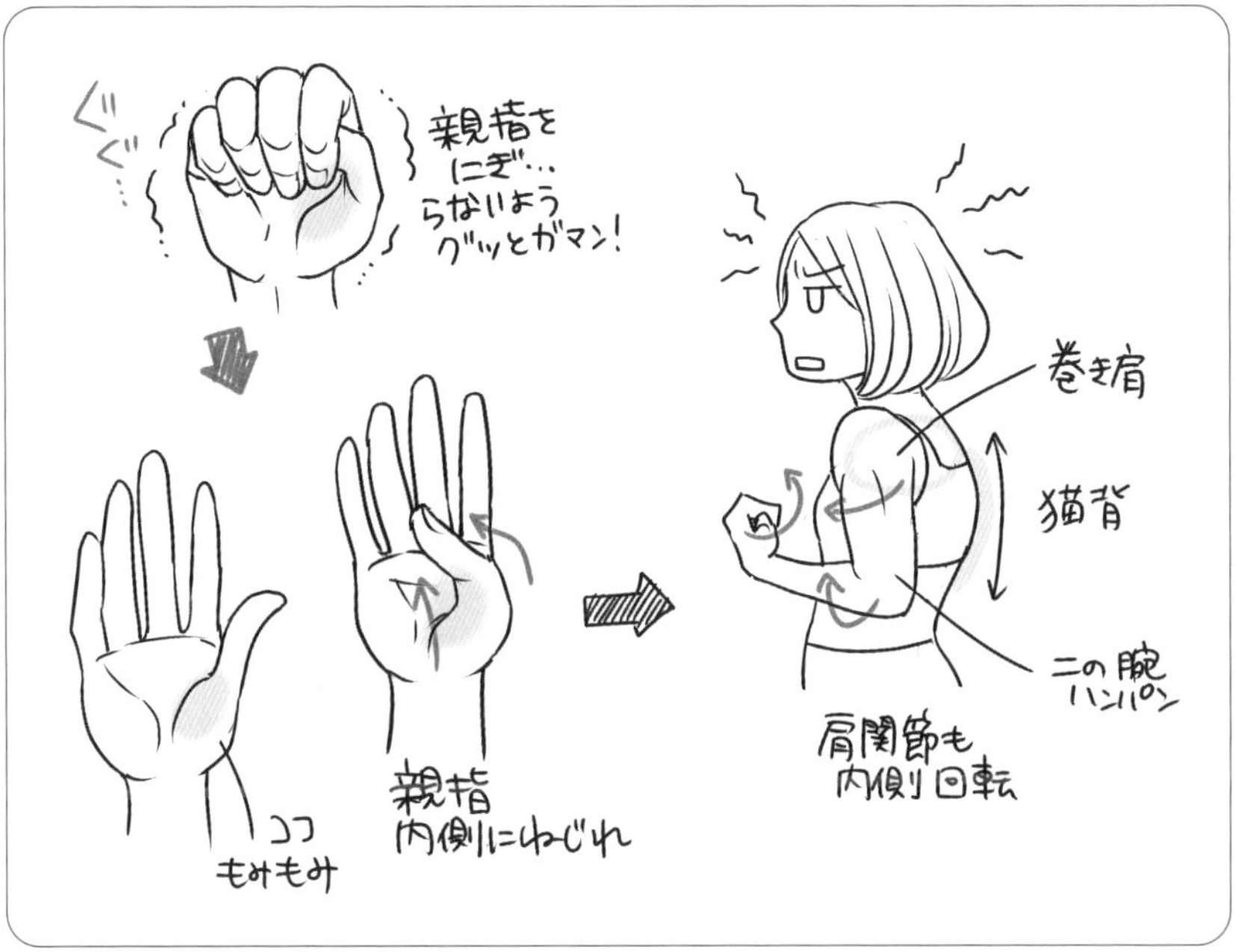

ストレス、猫背、巻き肩まで改善できる！

親指は末端ですが力は強く、握ると肩関節まで内側回転させる癖をつけ、猫背や巻き肩が生まれやすくなります。猫背や巻き肩は二の腕の太さや、背中のタプタプ肉の根源なので解消したいところです。「肩関節の内側回転」の癖をとるには「親指の癖」からとっていきましょう。

また、親指が内側に入った状態では「握力」は強まりますが、必要のない時に「肩の力」が入りやすくなり「ストレッサー筋肉：僧帽筋」が張る原因にもなります。

人は「ガマン」や「ストレス」が多いと「手をぎゅっと握る習性」がありますが、逆に握りすぎない習慣や、ほぐす習慣から、ストレスを緩和できることも知っていただきたいです。

ADVICE

#44

顔を下に引っ張るな——!!

顎の下をゆらすと若く見える

改善が見込めるもの

自律神経/ストレス/消化不良/むくみ

やること

エラの骨のすぐ下に3本指を当て、やさしく揺らす

なぜ?

▼顔の組織を下に引っ張る「広頸筋《こうけいきん》」をほぐす

▼「広頸筋」が固いと、口角が下がる(ブルドック顔)、首の横ジワが目立ち老けて見える

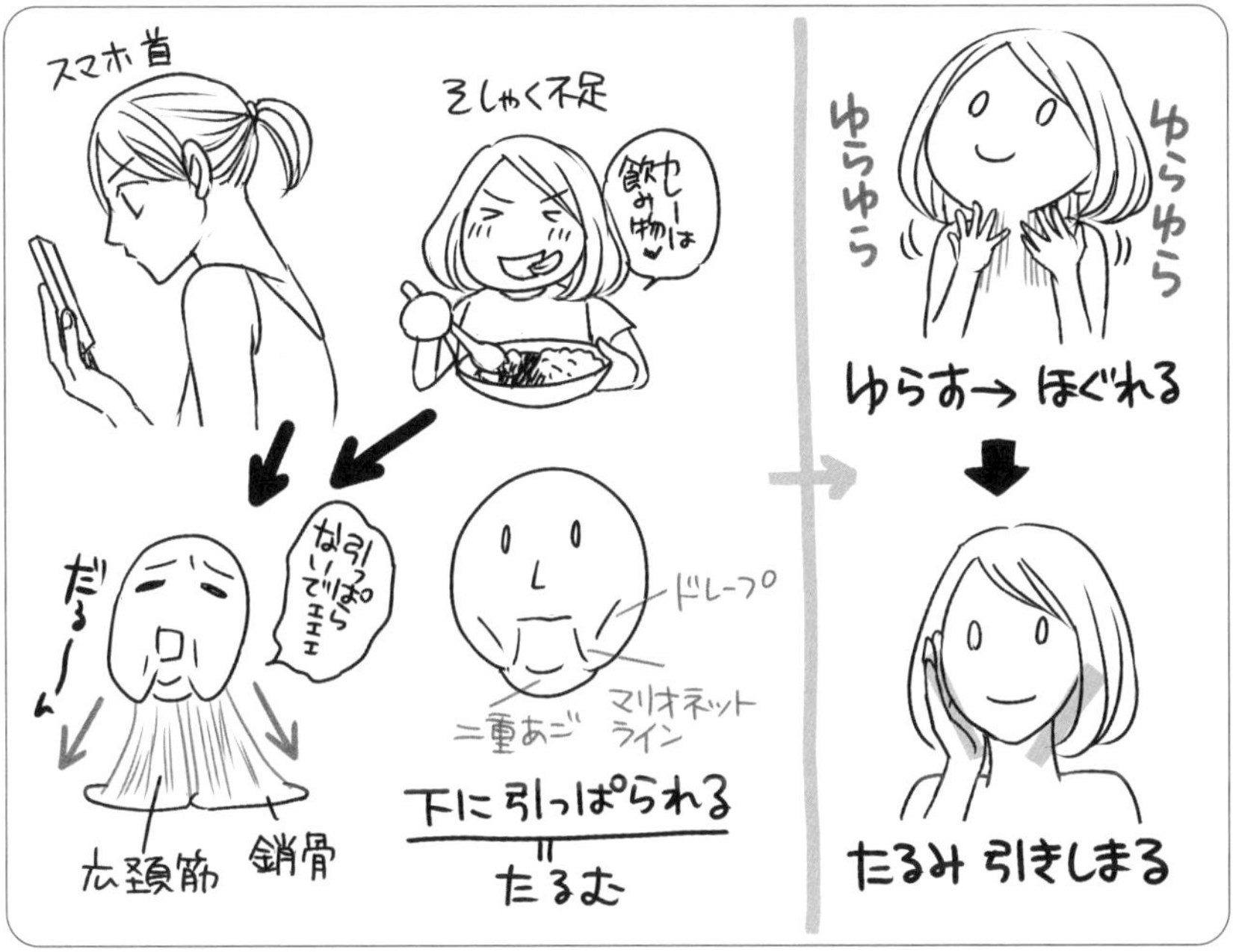

老け見えNo．1は、フェイスライン

フェイスラインが下がると老けて見られがち。多くの場合、首の前側の筋肉「広頸筋」が固くなっています。顎を下に動かす動きと連動する広頸筋は、咀嚼の減少や長時間のスマホ姿勢で、縮んで固まりやすくなり、顔を下へと引っ張り、口角の下の「マリオネットライン（口角の両脇から下に伸びるシワ）」や「二重顎」の原因となります。

「広頸筋」をゆるめると下に引っ張る力がなくなるので、顔がキュッと上がります。首は多くの神経が通っているので、指に筋肉を感じる程度の強さで、やさしく揺らすだけでOK。笑顔は口角を上げ、フェイスラインも整います。お風呂で首をマッサージしながら「笑顔の練習」をするのが、私の日課になっています。

ADVICE

#45

艶肌は耳からつくる

耳を引っ張るだけで肌が明るくなる

改善が見込めるもの

自律神経／ストレス／消化不良／むくみ／くすみ／肌荒れ

やること

耳を根元からつかんで、前後に5回ずつ回す

なぜ?

- 耳の付け根の耳下腺《じかせん》は、顔の老廃物を回収する場所なので、老廃物を押し出せる
- 耳の後ろには「三焦経《さんしょうけい》」という水分代謝を担う経絡がある
- 耳を刺激することで、顔面の毛細血管を活性化させる

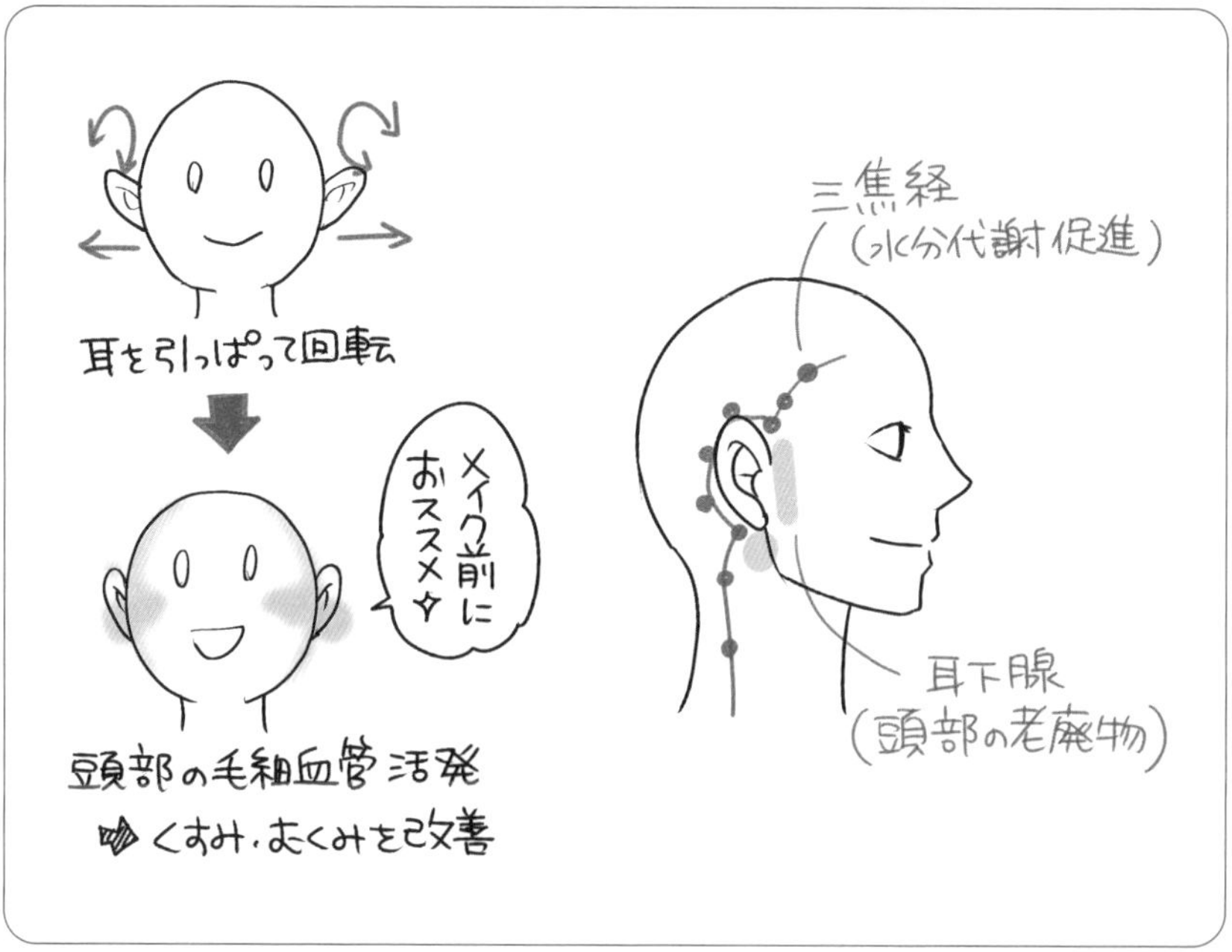

即効性あり！耳から「顔のデトックス」

耳の付け根のリンパ節「耳下腺」は顔の老廃物を回収するので、ここを刺激することで「むくみ」「たるみ」の元になる「余分な水分＝湿」の代謝を促します。

耳の後ろには、全身の水分代謝につながる経絡「三焦経」があるため、全身のむくみ感を改善。顔を引き上げる「側頭筋」の付け根も刺激するため、たるみがいっそう解消されます。

即効性があるので、片側をマッサージしただけで頬の高さやむくみ感の違いを感じることも。オンライン会議の前やメイクの前に行なうと、血色がよく、シャキッとした顔立ちになります。

頭部の代謝が活発になるので、湿気や気圧の変化で頭痛が起きやすい「水滞」の方に特にお勧めです。

ADVICE

#46

目からやせるって信じますか？

目をとことん癒して血流アップ

改善が見込めるもの

自律神経／ストレス／血圧／不眠／疲労感

やること

○手のひらで30秒間「目」を温める
○休憩中の1分間は目を閉じる
○目への負担を減らすためにメガネを利用する

なぜ？

▼目の疲れは「肝の疲れ」になり、ストレスを増やし、基礎代謝を低下させる
▼目は「血液」を多く使うため、酷使すると血流悪化のため「不眠」につながる

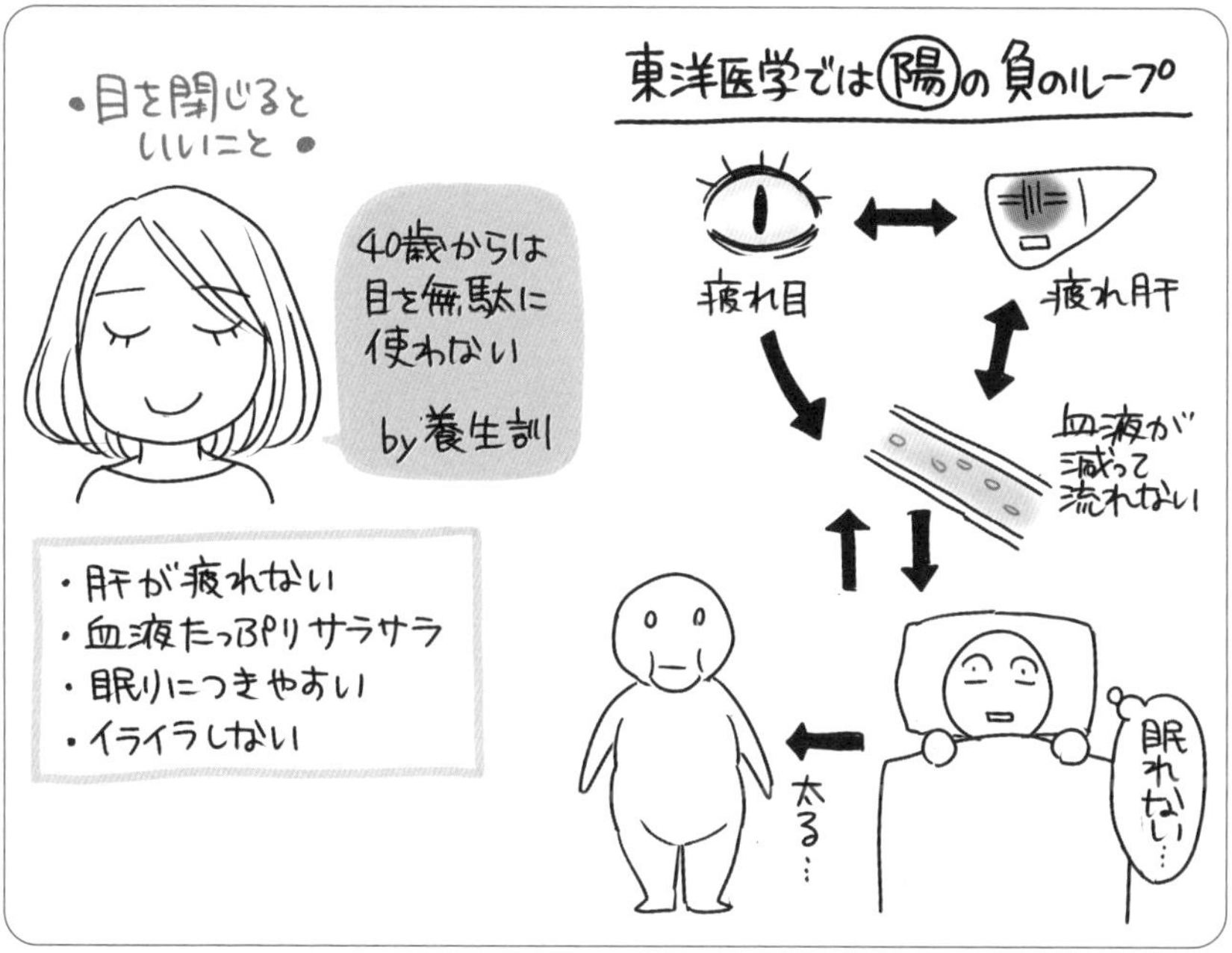

40歳を超えたら「目を閉じる」を習慣に

目を酷使すると、眠る際に必要な血液を消耗するため、寝付きが悪くなります。江戸時代の健康書『養生訓』（貝原益軒）には「40歳以上の者は用事のない時は、いつも目をふさいでいるのがよい」と書かれているくらいです。

東洋医学では目と肝臓はセットで考えられていて、目の疲労で血液の状態を司る「肝」に疲労がたまり、イライラやストレス反応が出ることがあります。肝臓は基礎代謝の約3割を担っています。

特に瘀血、湿熱などの血液系の老廃物の増加に注意です。血液は「睡眠時」に肝臓に貯蓄されます。寝る2時間前からスマホや細かい字の凝視は遠ざけて、目そして肝を休めることが「基礎代謝＝自然やせ力」の回復につながります。

ADVICE

#47

欲求ががすーっと消える

甘いものが食べたくなったら髪をとかす

改善が見込めるもの

自律神経／ストレス／血圧／不眠／疲労感

やること

甘いものを食べたくなったら、髪を上から下へ、ゆっくりとかす

ポイント

・天然素材の目の粗いコームがお勧め（例：無印良品「ブナ材ヘアコーム」）。天然素材のクシは髪を傷めず、気の巡りをよくする）

・上から下に、できるだけゆっくり（副交感神経を優位にさせる、陰に寄せるために）

なぜ？

▼甘さがほしくなるのは「緊張」をゆるませたい欲求・気が上昇している表れ

▼髪をとかす行為は、髪＝頭部に上がった「気」をゆっくり下ろす行動。また、一呼吸つくことで「欲求」を客観的に見ることができる

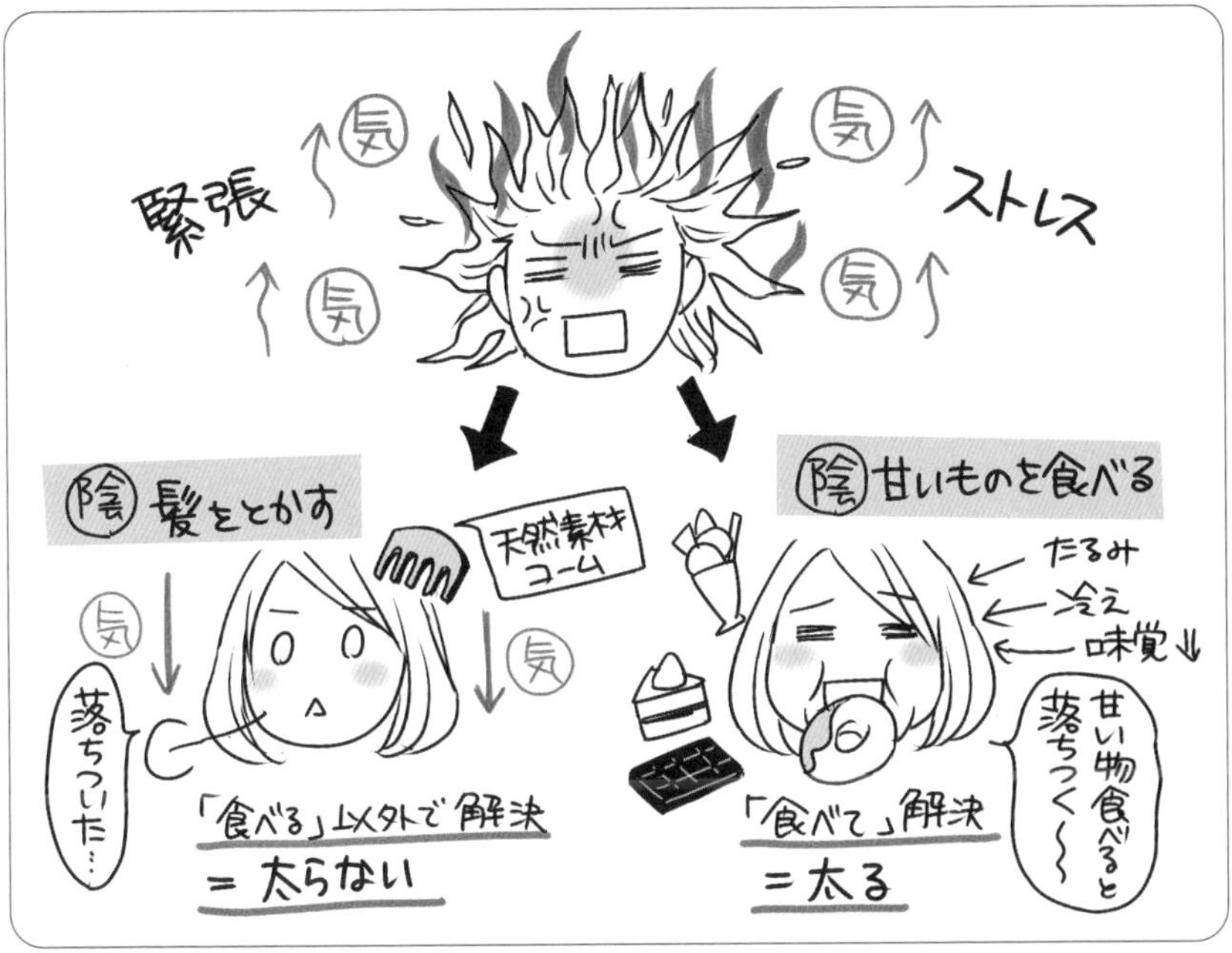

クシは髪だけでなく、頭部まで落ち着かせる

甘いものが食べたい！という欲求は、ストレスによる緊張を解きたい本能です。髪をゆっくりとかすことで、この緊張が瞬間的にゆるみます。

緊張は頭に「気」がたまった状態。これを天然素材（陰）のクシで上から下ろすのです。一呼吸置くこともできるので、「行動」を客観視することになり「食べてしまった」という後悔につながる行動も少なくなるでしょう。

髪は人の抱え込んでいる「強い想い」を表すといわれています。例えば武士の「まげ」は、闘争心を重視した髪型ですよね。いつも髪を結んでいる方は、一度といてから結い直したり、仕事が終わったら髪を解いたりすることも、ストレスコントロールには得策です。

ADVICE

#48

噛みしめ、ガマンは四角い顔に

横に肥大化する顔の対処法

改善が見込めるもの

自律神経／イライラ／不眠／食欲

やること

○顎関節のすぐ下を、指でぐっと押してほぐす

○耳の上の筋肉（側頭筋）をほぐす

なぜ？

▼噛む筋肉「咬筋《こうきん》」が腫れると、エラが張ったように横に大きくなる

▼「咬筋」が硬くなると、噛みしめる癖がつき、緊張感が続く
→顎関節症・夜間の噛みしめ

▼耳の上の「側頭筋」が噛む力のサポートをしているが、ここもほぐせる

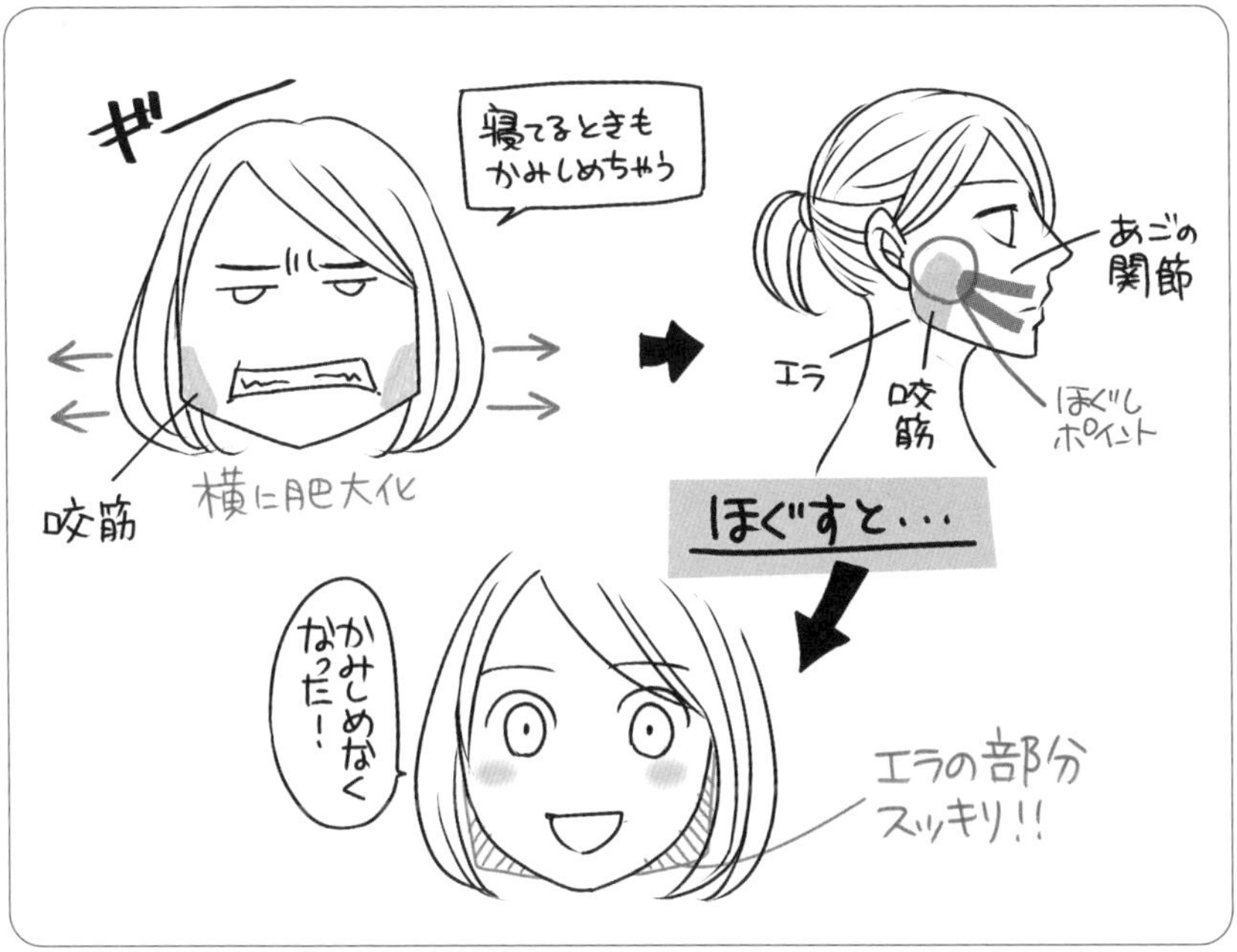

一瞬で効くことも！ガマンの癖は口から手放す

多忙な日々はガマンやストレスを生み出し、食欲を増やすばかりか、顔を大きくしてしまうことも。特に四角く肥大化する顔は、グッとこらえるような噛みしめがあり、顎関節を動かす咬筋・側頭筋がパンプアップしている現象です。ピンポイントのマッサージで瞬間的に細くなります。

ストレス自体をなくすのは不可能ですが、ストレスに対する体の反応をゆるめることは可能です。その継続が、ストレスからの回復力（レジリエンス）を高め、しなやかで強い心と体をつくる訓練となります。1回で顔の幅が大きく変わるので、私も嬉しくて継続していたら、いつの間にか顎関節症が完治した経験があります。

ADVICE

#49

体の厚みを薄くする

上半身で見た目体重が3kg変わる

改善が見込めるもの

自律神経／イライラ／不眠／食欲

やること

上半身の「太見え筋」をつねってほぐす。皮膚と筋肉をはがすようにつねる（筋膜リリース）

※電動式のマッサージガンを使ってもＯＫ

●太見え筋とは
・僧帽筋↓首の後ろ・背中上部の筋肉
・三角筋↓肩の関節を覆っている外側の筋肉
・上腕二頭筋↓ちからこぶの筋肉

なぜ？

▼ほぐすことで、太見え筋の肥大化を抑えられる

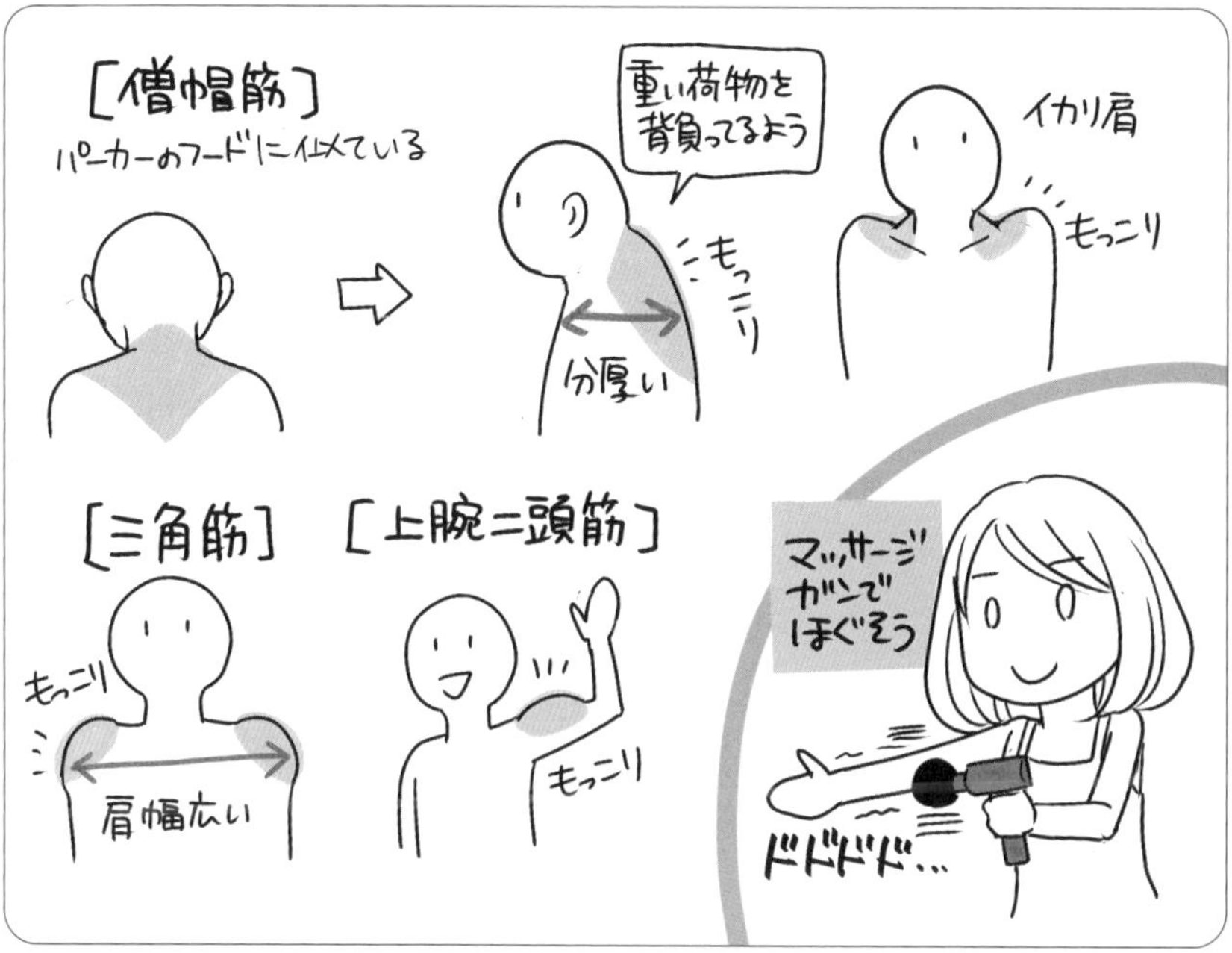

上半身やせは意外に簡単

「たくましく太い腕」「華奢《きゃしゃ》な肩」など上半身の厚みが、その人の体型のイメージになることがほとんど。上半身は「動物性（陽）」の食品の老廃物が血液や筋肉に滞留し「固くパンパンな太さ」になる傾向があります。野菜（陰）を増やして、老廃物の代謝を促進するのがよいでしょう。

特に上半身の僧帽筋・三角筋・上腕二頭筋は、パンプアップして肥大化しやすいので、ほぐす習慣を取り入れると華奢な上半身に近づきます。

つねるだけでも筋膜がゆるみ、筋肉が柔らかくなりますが、マッサージガンなどの電動式のほぐしアイテムもお勧めです。細さとリラックスを感じられるでしょう。

ADVICE

#50

冷蔵庫で冷えた血液は流れない

生理痛の9割は下腹部の冷えが原因

改善が見込めるもの

冷え性／疲労感／セルライト／たるみ／ストレス／PMS

やること

○生理予定の1週間前から、下腹部を徹底的に温める（小豆カイロや温熱シートで）

○果物・乳製品系スイーツをこれまでの半分以下にする

なぜ?

▼生理痛は血液がスムーズに流れず、子宮の収縮が大きくなるとエスカレートする

▼骨盤周辺の冷えは「経血をドロドロ」にする

▼骨盤周辺の「水分系脂肪」は内臓の冷蔵室

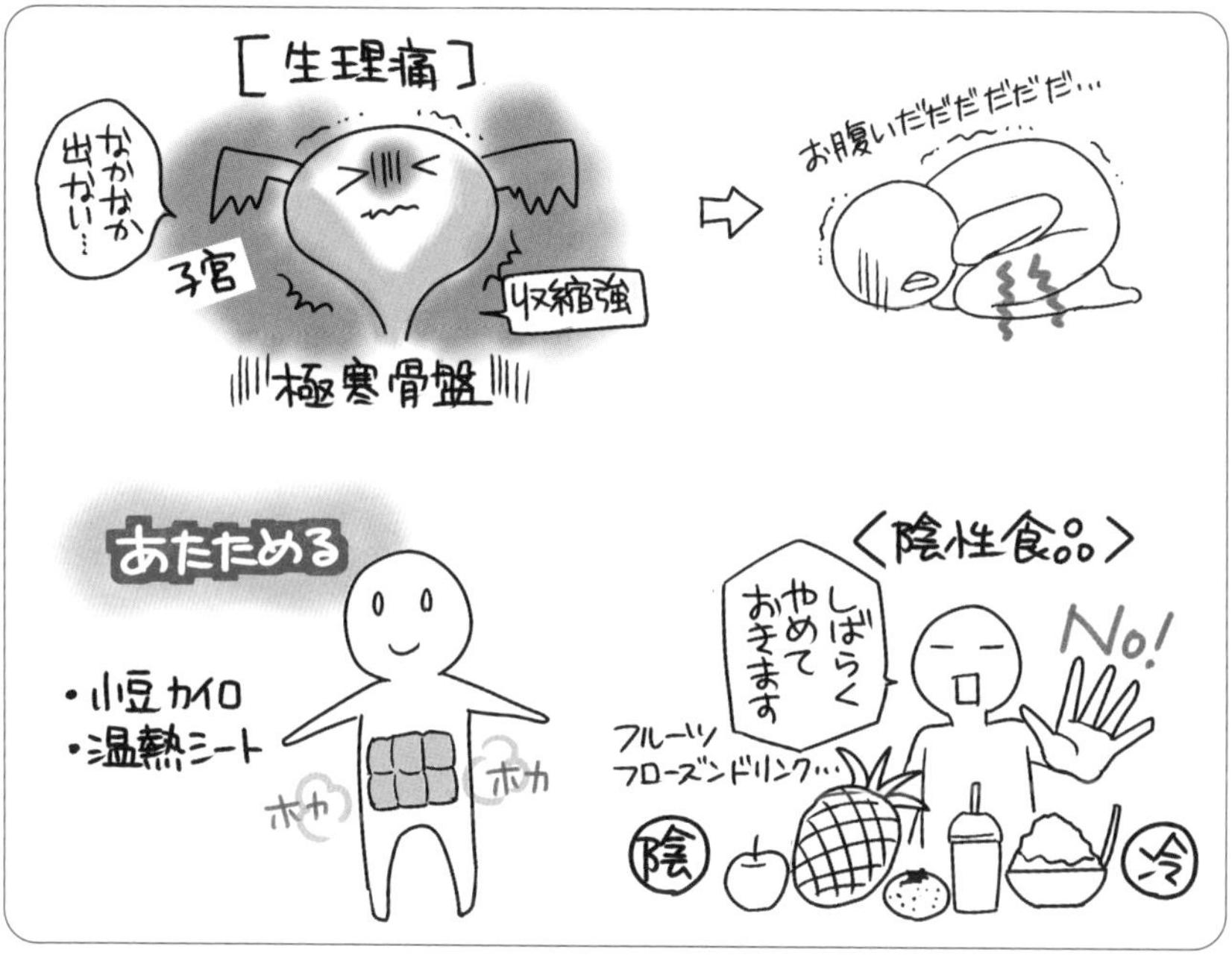

やせる！　生理痛が緩和！　一石二鳥★

辛い生理痛や生理前の食欲の暴走は、「経血」がスムーズに流れにくくなっているサイン。経血にレバーのような塊が混じる方は、血液がドロドロで老廃物が多く太りやすい傾向にあります。腰まわりの水分を含んだ「冷たい脂肪」も、血流悪化の原因。果物や甘い乳製品が、骨盤を冷やすのです。

まずは骨盤を温めましょう。即効性が高いので、次の生理が軽くなったのを感じられるはず。果物や甘い乳製品を控えて、これ以上「冷え」がたまらないように調整してください。

経血は体の「血液の状態」を実際に見ることができる貴重な機会。体からのメッセージだと思って受け止めることが必要です。

ADVICE

#51 キーンと痛いか、ズシーンと痛いか 頭痛の原因には「血液ドロドロ」と「むくみ」が存在する

改善が見込めるもの　冷え性／疲労感／ストレス／肩こり

やること

①血液滞りで痛む「〝固まる〟ような頭痛」→陽性

・ズキズキ痛む　・キーンと同じ場所が痛み、肩こりがある
・イライラや興奮状態で頭に熱がある　・肝臓の不調

解消法
・首と肩の筋肉（僧帽筋）をほぐす　・動物性食品を控え、植物性食品を増やす
・睡眠時間を増やして肝臓をケア

②水分代謝の悪化で痛む「〝膨張する〟ような頭痛」→陰性

・ズシーンと頭重感がある　・雨の日に悪化　・寒気がする　・圧迫感のあるストレス　・胃の不調

解消法
・余分な水分を排出する食材を使う（小豆、黒豆、緑豆、海藻）　・入浴でじんわり発汗する
・12時間断食で胃を休める

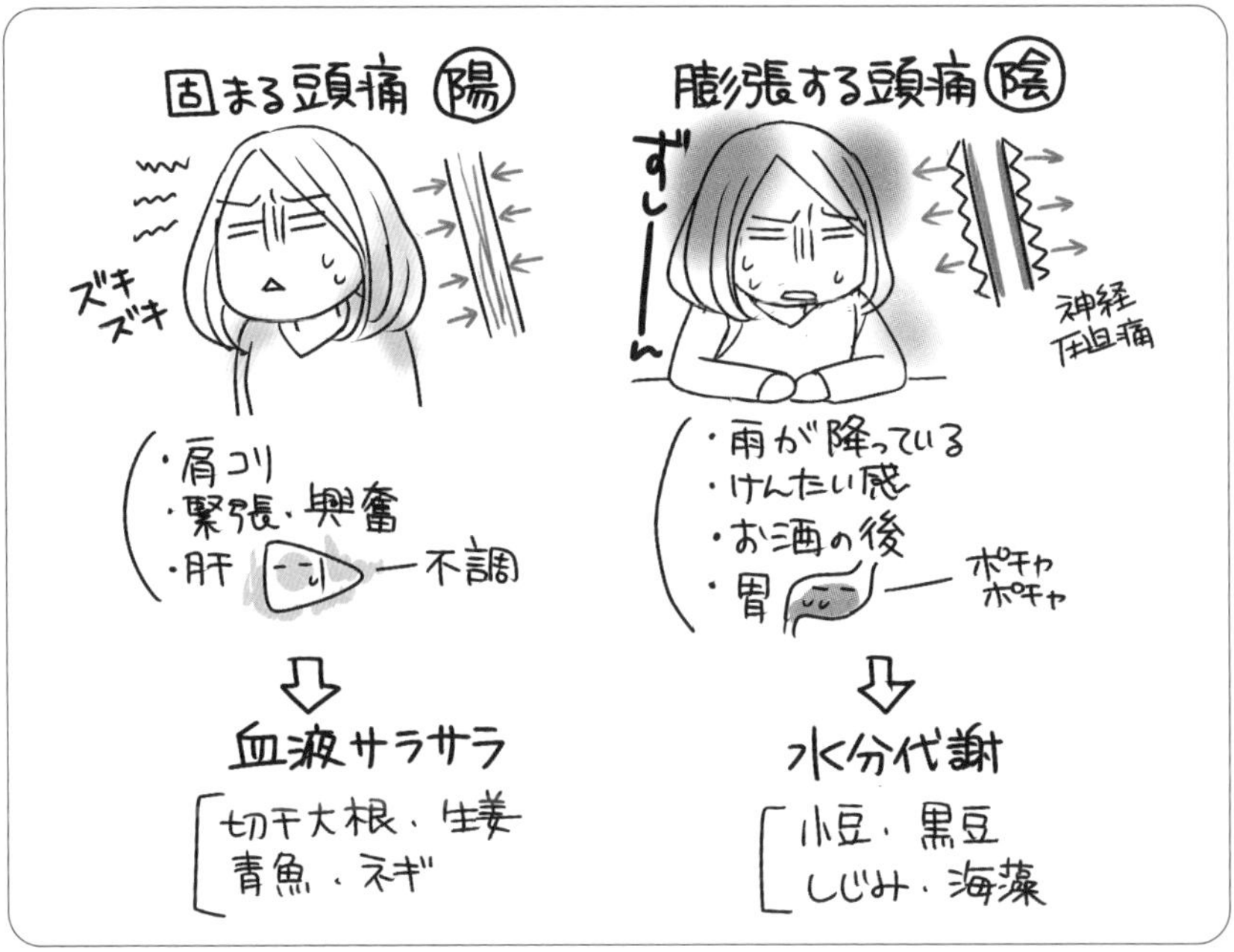

固くなって痛いと、むくんで痛いの違い

肩こり、筋肉の硬さからくる血液の滞りの頭痛は「緊張型頭痛」で陽性の頭痛。ズキズキ痛む「片頭痛」は刺激によって血管の収縮を受けた後に痛くなる症状です。血流をよくして、体の緊張をとることで緩和されます。

悪天候の日や落ち込んだ時に痛くなるのは、陰性の頭痛。血管が水分で膨張することで引き起こされます。水分代謝を上げ、体を温めるのがポイント。極陰性のお酒を飲んだ後も、水分とアセトアルデヒドの作用で神経を圧迫し陰性の頭痛を発症しがちです。

陽性は固くなって痛み、陰性はむくんで痛くなる。どちらも太るという結果を導きますが、それぞれの原因に応じたアプローチが必要です。

ADVICE

#52

「血の道」を整える

更年期障害は食べ方とマッサージで軽減する

改善が見込めるもの

自律神経／のぼせ／冷え性／疲労感／ストレス／肩こり

やること

足のマッサージ、足の温活

なぜ？

▼更年期障害は、血流悪化が原因

●更年期障害で共通している状態「上熱下寒」

上熱の症状 …のぼせ、ほてり、発汗、イライラ、動悸《どうき》、めまい

下寒の症状 …むくみ、冷え、憂鬱感

♥解消法

・血液をサラサラにする食材を摂る、睡眠時間を増やす

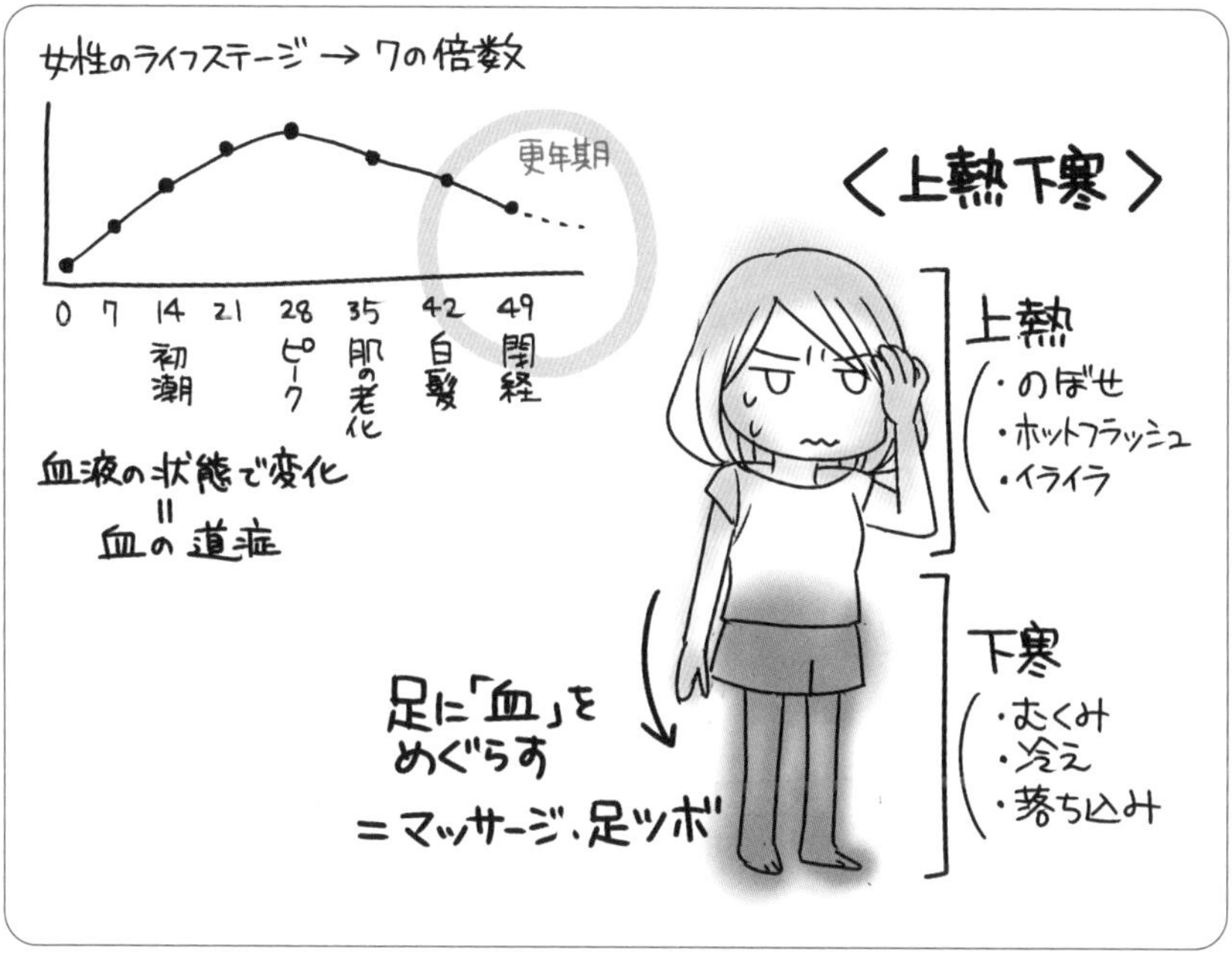

上半身ぽかぽか、下半身ひえひえは共通する

女性の場合は、閉経前後10年で起こることが多いのが「更年期障害」。個人によって出る症状は異なりますが、共通しているのは「上熱下寒」。上半身に熱を持ち、下半身が冷えている状態です。

女性ホルモンに影響されますが、さらに分析すれば血液の状態に左右されます。血液を潤沢にして血行をよくしておく食習慣が大切です。

出てしまった症状を和らげるには、下半身に「血液」を誘導すること。マッサージや足湯など、意識を「足先」に向けることで、上がった「気」が落ち着き、「上熱」を緩和することができます。寝る前の足マッサージは、気を足に下ろすことで頭の熱が冷め、寝つきがよくなります。

ADVICE

#53

やっぱり雨だと思ったよ…

低気圧が近づくと太る人の解消法

改善が見込めるもの

自律神経／むくみ／冷え性／疲労感／ストレス

やること

○耳の周辺をマッサージする（気圧を察知するのは内耳）

○余分な水分を排出する「利水食材」を使う

→ヤンノー湯（小豆粉末湯）、小豆茶 ※p102

なぜ？

▼体にかかる「気圧」が減ると、血管・リンパや細胞が膨張する。特に「水分代謝」が悪化するのでそれを解消

▼低気圧の症状としては、めまい、頭痛、吐き気、憂鬱感、関節痛、倦怠感など

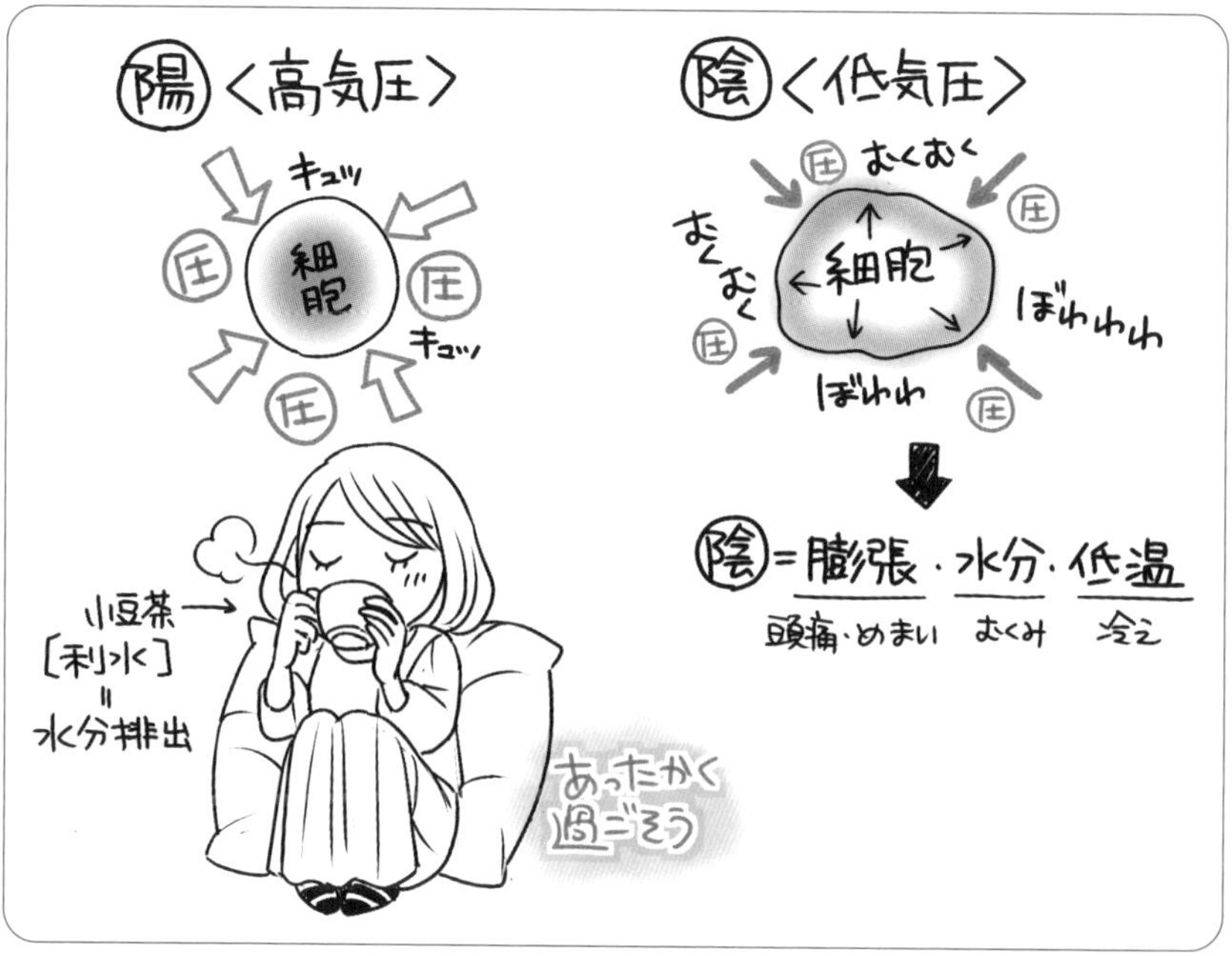

なぜ日本人は低気圧で不調になりやすいのか？

体調が悪い、最近むくみが激しい、胃が不調…、気がついたら低気圧が近づいていた！という方は、気圧が下がることで細胞や血管が膨張しやすく、体調に影響をもたらします。低気圧時の空気は「湿気」を含んでおり、余分な水分が体内に入り込んで膨張を悪化させることも。水分は体を冷やしながら「気」を下げるので、憂鬱感を起こすのも特徴です。

日本は海に囲まれ、雨の多い国なので、この傾向は日本人に多いのです。さらに遺伝的に水分代謝が弱い傾向もあります。遺伝的な要素や自然現象は変えられませんが、体に入り込んだ「湿気」は取り除くことができます。変えられないことを受け入れながら対処していくのが、古来から続く「養生」なのです。

FEEL

4

感じ方を変えるだけで自然にやせる

感じて養生

ADVICE

#54 人の心と体は揺れ動いてナンボだと割り切る

いつもユラユラするのが人間です

改善が見込めるもの

冷え性／疲労感／むくみ／ストレス

やること

「森羅万象は常に陰陽を行き来して、変化している」「人間の気持ちも体調も、陰陽のゆらぎで変化する」「環境や季節、感情によって陰陽のゆらぎが変化している」。以上を自覚する

なぜ?

▼「陰陽」それぞれに「善悪」はない

▼状態を「受け止めて」対処するのがダイエットをはじめとした健康への道

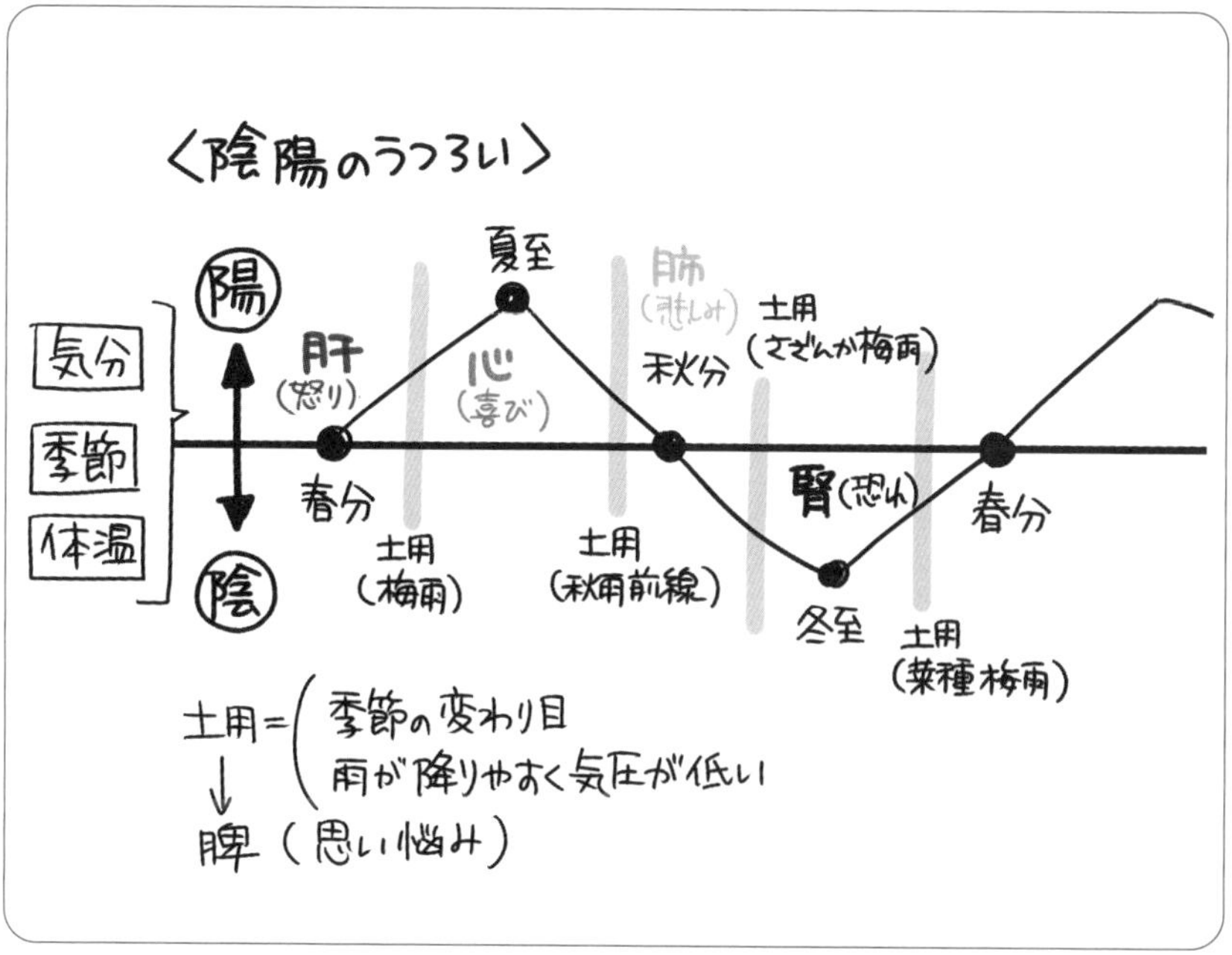

陰陽のゆらぎからは逃げられない

「体調が悪い」「体重が増えた」「気分がよくない」などを感じた時、東洋医学では体の「陰陽バランス」に偏りがある症状として捉えます。なぜ偏りが出たのか？は必ずしも自分の責任ではありません。例えば「春夏秋冬」は陰陽の偏りが生み出した自然現象。自分の中で起こる怒りや喜びなどの感情も「陰陽」の偏りの表れ。どちらも抗《あらが》えません。

「陰陽のゆらぎ」には善悪の概念はありませんので、どちらかを嫌厭《けんえん》する必要もないのです。季節や環境、感情による偏りに気づき、受け止めることが大切。拒否するほどに、偏りが深くなると思います。そして心身の「ゆらぎの幅」を小さくする行動こそが「養生」。心と体の健康につながるのです。

ADVICE

#55

イライラすると、目がしょぼつく

深呼吸と食事で「怒り」を鎮めて肝臓をいたわる

改善が見込めるもの

食欲／血圧／ストレス／疲労感／睡眠不足

やること

○怒りを感じたら、深呼吸！

○肝を癒す食材を摂る

例 食材…ハブ茶、菊花、セロリ、ラベンダー、柑橘系、青い野菜（緑の濃い葉野菜や山菜）

なぜ？

▼自律神経と血液量のコントロールで、気血を末端まで行き渡らせる

●肝とのつながり

・目↓自律神経で動く。視力低下は、肝がコントロールする血液量の減少で起こる

・怒り↓肝は情緒の安定を司る

・青↓怒ると青筋が立つ。目の下の「青クマ」

・春↓肝が高ぶりやすい。青い食材（緑の濃い葉野菜や、山菜、青背の魚）で高ぶりを抑える

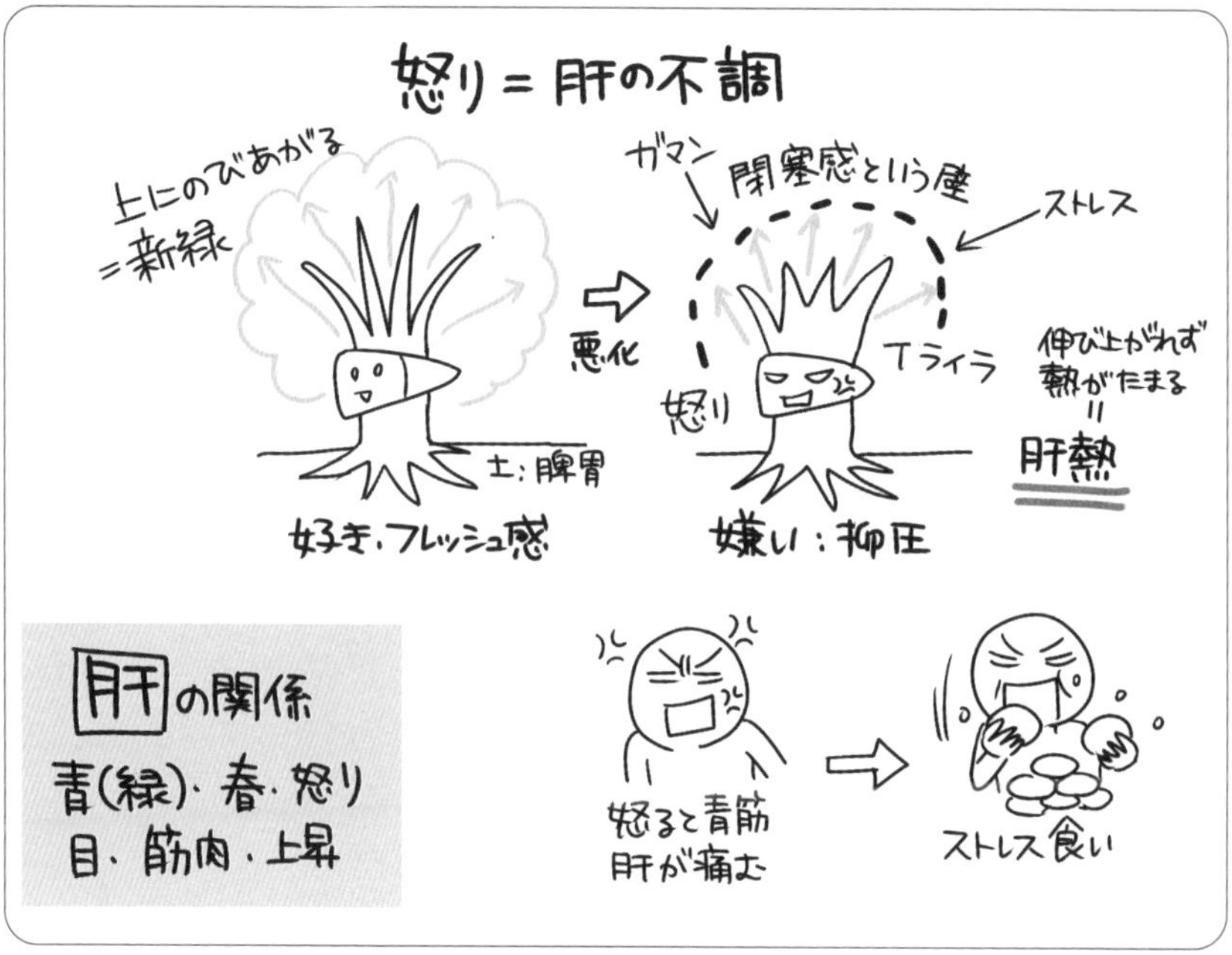

ストレス食いや寝つきの悪さは「肝熱」が原因

イライラや怒りは「肝熱（肝の熱）」が上昇して頭に停滞している状態。「怒り」の症状として表れます。

「ストレス食い」や「血液ドロドロ」も肝の不調から起きる現象ですが、結果として太ることにつながってしまいます。就寝前に「肝の熱」が上昇すると、興奮状態になり寝つきが悪くなるのも有名です。

疲れ目やしょぼつき、視力の低下は肝の不調による「自律神経の乱れ」と「頭部の血液の循環不足」が原因。

イライラした時は意識的に「深呼吸」で肝熱を抑えることができます。肝に休息を与えることが、自律神経を整え、血の巡りや情緒の安定につながるのです。

ADVICE

#56

ハイテンション↗ 急降下↘

喜びすぎは心臓によくない

改善が見込めるもの
食欲／血圧／低血圧／ストレス／疲労感

やること

○「ハイテンション」はほどほどに

○心を癒す食材（安神食材）を摂る

例 食材…春菊、なつめ、牡蠣《かき》、ホタテ、カモミール、コーヒー、赤い野菜（トマト、赤パプリカ）

なぜ？

▼血脈を強くし血流を巡らせる

▼「思考力・記憶力」など精神（脳）の活動といった「心」の機能を高める

●心とのつながり

・舌→心のオーバーヒートが舌の色に表れる

・喜び→テンションが上がる状態。急降下も起きやすい（躁鬱《そううつ》病）

・赤→心の悪化は、赤い舌、赤い顔に表れる

・夏→陽気が高く熱い季節。よりアグレッシブになる

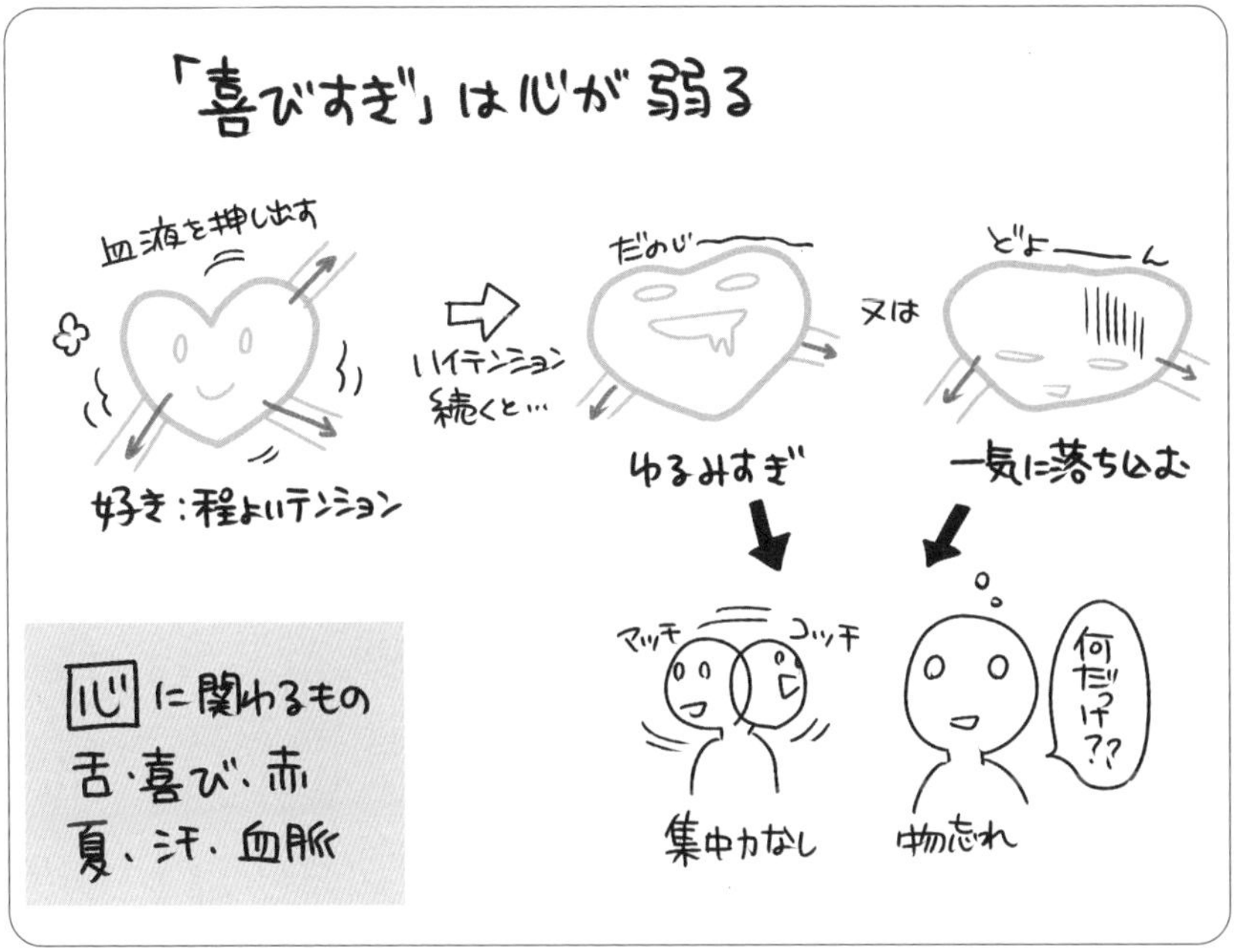

テンション上がりまくりは「判断力」の低下に

「喜び」「楽しみ」などは、度が過ぎたり長期間続いたりすると血の巡りが変化し「心」に負担をかけます。ハイテンションは血圧を上げ、心のポンプ機能が疲労。喜びの状態が続くと気がゆるみ、集中力や判断力が鈍りやすくもなります。急に「落ち込みモード」になるのも心の負担によるものです。

夏は心が最も活発に働く季節。行動がアグレッシブになってテンションが上がりやすく、心身も「陽」に偏りがち。森林浴など「陰」のパワーがある場所を訪れたり、1日のうち少しでも「落ち着く時間」を摂ったりするのがお勧めです。ハイテンションな時は「判断力」が鈍るので「買い物」で余計なものを買わないように注意しましょう。

ADVICE

#57 悩みすぎると胃が痛くなるわけ

「まぁいいか」がやせるカギ

改善が見込めるもの

食欲／むくみ／消化不良／ストレス／疲労感

やること

○過去の後悔は「まぁいいか！」、未来の心配は「なんとかなる」でしれ〜っと流す

○脾を癒す食材（健脾《けんぴ》食材）を摂る

例 食材…米、ハトムギ、山芋、大豆、かぼちゃ、三年番茶

なぜ？

▼消化吸収を担う「気血水」をつくる工場である「脾胃」の機能を高める

▼「脾胃」の悪化による「体力不足」「水分代謝の悪化」「血液ドロドロ」を防ぐ

●脾胃とのつながり

・思い悩み↓胃に炎症やむくみが起きる

・黄↓障害が起きると、肌や舌が黄色みがかる

・土用↓季節の変わり目の18日間。湿度が高く脾胃が痛みやすい

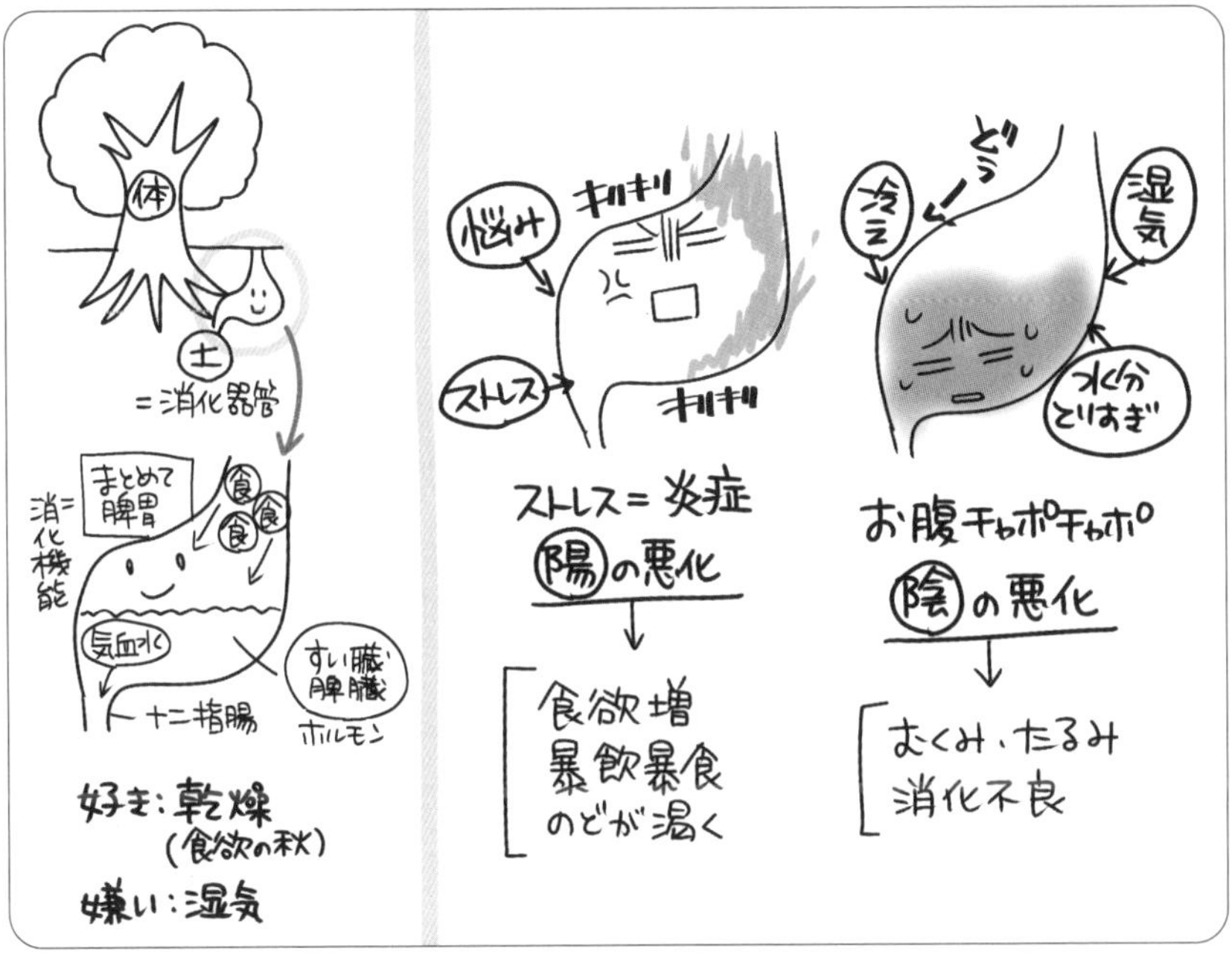

「しれ〜っと力」が代謝アップの力

脾胃は脾臓、膵臓、十二指腸を含む消化器官全体のこと。東洋医学では体の土壌として表され、「気血水」をつくる重要な臓器。消化のスタート地点である「胃」は、代謝の起点です。

脾胃は「思い悩み」の感情や「考え過ぎ」で痛みやすく、胃炎や消化不良を発症させ、余分な水分「湿」が溜まりやすくなります。太る結果につながるので、ダイエットには大敵です。

心配事や後悔は、誰しもありますが、脾胃を守るためにも「しれ〜っと」流す気持ちが大切。

脾胃は湿気に弱いため、季節の変わり目で雨がたくさん降る「土用」は特に大事にしたい時期です。

ADVICE

#58

センチメンタルは呼吸の浅さが原因

悲しみは肺を弱くする。鼻呼吸を鍛えよう

改善が見込めるもの

肌荒れ／自律神経／ストレス／鼻詰まり

やること

○鼻呼吸で「肺活量」を大きくするトレーニング

○肺を癒す食材（潤肺《じゅんぱい》食材）を摂る

例 食材…白きくらげ、白菜、山芋、梨、大豆、白い食材

なぜ？

▼呼吸、清濁《せいだく》（澄んでいることと濁っていること）という「肺」の機能を高める

▼肺の悪化による「水分代謝の悪化」「体力不足」「ストレス体質」「免疫力の低下」「アレルギー反応」を防ぐ

●肺とのつながり

・鼻↓呼吸の入り口と出口。悪化すると鼻水が出る

・悲しみ↓肺活量が少なくなり、声が小さくなる。自己主張がうまくいかなくなる

・白↓肺の機能低下により、肌が乾燥して血色が悪くなり白っぽくなる

・秋↓最も乾燥する季節。肌だけでなく心もカサつき、気持ちもセンチメンタルに

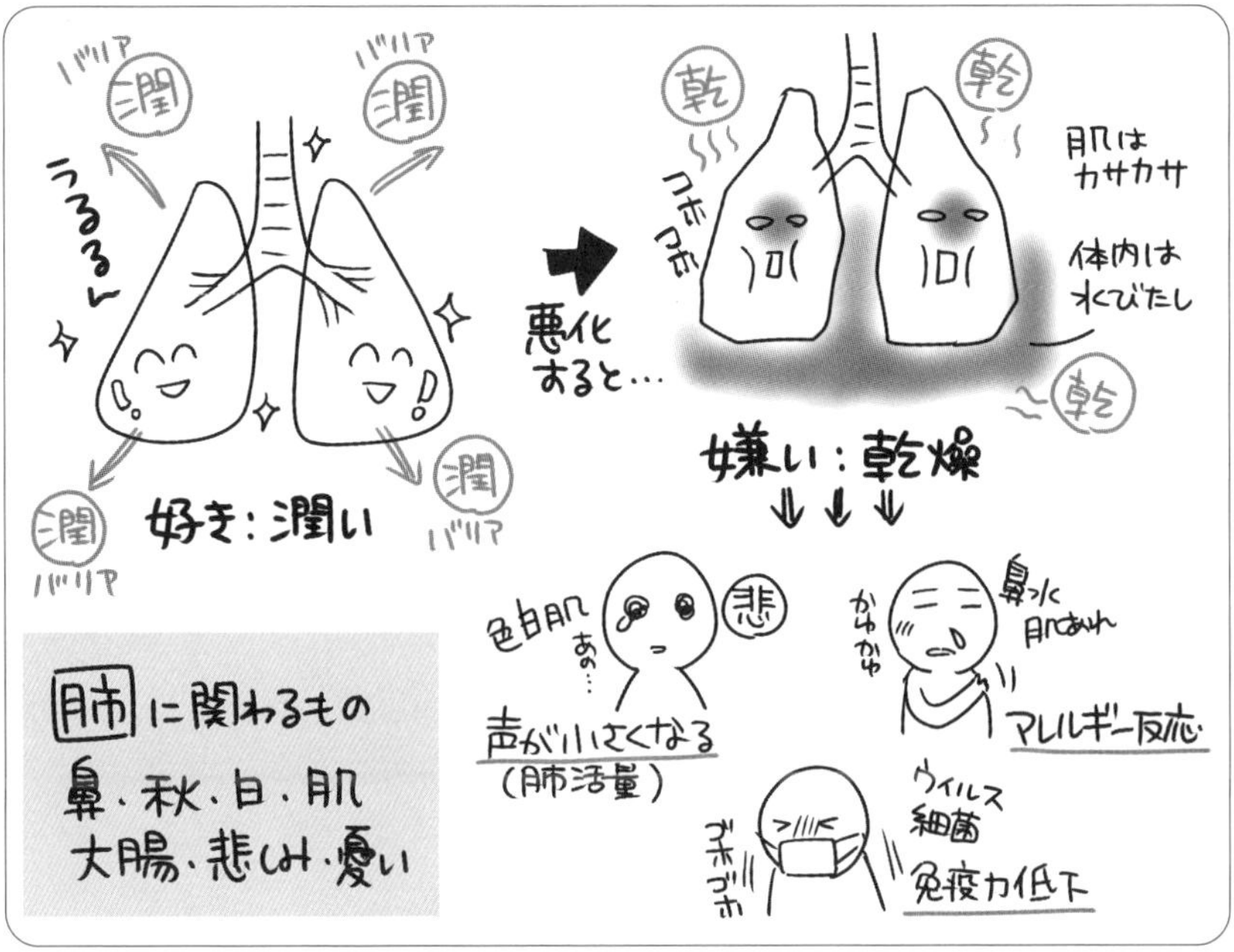

鼻呼吸で心と体に潤いを

呼吸は体内の水分を「押し出す」作用があり、水分量が多い時は「痰《たん》・鼻水・汗」が過剰に分泌されます。

肺の機能が弱くなると「押し出す力」が弱くなり、肌表面まで潤いを届けられないので「乾燥肌」、体内に水が残ったままの「水滞」を起こす原因に。表面はカサついているのに、むくみがある症状はまさしく「肺」の機能の衰えです。

「鼻呼吸」を大きくすることで気道の詰まりをとり、腹式呼吸が活発になれば呼吸が大きくなります。ヨガや瞑想などで鼻呼吸を練習してみるのもお勧めです。心のカサつき「悲しみ」を感じたら、「好きなこと」をして日常に潤いを与えるのもいいでしょう。

ADVICE

#59

若々しくいたいならビビらない!

ウォーキングで恐れに弱い「腎」が強くなる

改善が見込めるもの 冷え性/老化/疲労感/下半身の衰え

やること

○下半身の筋肉を動かす

○冬の薄着や冷食を控えて体を温める

○腎を癒す食材(補腎食材)を摂る

例 食材…黒豆、黒米、小豆、ごぼう、ナッツ、貝類、ハブ茶

なぜ?

▼成長・発育・生殖を司る「腎」の機能を高める

▼腎の悪化による

「体力不足」「水分代謝の悪化」「老化現象」「骨粗鬆症《こつそしょうしょう》」「頻尿」を防ぐ

●腎とのつながり

・骨→骨の成長と修復は「腎」が行なう

・驚き・恐れ→「腰が抜けた」は一瞬で「腎の気」が減ったサイン

・黒→腎が弱ると顔がどす黒くなる

・冬→腎は寒さに弱い

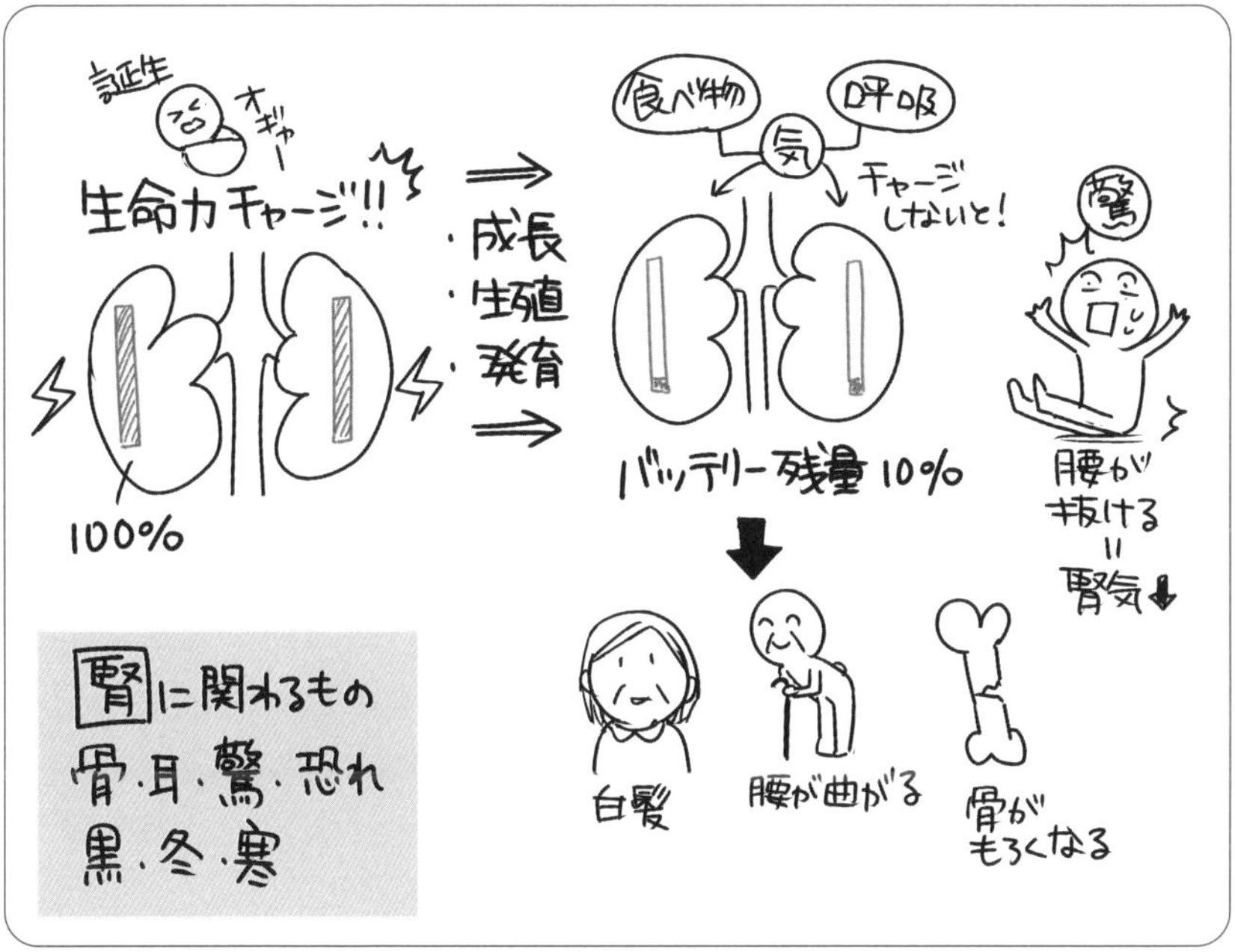

アンチエイジングの要は腎

腎は東洋医学では「生命エネルギー（精）」を貯蔵し生育エネルギーをつくる「バッテリー」のような臓器です。精は生まれた時に「腎」に貯蔵され、成長を助けますが、生活習慣で補充された「精」も腎に蓄えられます。「精」が尽きた時が「命が終わる」時なのです。

精が減り老化が起こると、腎に関連する「髪・骨・姿勢」に影響が出ます。白髪や骨粗鬆症、膝の痛み、曲がった腰は「精」の減少の表れです。

年齢を重ねると、恐れや不安の気持ちで「チャレンジ」することが減少しがち。腎の力も減ってしまうので、新しいことに触れる環境をつくるのが大切です。下半身を動かすウォーキングは、腎を養う最もよい方法です。

ADVICE

#60

足の重さが気持ちの重さ

マッサージやヨガで気を巡らせよう

改善が見込めるもの

冷え性／むくみ／自律神経／疲労感／下半身の衰え

やること

○ 足のマッサージで、下半身のむくみをとる

○ 水分補給は小豆茶をメインに

○ 煮詰まったら、すぐに体を動かす

なぜ？

▼「気」は水分とともに下半身に停滞し、気持ちを重くする

▼ 物理的に下半身の水分を排除させると「気」が軽くなる

▼ 運動は「気」を巡らせる最も簡単な方法

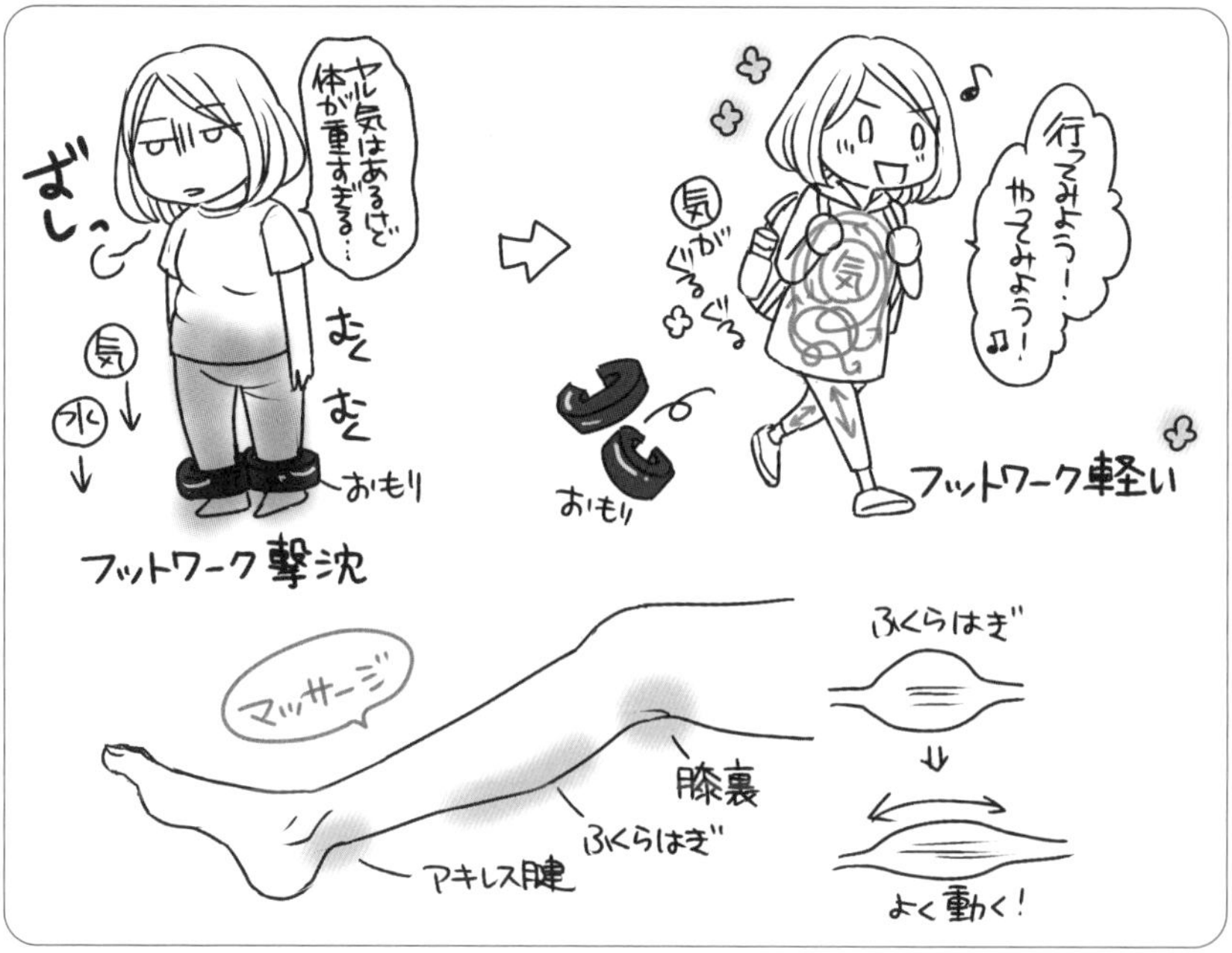

気持ちは水分とともに下がる

「フットワーク」の重さは、その名のとおり「足の重さ」。体に余分な水分「湿」がたまると、「気＝生命力」を伴って下がります。気持ちが落ち込むと「水分」をとる回数が増えたり、水分を代謝する「胃」が弱ったりすることもあり、下半身がぷよぷよしたり、足がむくんでいることが多いのです。

物理的に「今あるむくみ」を解消させると、足が軽くなり、下がった「気」が巡り始めます。足のマッサージをすると、老廃物を流す「ふくらはぎ」の筋肉の機能がアップして、足のむくみが溜まりにくくなります。ヨガやウォーキングで足を使うのもお勧めです。足がスッキリする頃には、心の軽快さも感じられるでしょう。

ADVICE

#61

「退屈」こそダイエットの最大の敵

「好きなことリスト」をつくるとなぜやせるのか

改善が見込めるもの

疲労感／自己肯定感／ストレス／食欲

やること

○スキマ時間にちょっとできる「好きなことリスト」をつくる。ただし、飲食はリストに絶対に入れない

○「好きなこと」を思考するだけで退屈な時間が減り、緊張感がほぐれる

例 E－－yの好きなことリスト

・マッサージガンで肩をほぐす
・ヨガ
・メールを整理
・拭き掃除
・娘とのおしゃべり
・顔マッサージで老廃物を流す
・瞑想
・旅チャンネルを観る
・寝る
・登山の計画を立てる
・愛犬と散歩
・ビジネス書を読む
・YouTubeでショーを見る
・美術館の開催情報を調べる
・旅行のパンフレット整理

ムキー!!
食
食
食べて緊張を取りたい
自動つまみ食いスイッチON!
POTATO
「退屈」を食べてまぎらわす
気が停滞中(気滞)
わくわく
気
気がめぐる
「好きなこと」リストアップ
・登山 ・推し活
・マッサージ ・旅行の計画
etc…

「幸せへの入り口」をたくさんつくろう

ストレスが溜まった時に、暴飲暴食してしまった…。それは緊張感（陽）で逆上した「気」を、「陰」の作用でゆるめたい欲求が働くのが原因。

「退屈」も、食事で解消しようとします。手持ち無沙汰になると「SNSを見てしまう」のと同じように、「何かつまみたくなる」のはそれ自身に「依存性」があるからです。砂糖や酒、添加物、薬物などの「極陰性」は、無意識に欲する代表例。

一旦は満たされて幸福感を得られますが、欲求はとどまるところを知りません。そこで、一度自分の「好きなこと」をリストアップしてみましょう。飲食以外のストレスや退屈の解消法が見つかるはずです。

ADVICE
#62

ストレス解消にはハイキング！

森林浴や登山は、人間が癒されるメカニズムだらけ

改善が見込めるもの
自己肯定感／ストレス／食欲

やること

月に5時間以上、自然に触れ合い、森の香りを感じる。汗ばむ程度のウォーキングもしたい。林など緑が豊富な場所が望ましい。

なぜ？

- 山は「陽（気滞・瘀血）」の人向け
- 山は「陰性」。空間にいるだけで「緊張感（陽）」を緩和する
- 森林浴には「高血圧・ストレスを緩和」する作用がある
- 体にたまった「陽（ストレスによる炎症）」を、歩く運動で発散できる
- 植物が生む特殊化学物質「フィトンチッド」が「森の香り＝陰のエネルギー」の正体
- 動物（人間）＝陽／植物＝陰

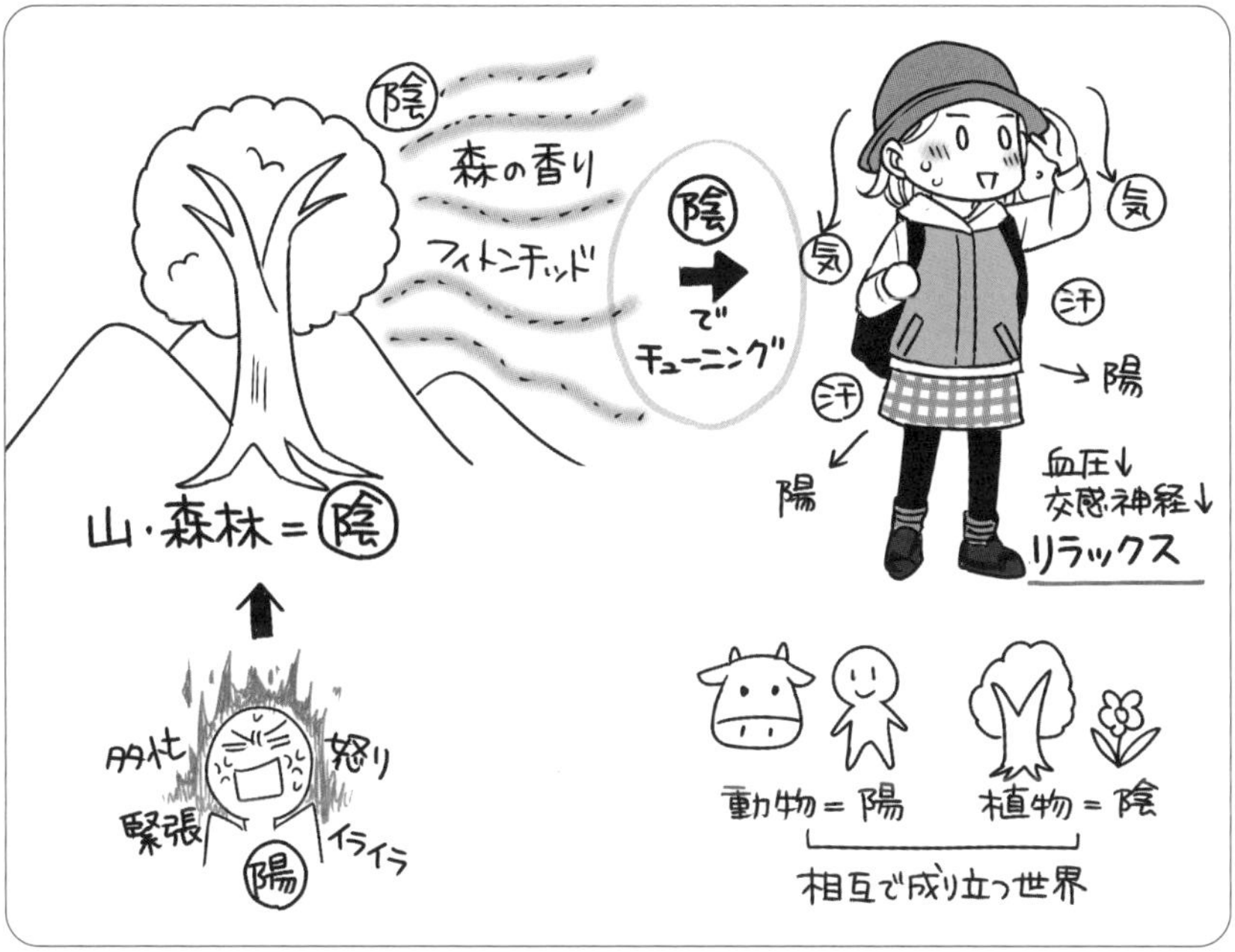

植物の持つ「癒し抗菌パワー」に頼ろう

東洋医学では「山＝陰性」にあたり、緊張感、高血圧や肩こりなど「固く収縮する作用（陽）」を緩和します。また軽く汗をかくことで、体内に溜まった熱を発散できるので、イライラや怒りの感情も落ち着きます。

「森の香り」はリラックスを促しますが、その正体は植物が発する「フィトンチッド」。植物が害虫や外敵から身を守るための特殊な化学物質です。強力な抗菌作用があり、吸い込むだけで免疫力の向上に効果があるとされ、医療分野でも注目されています。

人間の「気の生成」の約半分は「呼吸」が担っています。空気のよい場所で過ごすことは、体力を上げ、自然治癒力を高めることにつながります。

ADVICE

#63

失恋で「海」を眺めるのは正解

海に行くと元気が出るのには理由がある

改善が見込めるもの

疲労感／自己肯定感／ストレス／食欲

やること

○ 海風を感じる

○ 海産物を食べる（磯の香りで「陽」を取り入れる）

○ 波の音に呼吸を合わせる

（波音入りの「リラクゼーション音楽」でもOK）

なぜ？

▼ 海は「陽性」。空間にいるだけで「行動力」がみなぎる

▼ 海は「生命誕生」の起源の場所であり成長エネルギーに満ちている

▼ 海は心理学では「胎内回帰」を促す場所。

羊水にいた記憶を思い出し、気持ちをリセットする効果がある

▼ 波の音は、1分間に18回、平常時の人間の呼吸のリズムと同じ

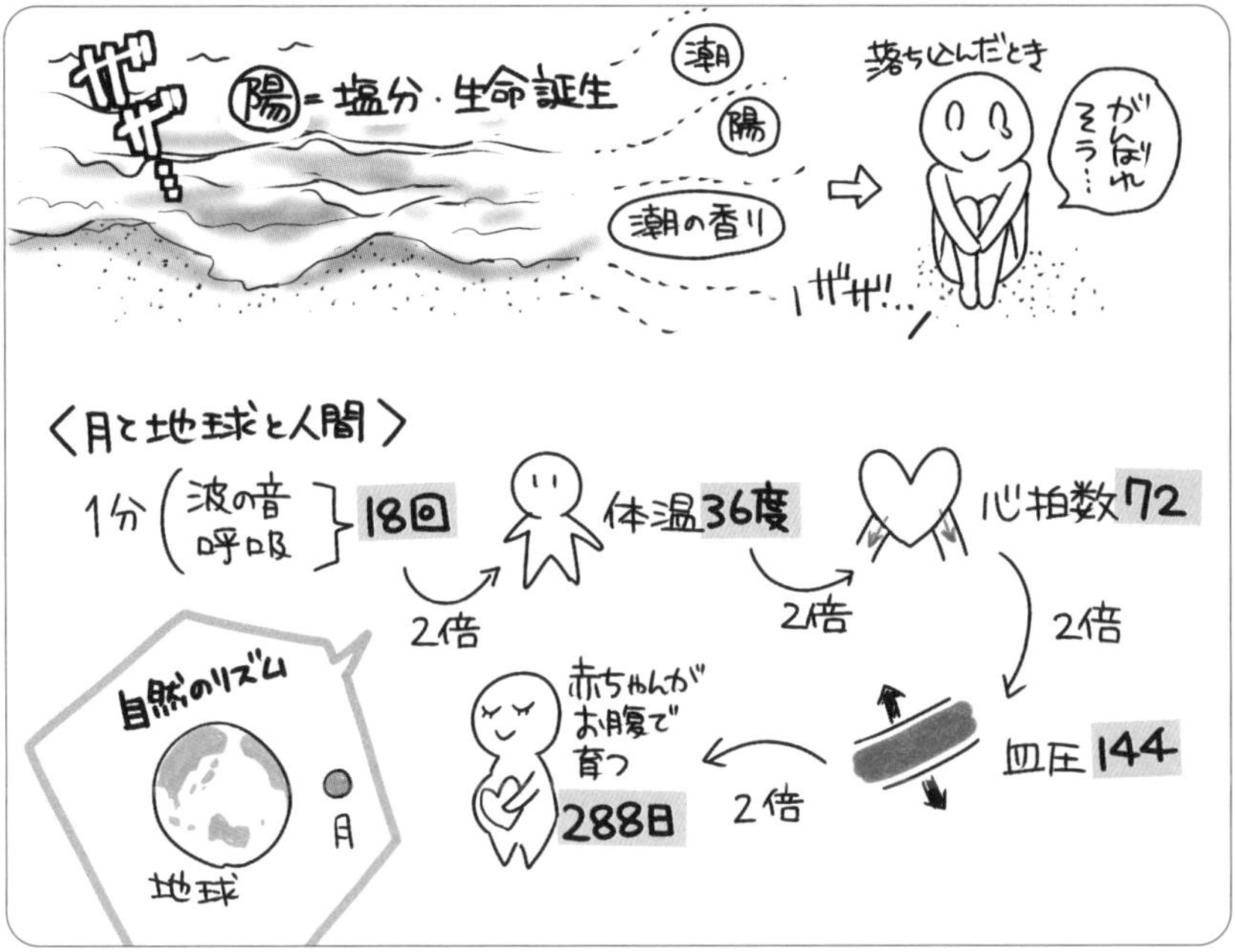

生命の故郷であり、呼吸のリズムと同調する「海」

疲れた時に「海」に惹かれるのは、海が「生命力」の起源だからかもしれません。この気持ちは「胎内回帰」の一種ともされています。「羊水」に似た「海水」に触れるからでしょう。

東洋医学では、海の「塩分」は「陽性」。体内の余分な「水分」を吸い取り、下がった「気」を動かします。

海ならではのものである「波」の音は、1分間に18回で平常時の人間の呼吸のリズムと同じ。波のリズムに同調することは、人間の自律神経を整える素晴らしい方法なのです。

同じ海でいえば、海の砂を用いた「砂《さ》浴《よく》」は体内の老廃物を排出するもので、日本の自然療法としても有名です。

ADVICE

#64

5分の練習で身につく

息はできれば「鼻呼吸」で

改善が見込めるもの

自己肯定感／ストレス／食欲／むくみ／イライラ

やること

○口を軽く閉じ、4秒吸って、8秒吐き出す。「寝る前10回」でうまくなる

○鼻が詰まりやすい方は、「片鼻呼吸3セット」で通りやすくなる

なぜ？

▼口が開いたままの状態は、広頚筋が硬くなり、たるみの原因になる

▼鼻の細かい毛や粘液が、空気中の異物をキャッチ。呼吸器系のトラブルを防止

▼「衛気《えき》（防衛機能）」は肺によってつくられる

▼大量の「空気」で呼吸の回数が減少し、リラックスを促す（副交感神経が優位になる・呼吸が深くなる）

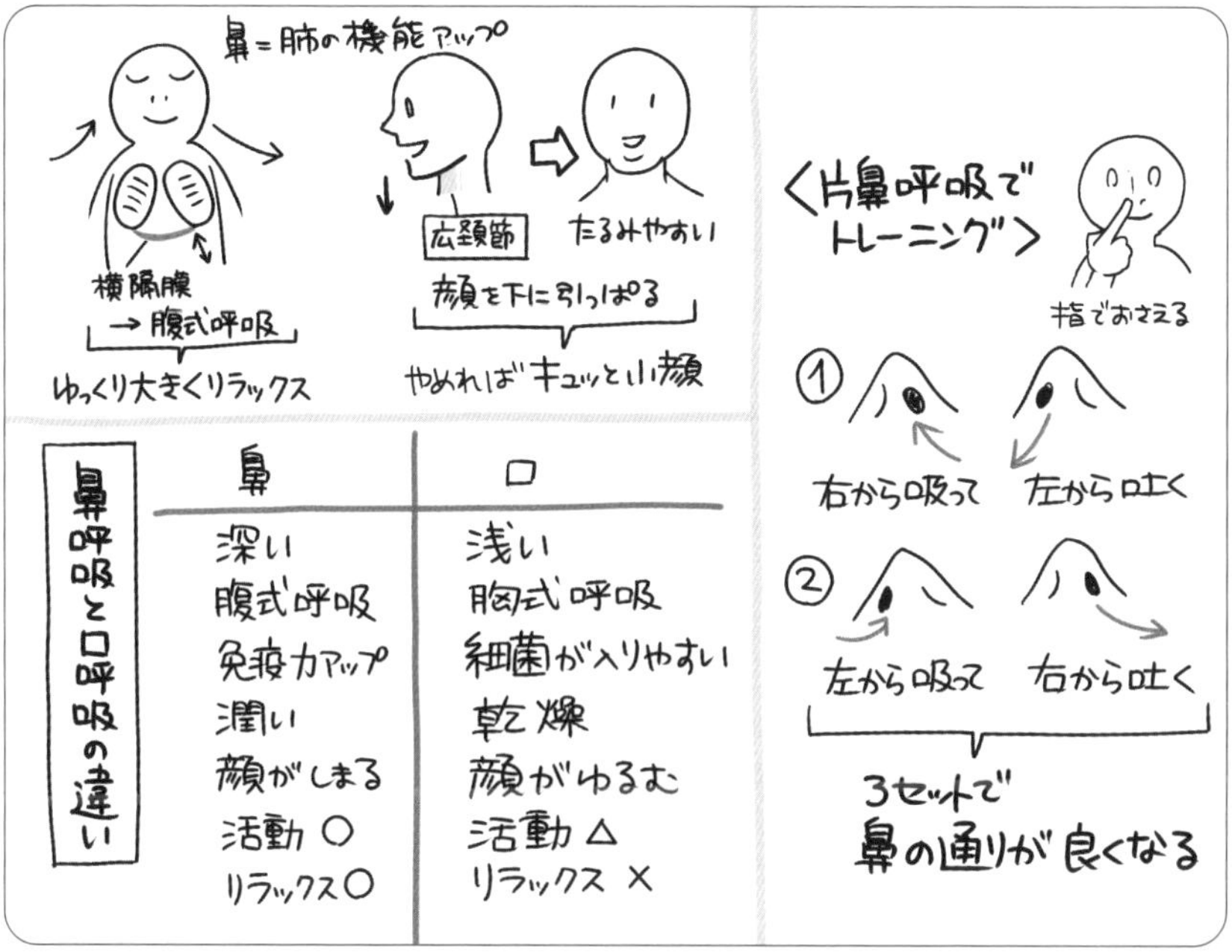

鼻呼吸は練習でうまくなる

本来、呼吸は鼻から行なうものであり、口はサポート的な存在です。鼻呼吸では、空気中の有害物質を濾過《ろか》し、肺のトラブルを防止します。

東洋医学では、肺は「衛気」という体のバリアを「皮膚の下」に張り巡らせ、病気を防ぐとされています。まさしく肺と鼻は強固なタッグを組んで、体を守っているのです。

また、呼吸は唯一「意識的」に行なえる「気」の調整法。鼻呼吸は横隔膜を動かす「腹式呼吸」です。交感神経（陽）が高まると緊張感やストレスを感じますが、呼吸をゆっくりすることで副交感神経（陰）優位に入れ替わります。自然と鼻呼吸が習慣になるように、練習をしてみてください。

ADVICE

#65

もったいない精神、さよなら！

ダイエットの聖域「キッチン」の片付けをする

改善が見込めるもの

疲労感／自己肯定感／ストレス／食欲

やること

自分の理想の「人生」の中に、あるべきモノだけ残す。「捨てる」のではなく「感謝して手放す」気持ちですればスムーズに進めやすい

例 手放すモノ
・賞味期限切れの食材　・添加物たっぷりのレトルト食品　・調味料（防災用は除く）
・お菓子　・もらった「お土産」

例 残しておくモノ
・本物の調味料（p100参照）　・生鮮食品

なぜ？
▼あると食べてしまう太る食材を捨てる
▼体によく結果として太らない食材を残す
▼モノをためることで「本来の問題」から目がそれてしまうのを防ぐ

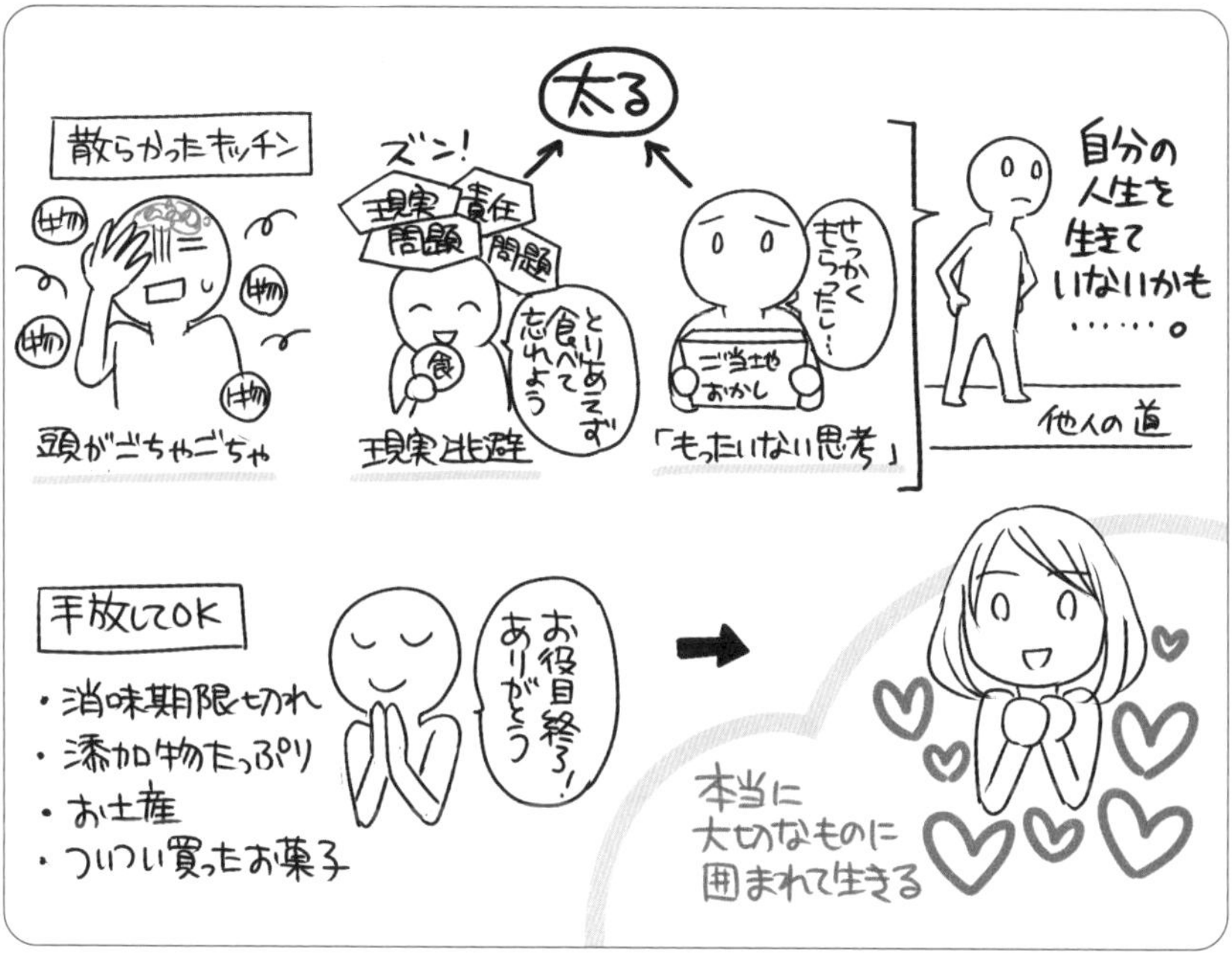
太る
散らかったキッチン
物
物
物
物
頭がごちゃごちゃ
ズン！
現実
責任
問題
問題
とりあえず食べて忘れよう
食
現実逃避
せっかくもらったし…
ご当地おかし
「もったいない思考」
自分の人生を生きていないかも……。
他人の道
手放してOK
・消味期限切れ
・添加物たっぷり
・お土産
・ついつい買ったお菓子
お役目終了！ありがとう
本当に大切なものに囲まれて生きる

ダイエットで真っ先にやるべきこと

日本には「もったいない精神」があり、食べ物を処分することはタブー視されがち。しかしそれは「他人」から押し付けられた価値観。気が進まないけど無理して食べる、ましてや健康に悪いとわかっていてもだとしたら、真の美徳といえるのでしょうか？

もらった食べ物は「もらった時」に、今はいらないけれど買ってしまった食べ物は「買った時に」その役目が完了しているものです。「役目」を果たしてくれたことに「感謝」をして手放す勇気が、「自分軸」で生きる力になります。

また、これを繰り返すことで無駄買いが減り、健康で太らない食材の比率が高まるはずです。

ADVICE

#66

夕日や星空を見るだけでOK

うなるような「感動体験」を増やす

改善が見込めるもの

疲労感／自己肯定感／ストレス／食欲

やること

「ワオ！」と思わず声を上げてしまうような、大きな感情の揺さぶりを体験する

例 触れるもの

きれいな夕日、雄大な星空、神秘的な虹、荘厳な教会や寺院、壮大なアート（音楽や絵画）

なぜ？

▼「気」を巡らせ、自律神経を高める

▼大きな感情の揺さぶりとなる「Ａｗｅ（オウ）体験」は心身に好影響を及ぼすとされている

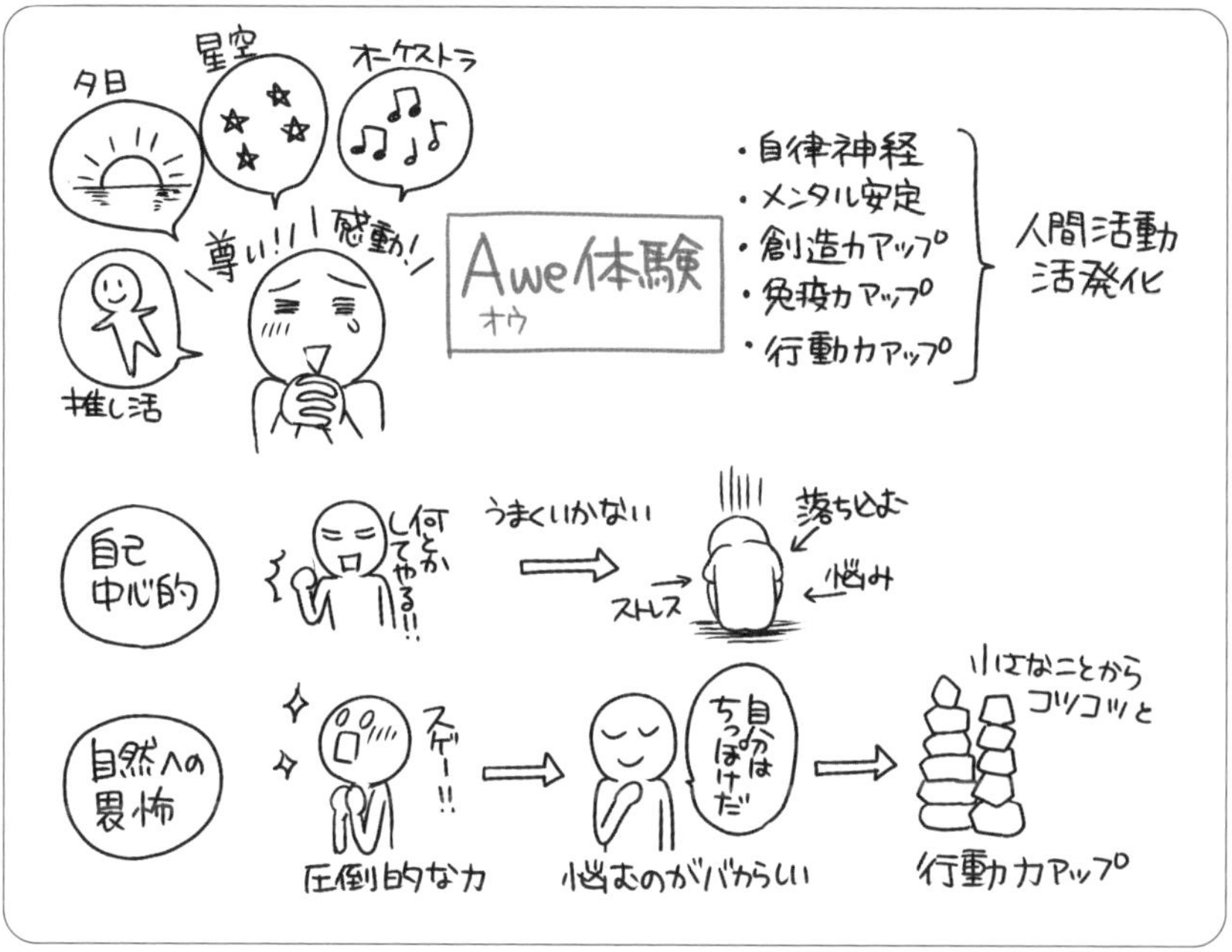

圧倒的な「力」を感じると、人は幸せになる

感動、畏怖、驚きなど、予想以上の感情の揺さぶりは、心身を健康にすることがあります。雄大な自然に触れる（動画や写真でもＯＫ）、音楽の生演奏を聴く、荘厳な宗教施設に圧倒されるなどで、人生が変わったように感じたり、スッキリとした感覚になったりしたことはありませんか？　これらは「Ａｗｅ（オウ）体験」と呼ばれます。

Ａｗｅ体験をすると、ストレス減少、死亡リスク低下、免疫力回復が期待され、メンタル安定、創造力アップ、これらにはダイエットの一助になるものもたくさんあります。

一見、精神論に聞こえますが、それを裏付けるような実験データや研究者の声が膨大に存在するのも事実です。

※出典：『Awe Effect』カトリーン・サンドバリ、サラ・ハンマルクランツ、喜多代恵理子／サンマーク出版

MOVE

5

動いて養生

動き方を変えるだけで自然にやせる

ADVICE

#67

ダイエットに汗水はいらない！

運動の本当の目的、知ってますか？

改善が見込めるもの

疲労感／ストレス／食欲／関節可動域

やること

日常を低負荷な「有酸素運動」に変える。関節の動きを改善し、日常の動きを大きくすることで

例 低負荷な有酸素運動に変えられる活動
掃除、通勤、買い物、洗濯

なぜ？

▼① 体の機能を向上させて「基礎代謝」を上げること
「気血水」の巡りを活発にする。筋肉と神経伝達の機能改善

▼② 日常を低負荷な「有酸素運動」に変えること
↓ 関節の動きを改善し、日常の動きを大きくする。
NEAT《ニート》のアップ（NEATは「非運動性活動熱産生」のことで、「運動」以外の身体活動で消費されるエネルギーを指す）

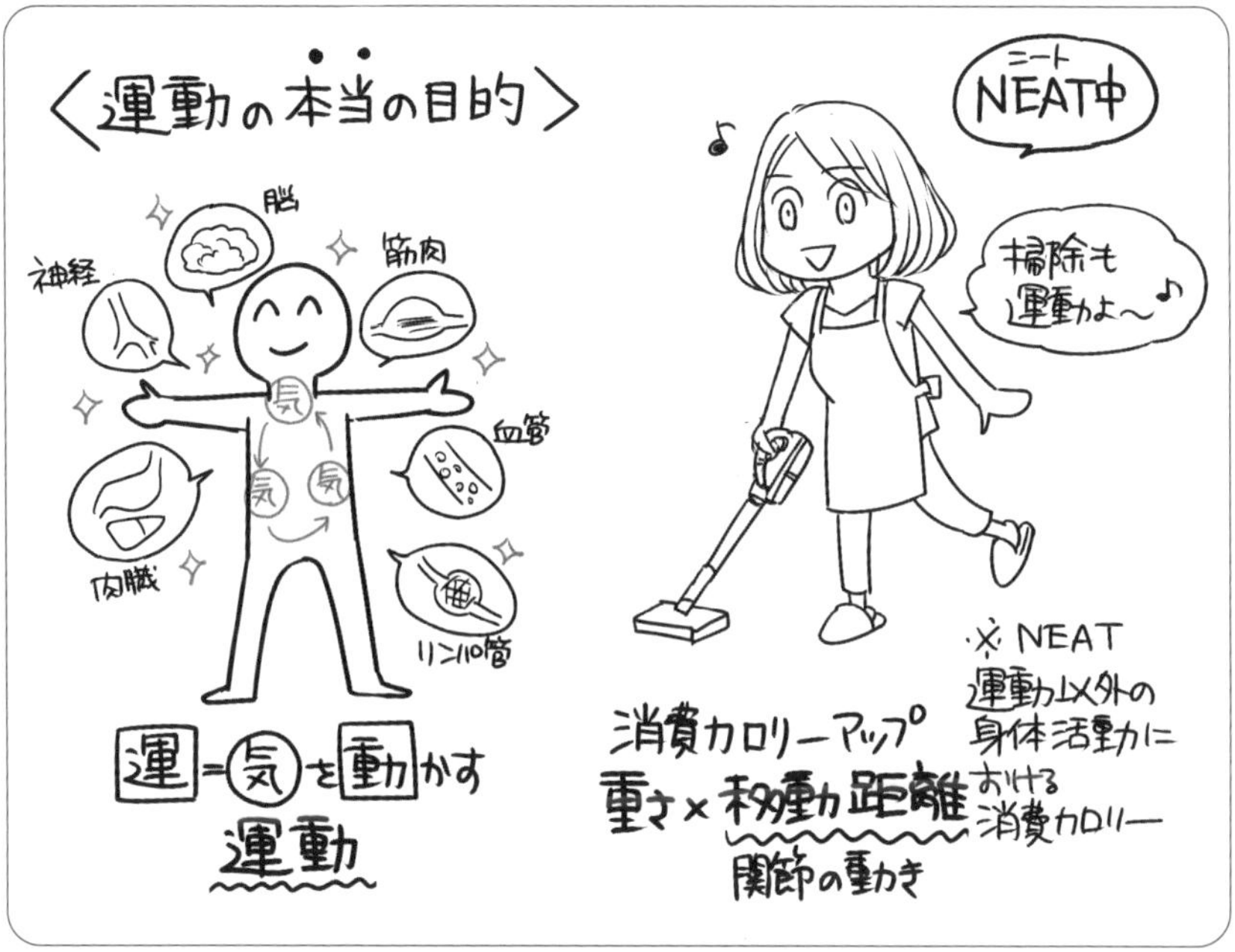

日常生活が「効率的な運動」に変わる！

運動は筋肉や関節が硬ければ動く範囲が狭くなり、疲れる割に消費カロリーは少ないのです。ストレス過多や落ち込みメンタルの時には、運動する気にもなれないでしょう。

目指したいのは「無意識状態でも、カロリー消費できる体」。掃除や通勤などの日常生活を「ゆるい有酸素運動」に変えましょう。神経伝達や関節の動きを改善するだけでOKです。

一方で「消費カロリー」を稼ぐ運動は「頑張りすぎ」「ツラすぎてやめてしまった」など、心も体も消耗しがち。「自然にやせる」運動はセルフケアが中心で、終わった後にスッキリ気持ちよくなります。「気」の巡りが改善されたサインですね。

ADVICE

#68

運動っていつやればいいの？

いつでもOK。ただし時間帯によって内容は変わる

改善が見込めるもの

疲労感／ストレス／食欲／関節可動域

やること

体内時計を正しく動かす「運動」をする

朝食前…「やせやすい1日をつくるための運動」⇒P200

・1日の「神経伝達」「気の巡り」を整える（セロトニンの分泌）

・関節を動きやすくする（陰→陽）

昼食後…「血糖値を安定させ、脂肪をためない運動」⇒P202

・軽い運動で血液中の「ブドウ糖」を消費

・午後の眠気がおさまり、活動的に

夕方…夕方：あえて動いて疲労をとる「アクティブレスト」⇒P204

・夜の「リラックス」の準備

・「陽の疲労感」を発散する（陽→陰）

就寝前…就寝中の自己メンテナンスの準備⇒P206

・筋肉をほぐして「老廃物」が代謝しやすい状態に

・完全休息モードに転換

陽に始まり陰に終わる

「やせるには、いつ運動をしたらいいですか？」というご質問をたくさんいただきます。結論は「いつやってもＯＫ」。時間帯によって目的や効果は変わりますが、良い悪いはありません。

大切なのは「自然のリズム」に忠実であること。朝は1日の準備で「陽＝活動モード」に切り替える時間。夕方から就寝に向けては、「陰＝リラックスモード」に切り替えていく時間。昼もずっと室内で過ごして太陽の光に当たらず、夜はギラギラな照明にさらされる現代は、視覚から体内時計を調整するのが難しいかもしれません。

1日を「大きな波の動き」と捉え、その時間に合った運動をすることで、体もその時間に合う状態にできます。

ADVICE

#69

やせる1日はここからスタート！

朝やるお勧めの運動

改善が見込めるもの

疲労感／ストレス／食欲／関節可動域

やること

① 関節の動きアップ

・ラジオ体操
・「老廃物ほぐし」マッサージ（P130）

② セロトニン（身体安定の神経伝達物質）生成

・15〜30分ウォーキング（早足でリズムよく！）
・ゆったり動き続ける「フローヨガ」

♥お勧めコース

・ラジオ体操＋ウォーキング30分
・「老廃物ほぐし」マッサージ＋フローヨガ（15〜20分）

なぜ？

▼セロトニンは「日光」と「リズム」でつくられる（2500ルクス以上。最低5分）。日光を浴びるために、できるだけ雨の日も外で行なう。室内ならば窓側で

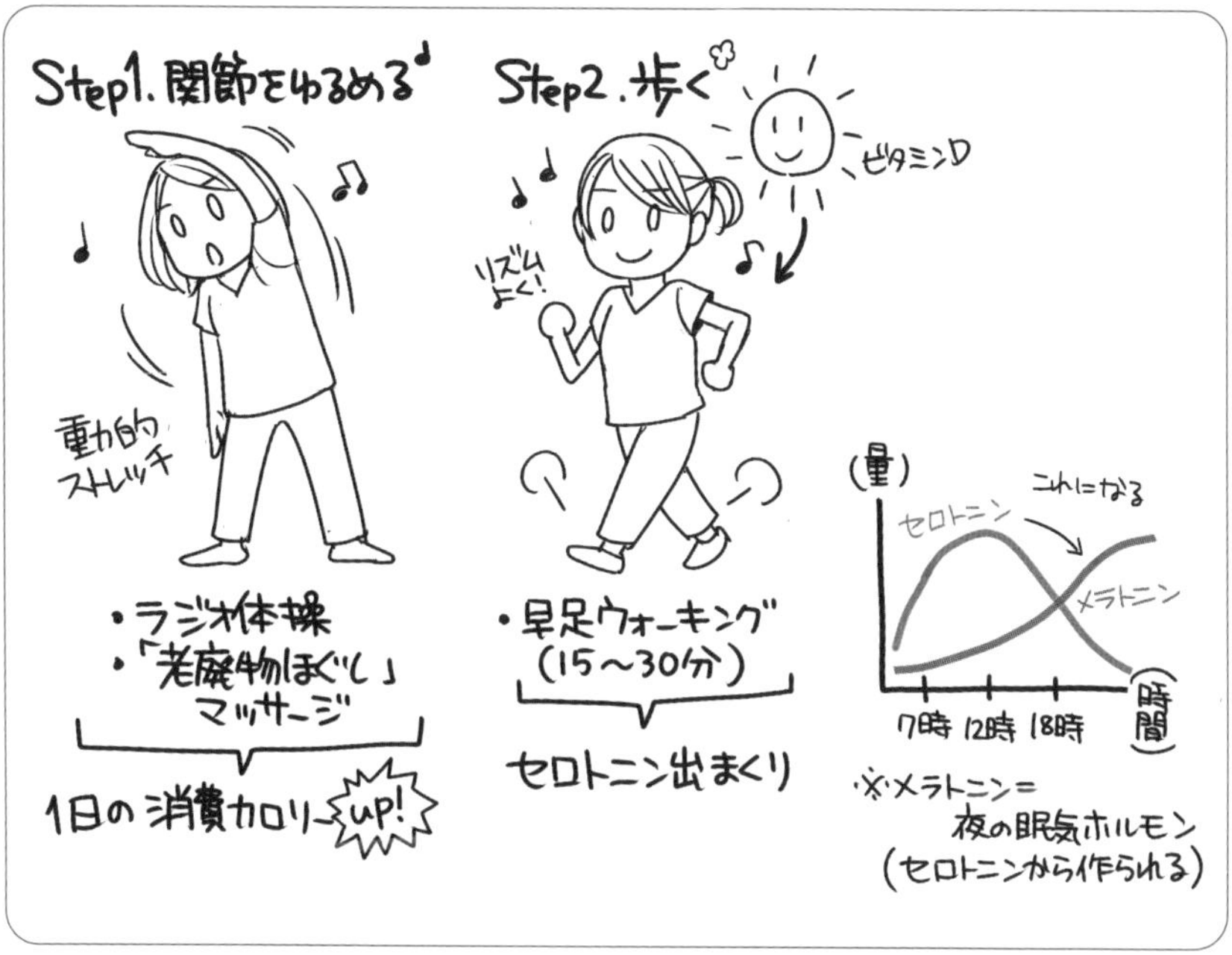

朝は関節をゆるめて「セロトニン」を出す時間

朝は、睡眠で固まった関節をゆるめる「動的ストレッチ」がお勧め。関節の可動域は1日の消費カロリーに直結します。セロトニンは心身を自動で動かす神経伝達物質で朝こそ必要。太陽とリズム運動でつくられます。「ラジオ体操」や「老廃物ほぐし」のマッサージはリズムを感じながらできるのでお勧め。

太陽の光を浴びる屋外ウォーキングは「体内時計」のリセットになり、早足のリズムで「活動モード(陽)」になります。朝の通勤を「ウォーキング」に充てるのもお勧め。雨の日でも「太陽」の光は強いので、できる限り屋外に出るのが望ましいです。ただし、30分以上のウォーキングはセロトニン神経の疲労になるので注意。

ADVICE

#70 昼やるお勧めの運動

食後の「眠気」は太るサイン

改善が見込めるもの

ストレス／食欲／血糖値／血圧

やること

血糖値を安定させ、脂肪をためない運動

・食後10分以内に、大きな筋肉のストレッチ（P134）
・食後1時間以内に、10～30分のウォーキング（ゆったりぶらぶら）

なぜ？

▼食後の眠気は「血糖値」上昇のサイン
▼食後の軽い運動で「血糖」をエネルギーに変える
▼午後の集中力がアップする

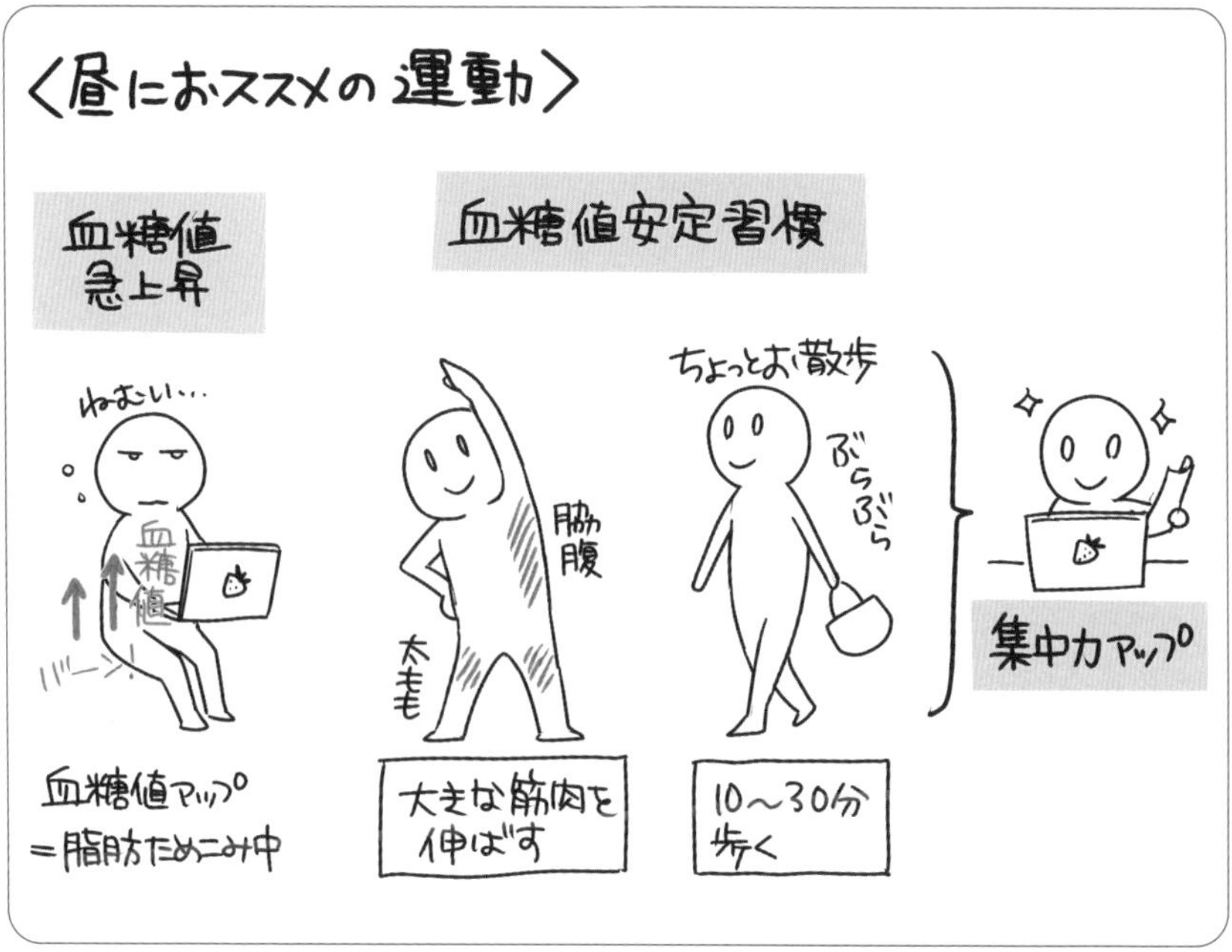

ランチ後はちょっとでも動こう！

食後の眠気は「血糖値」が上がったサイン。血糖値が高い状態は「脂肪溜め込みモード」。眠気が来る前に血液内の糖質を「軽い運動」で消費すると、血糖値が安定し夕方の「ガス欠」や「判断力の低下」も防ぐことができます。

お勧めは「ウォーキング」。ゆったりスピードでOKです。特に忙しい日は、公園など「緑」が見える場所を歩くと、心身ともにリフレッシュされます。脇腹や、太もも、肩まわりなどの「大きな筋肉」のストレッチは、短時間でも血糖値安定に効果的です。

食後10分に「脇腹を伸ばすのがツラい」という方は、少し食べ過ぎかもしれません。食後の運動が快適に行なえるくらいの「食事量」にしましょう。

ADVICE

#71

楽しい「アフター5」が疲れを吹き飛ばす！

夕方やるお勧めの運動

改善が見込めるもの

ストレス／食欲／疲労感

やること

あえて動いて疲労をとる「アクティブレスト」

例
・仕事帰りに一駅歩く
・ジムで汗を流す
・少しハードなヨガ
・楽しく踊るダンス

なぜ？

▼「昼の活動熱」を発汗で放出
▼陽の「活動モード」→陰の「休息モード」へ転換させる
▼血流を活発化させ、疲労物質や老廃物の排出を促す
▼脳にたまった熱を、運動で発散させてバランスをとる
(デスクワークやクリエイティブワークの方にお勧め)

寝つきがよくなるアフター5の過ごし方

夕方の運動は、夜の「リラックスモード」に切り替える効果的な方法。特にストレスやイライラが溜まりやすい方、頭をよく使うデスクワークの方は、就寝時に体や頭の熱がとれず、寝つきが悪くなることが多いのです。

アフター5を楽しく活動的に過ごすことで、体の余分な熱がとれ、夜にリラックスしやすくなります。体の熱は発汗によって落ち着き、手足をぶらぶら動かすことで「余分な緊張」も抜けていきます。余分な緊張を残したまま夜を迎えると、「お酒」や「甘いもの」で緊張をゆるめたくなり「陰性の食欲」が出やすくなります。ただし、動き過ぎはテンションが上がりすぎるので「汗ばむ程度」が最適です。

ADVICE

#72

休息モードで勝手にやせる

夜やるお勧めの運動

改善が見込めるもの

ストレス／食欲／疲労感／血圧／不眠症

やること

①筋肉を徹底的にほぐす

・フォームローラーやマッサージガンを使う　・手でマッサージ　・温活：小豆カイロ、入浴

②筋肉を正しい形にする

・じっくり伸ばすストレッチ
（1ケ所30秒以上のストレッチで、筋肉の形がきれいになる【静的ストレッチ】）

ポイント
・鼻呼吸メインで「吐く呼吸」を長めにする
・汗をかくような運動は、就寝2時間前からは禁止

なぜ？
▼日中に固まった筋肉を、とにかくほぐす
▼就寝中は「老廃物の排出」がMAXに
▼温まると血流が活発になり、老廃物が代謝されやすい

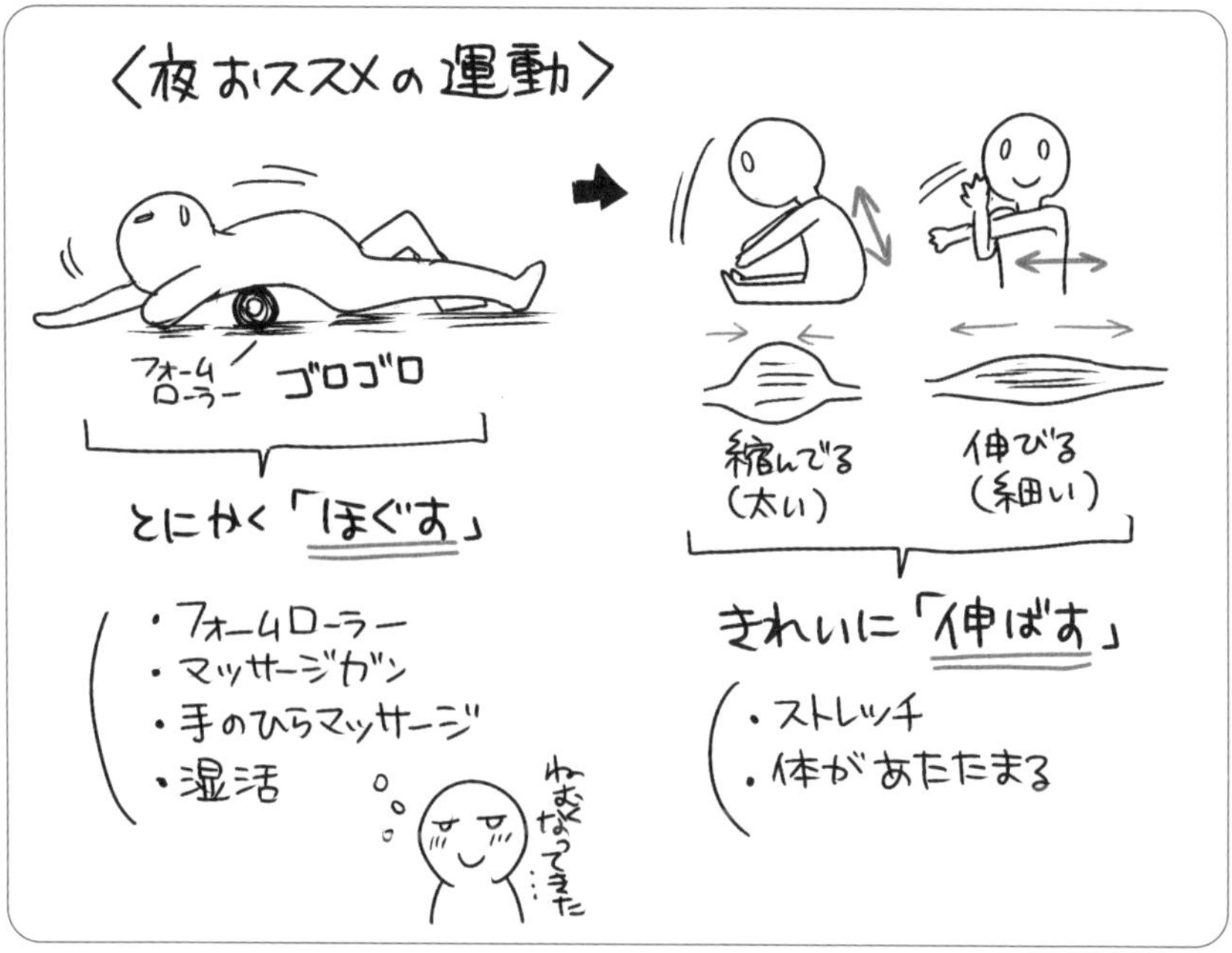

部分太りと睡眠不足を誘発しないために

夜の運動で大切なことは「筋肉の状態のリセット」。日中は長時間の座りっぱなしやハイヒールで歩き回るなどで、体のどこかに負担がかかっています。その局所的な負担は体の癖となり「部分太り」に直結。

また、部分的な筋肉の負担は、主に関節・背骨周辺に起きやすい傾向にあります。大きなリンパ節の近くでもあり、老廃物が詰まって「全身やせ」にブレーキをかけることも。

マッサージアイテムをうまく使って、ほぐしましょう。筋肉がゆるむことで、脳が「休息モード」の信号をキャッチし、眠気が訪れます。ストレッチを加えることで、縮んで太くなった筋肉が本来の美しい形を取り戻します。

ADVICE

#73 人生がイージーモードになる ウォーキングを好きになる

改善が見込めるもの

ストレス／食欲／疲労感／血圧／不眠症／血糖値／老化

やること

ウォーキングをする

・「ウォーキング」はめんどくさいし、つまらない。その事実を受け止める
・歩かないと「損」なのであれば、好きになればいい

なぜ？

▼**人間にとって、最強の運動は「ウォーキング」である**
▼**人類は二足歩行。歩きに適応するために進化した動物**
▼**歩けなくなると、足腰が弱り、一気に老化が進む**
▼**足の筋肉が最も大きく、消費カロリーが高い**
▼**下半身の筋肉を程よく使う徒歩が「気」を最適化する**

●ウォーキングを快適にする方法
・足のマッサージ：とんでもなく足が軽くなり、今にも歩きたくなる
・「歩行リズム」に集中する（歩行瞑想）
・防風・防水アイテムを使う（登山グッズがお勧め）

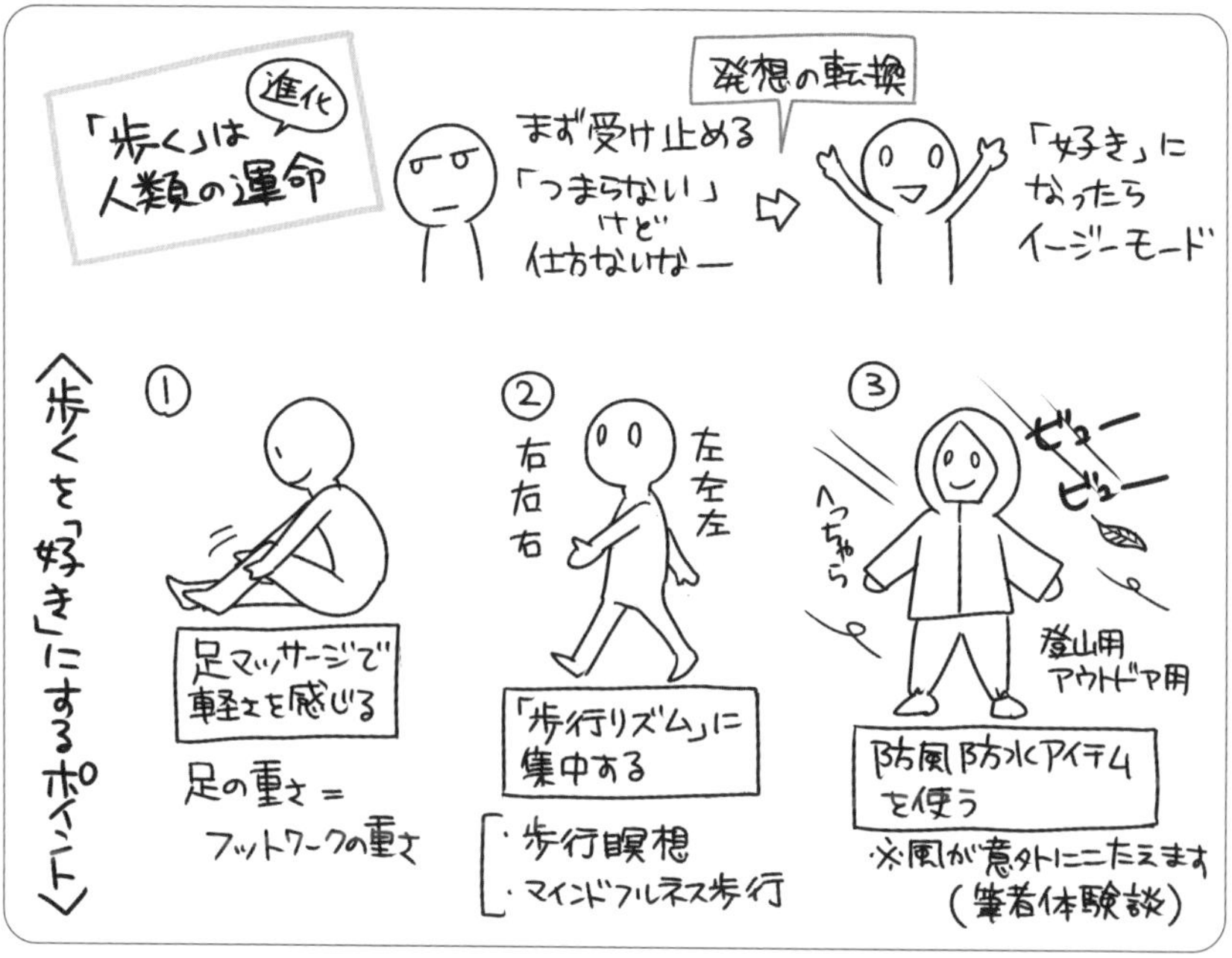

抗えない事実を受け入れポジティブ化する

どの時代のどの文献を調べても、人間の健康に最もよいとされる運動は「歩行」。歴史的にも裏付けがあり、疑う余地はありません。しかし多くの人にとって歩行は地味でつまらないからか、いつの時代も勧められているような…。

私の趣味は登山ですが、歩くのが好きになると莫大なメリットがあると考えたのが、始めたきっかけでした。嫌いになる要素は「足の重さ」「集中力を向ける場所」「気象条件」と分析し解決策を講じたら、歩くことが大好きになったのです。体重は減り、精神面でもとても強くなったと感じています。

歩くことが苦にならないだけで、人生の楽しみが増えたような気がします。

ADVICE

#74

もっと！しなくて大丈夫

頑張って走らなくてもいい

改善が見込めるもの

ストレス／食欲／疲労感／血圧／不眠症／血糖値／老化

やること

無理して走らない。ランニング後は必ずマッサージとストレッチで、足の筋肉をほぐす。速足ウォーキングでもいい

なぜ？

▼ランニングは地面から体が浮くジャンプの一種。着地の衝撃のデメリットが大きい
▼血液（赤血球）が破壊され、基礎代謝が低下する
▼筋肉に局所的に負担がかかり、ボディラインが崩れる（特に股関節周辺）
▼活性酸素（老化物質）の発生が増える

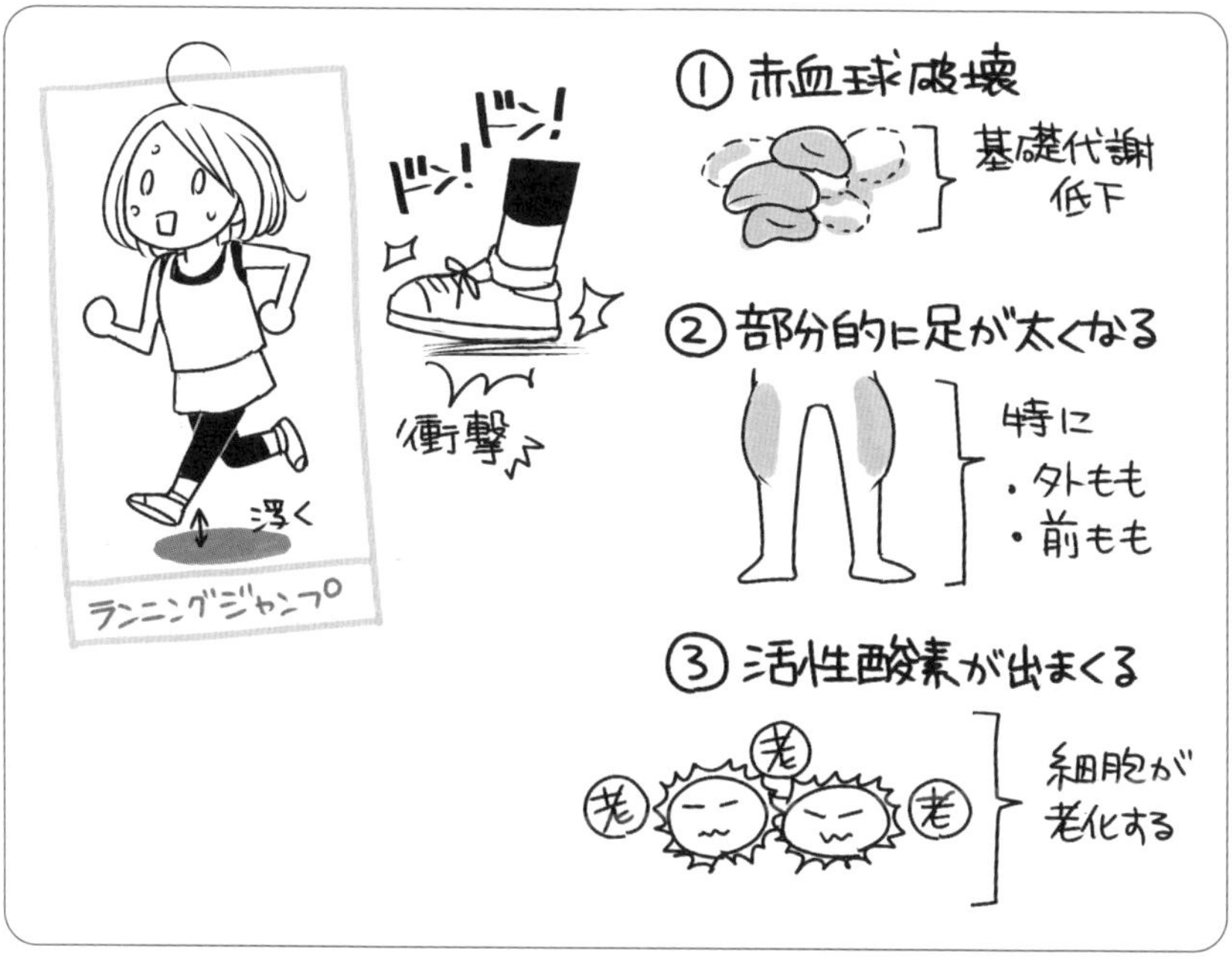

強度は高ければいいわけではない

私がウォーキングに転換した理由に、ランニング時の着地の「衝撃」で起こるデメリットがあります。赤血球を破壊し、「溶血性貧血（新しい赤血球の生成が追いつかなくなる）」の可能性もあり、基礎代謝が低下。また、荒くなる呼吸で「活性酸素」が増え、走り方の癖で足が太くなることもあるのです。

実際、衝撃を与えないように、速足ウォーキングに変えたところ、体力も消耗せず、足も細くなりました。消費カロリーはランニングのほうが高いですが、継続性や頻度を考えると、ウォーキングが長期的に優勢だと思います。ランニングがお好きな方はやめる必要はありませんが、足のマッサージは忘れないようにしましょう。

ADVICE

#75

ヨガが4000年続くワケ

なぜストレッチよりもヨガなのか?

改善が見込めるもの

ストレス/食欲/疲労感/血圧/不眠症/血糖値/精神状態

やること

次のようなお勧めのヨガをする

- 太陽礼拝/フローヨガ…ゆっくり動き続けるリズム運動
- 陰ヨガ…やさしいポーズを長時間行なう。完全リラックスを目的としたヨガ
- マインドフルネスヨガ…今感じていることに意識を向け、頭の中をクリアにするヨガ

なぜ?

▼呼吸筋が活発になり、胴体が細くなる
▼心の「陰陽バランス」を整え、自律神経を正常化させる
▼呼吸と動きに集中することで、頭の中がリセットされる
▼ヨガは運動ではなく「動く瞑想」

ヨガで「今の自分」を受け入れる

ヨガは東洋医学の起源である「ウパニシャッド哲学」から生まれた動く瞑想。目的は陰陽バランスを整え、精神を安定させること。日本のヨガは、アメリカから伝わった「フィットネス要素」が強いため、「単なる運動」と考えられているかもしれません。いずれにせよ、呼吸のリズムを感じ、今体に起きていることを受け止め、頭が静かになるヨガならではの感覚は、悠久の歴史に裏付けされた「健康法」です。

体の硬さで倦厭されがちですが、ポーズに向かうまでの過程で「何を感じるか？」に重きが置かれるので、気負う必要はありません。YouTubeやオンラインヨガから、気軽に始めてみましょう。

※お勧めのヨガ教室（オンラインもあり）＞＞「Studio+Lotus8 by yogis」https://lotus8.co.jp

SLEEP

6

睡眠法を変えるだけで自然にやせる

眠って養生

ADVICE

#76

「自然やせ力」は寝てる間につくられる

シンデレラタイムで布団に入る

改善が見込めるもの

疲労感／ストレス／食欲／貧血

やること

午前0時までに、布団に入る

なぜ?

- 夜中の1～3時は、成長ホルモン（自己修復ホルモン）が最も分泌され、蔵血作用の「肝」が最も活動的になる
- この時間帯が「ノンレム（深い）睡眠」になるようにする。眠りについて90分後の睡眠が最も深くなる
- 「ノンレム睡眠」には「脳の洗浄」「体の疲労回復」が行なわれる

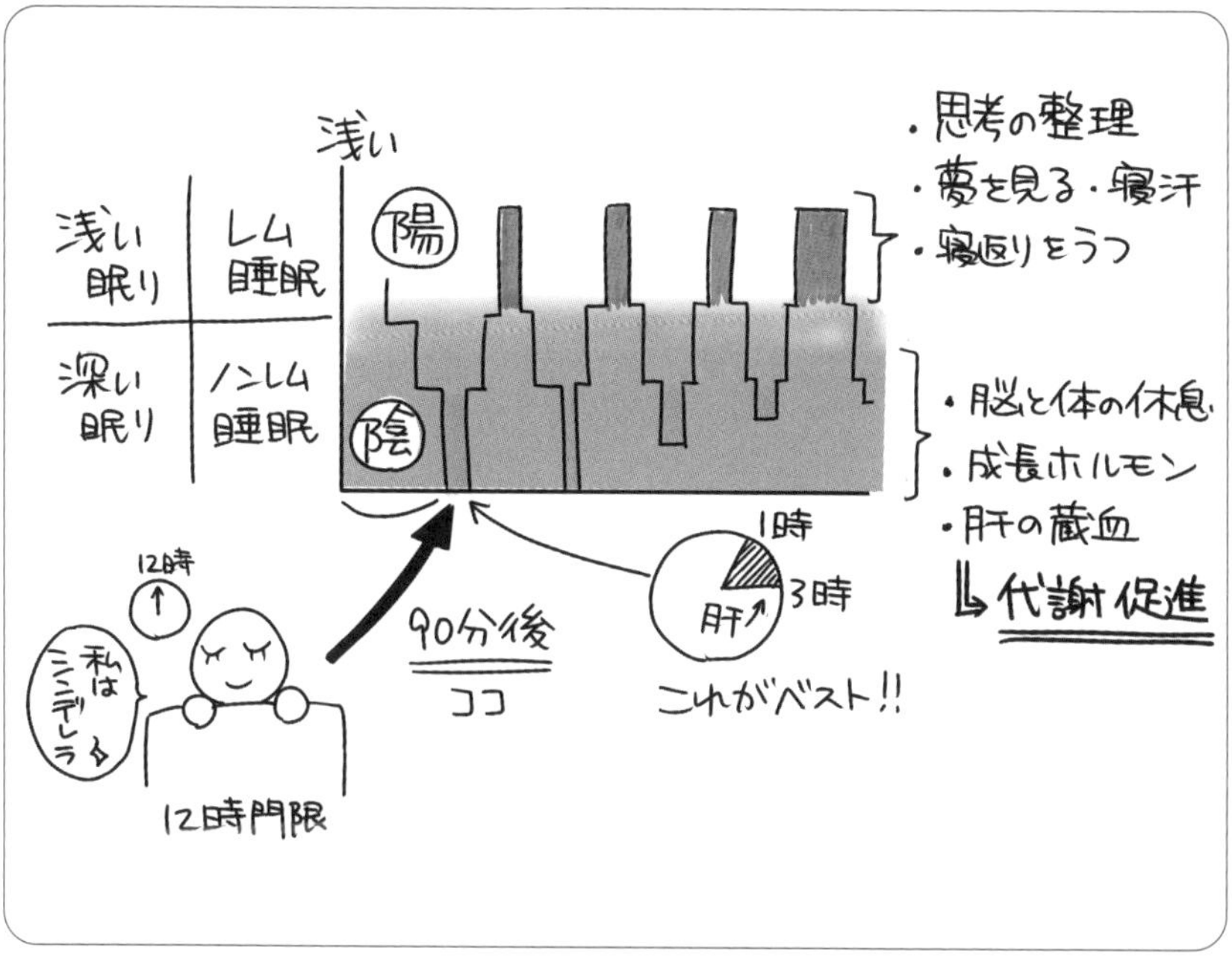

寝る子はやせるのには理由がある

人間は睡眠中に傷ついた細胞を修復し、老廃物を代謝し、記憶の整理をします。「浅い睡眠＝レム睡眠」時には、脳が活発に動き、筋肉も動きます。

「深い眠り＝ノンレム睡眠」には「潤沢な血液」が必要です。夢をよく見る、寝汗をかきやすい方、朝すっきり起きられないという方は、日常生活で血液を消耗しやすく、眠りが浅い比率が高いかもしれません。

眠りから約90分後に訪れる「最初の深い睡眠」を「肝の時間＝1～3時」にとることで、より多くの「血液」が生成され、眠りの質が高まります。脂肪燃焼や細胞修復の「成長ホルモン」の分泌も、最初の「ノンレム睡眠」で起きます。

ADVICE

#77

「ぽかぽか→ぐっすり」の方程式

お風呂に入るのは寝る2時間前に

改善が見込めるもの

疲労感／ストレス／食欲／貧血／不眠症

やること

就寝予定の約2時間前にお風呂に入り、約1時間半前に上がる

なぜ？

▼「深部温度」が下がる時「眠気」がやってくる。
深部温度とは、内臓や脳の「体の内側」の温度

▼深部温度が下がらないと体に熱がこもり、寝つきが悪くなる

▼入浴で手足などの毛細血管が活発になれば、深部温度が下がりやすい

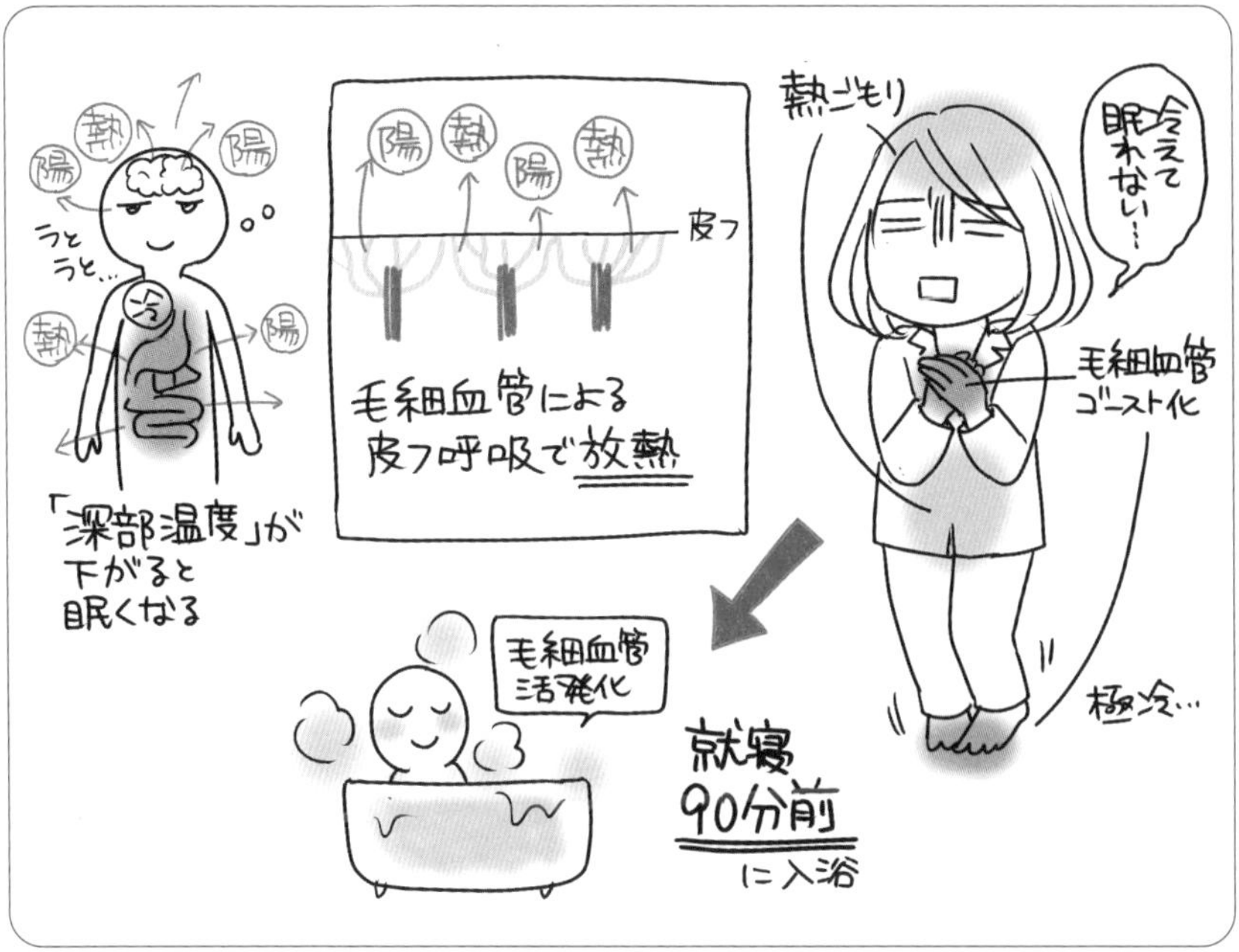

熱をうまく放出するのが「快眠」のコツ

床に就く90分前にお風呂から上がると、就寝開始にちょうど深部温度が下がって「眠気」がやってきます。体に熱がたまったままだと、緊張感や脳の動きなど「陽のエネルギー」がおさまらず、眠りにつきにくくなります。

この熱は、主に手足から放出されます。入浴によって手足の毛細血管が活発になり、体の余分な熱を放出しやすくするのです。手足が冷えてなかなか眠れないという方は、手足から熱が放出されにくくなっている可能性も。「余分な熱」が体に残ってしまうため、深部温度が下がりにくいのです。

普段から足や手のマッサージをして、毛細血管を元気にしておくことも「眠り」にはとても大事なことです。

ADVICE

#78

靴下よりぐっすり眠れる

冬はレッグウォーマーをつけて寝る

改善が見込めるもの

疲労感／ストレス／食欲／貧血／更年期障害

やること

○冬の就寝時の冷え防止には「レッグウォーマー」を使う
○どうしても足先が冷える場合は「靴下」も可
↓温まったら脱ぐ
○血液サラサラの食事や、足先のマッサージで「末端冷え性」を防ぐ

なぜ？

▼「眠気」を誘う「熱放出」が最も行なわれるのは「手の甲」「足の甲」。熱放出は皮膚呼吸によるものなので、その部分は開放しておく

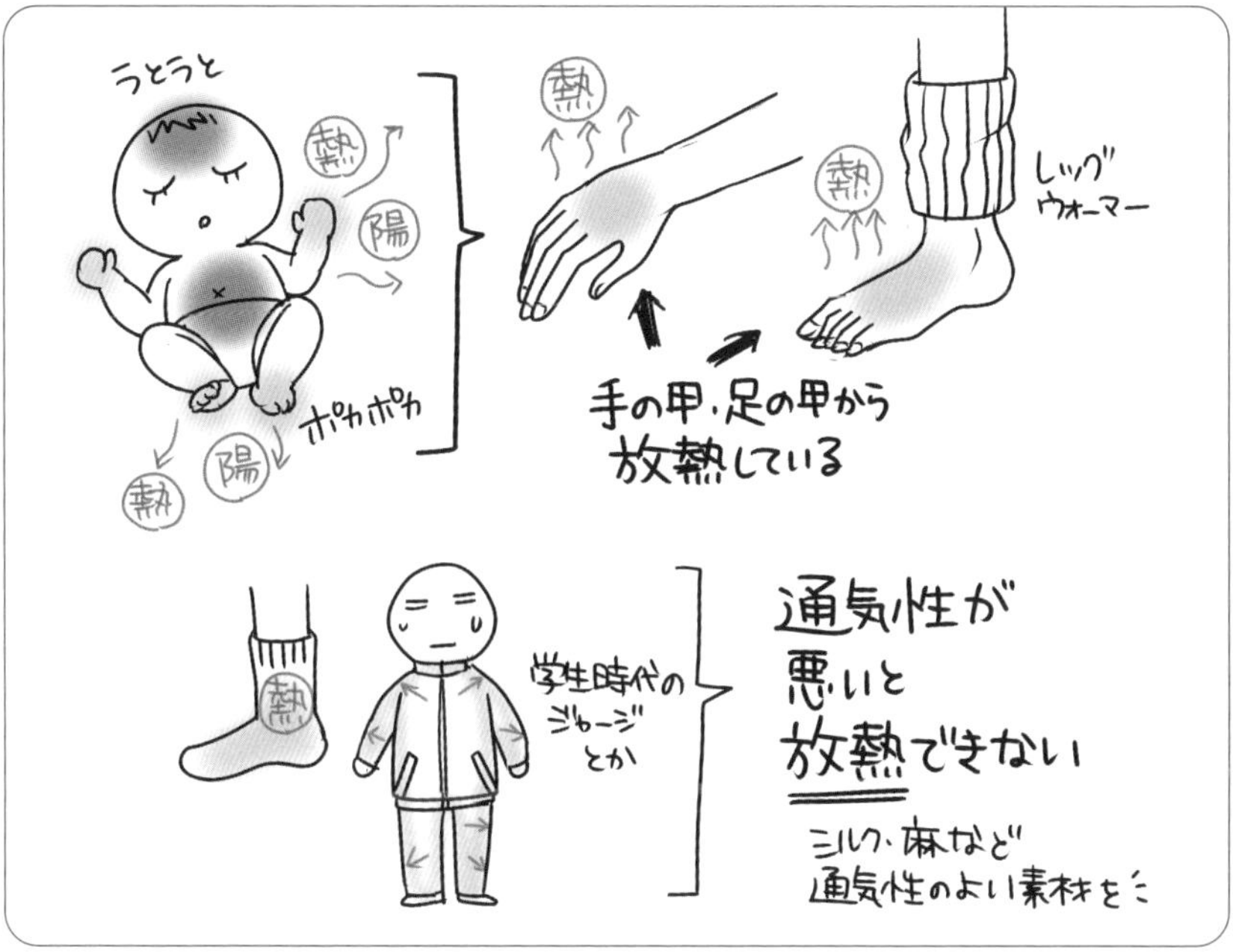

「涼しさ」と「通気性」が睡眠のカギを握る

眠気は「深部温度」の熱放出によって起こります。熱放出を行なっているのは「皮膚呼吸」、特に「手の甲」「足の甲」からの放出がメインです。

寒い冬は「靴下」を履いたまま寝たくなりますが、熱放出の面で足の甲から下が露出しているレッグウォーマーがベターです。足先の冷えが気になる方は、「シルク」「麻」などの天然素材の靴下がいいでしょう。

寒い時期はパジャマも厚くなりがちですが、スウェット素材などは皮膚呼吸がしにくくなるのでやめておきましょう。体は涼しい状態を保っておくほうが、眠りにつきやすいといわれています。布団の厚みや部屋の温度で、暖かさを調整することも大切です。

ADVICE

#79 夏は軽いストレッチをして寝る

筋肉を伸ばして「陽」を発散

改善が見込めるもの

疲労感／ストレス／食欲／更年期障害／不眠

やること

就寝の30分くらい前までに、大きな筋肉のストレッチをする

（前もも、脇腹、肩、背中↓P134）

なぜ？

▼寝苦しい夏は「陽」が活発になり、熱ごもりを起こしやすい

▼ストレッチ＝筋肉活動で「陽」を発散する

副交感神経優位、陽と熱の放出のトリプル効果

夏が寝苦しいのは、気温や湿度が高いからだけでなく、体内の「陽のエネルギー」が活発になるからで、体の中の熱が溜まりやすいのです。暑さや入浴による発汗では出しきれない「熱」を「伸ばす筋肉活動＝ストレッチ」で放出してみましょう。

「ストレッチをすると寝つきがよくなる」といわれているのは、筋肉がゆるんでリラックスして、眠る時に働く「副交感神経」が優位になるからですが、「陽のエネルギー」が発散するのも理由。血流がアップして、手足からの熱放出が増える側面も大きいのです。

夜の筋トレは、交感神経を優位にし緊張状態になり、発熱量が多くなりすぎるので控えておきましょう。

ADVICE

#80

脳よ、静まれ。

殴り書きで1日を完了させる

改善が見込めるもの

疲労感／ストレス／食欲／更年期障害／不眠症

やること

今日の心配事やモヤモヤすることを、紙に殴り書きをして捨てる

なぜ？

▼脳に「1日の終わり」を認識させる
▼未完了、未解決は「脳」の「活動モード」を長引かせ、熱をためる
▼視覚的に「完了」させることで、脳が休まる（熱が下がり睡眠の質が上がる）

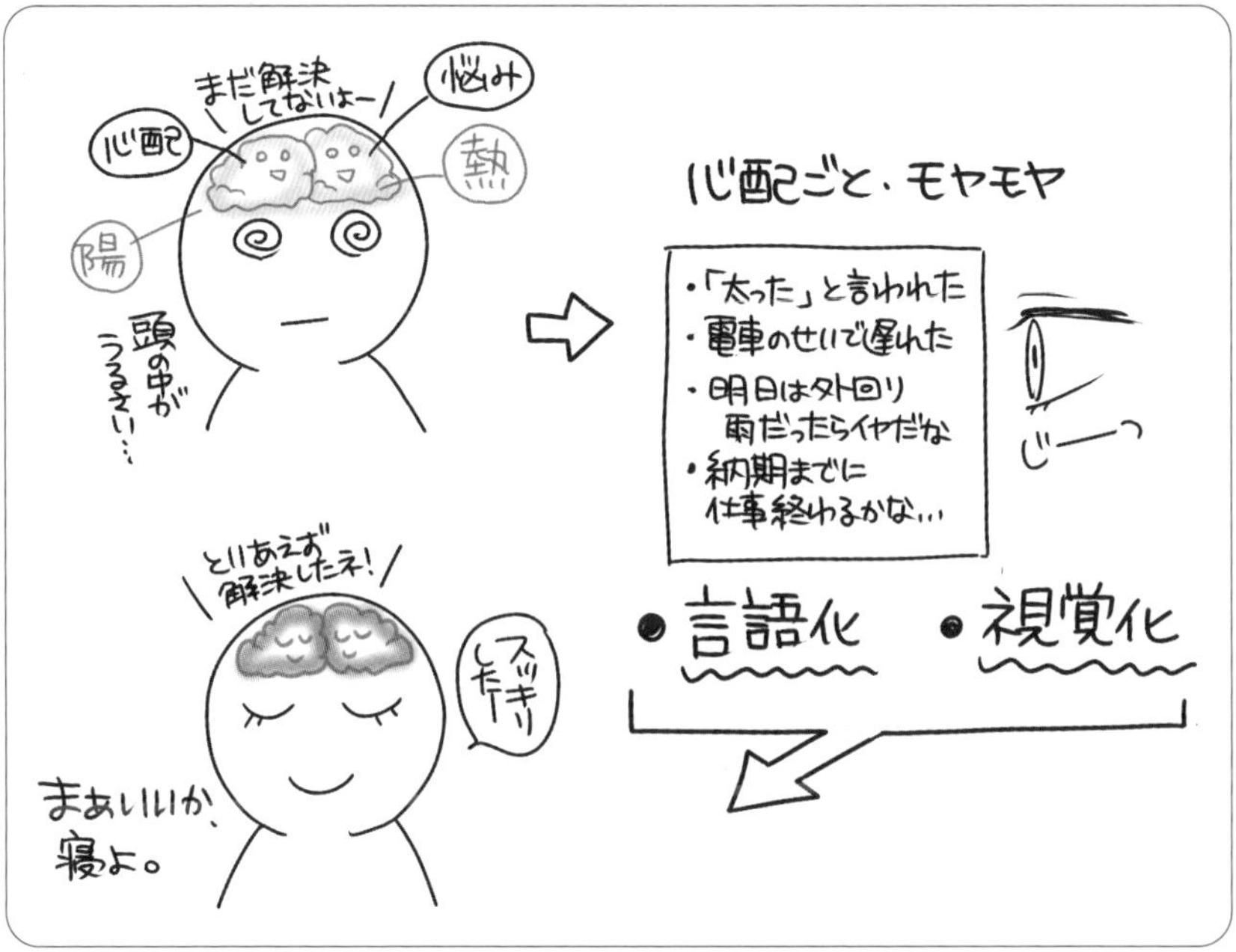

紙に書き殴ってポイ!が熟睡の秘訣

忙しい時に、体は疲れているのに寝付けないという経験は誰しもあるでしょう。それは、夜も「脳」が活発に動いているから。悩みや心配事がある時は、脳が答えを探し続けるため「熱」がこもり、熟睡を妨げていることがあります。

寝る前に、今ある悩みや心配事を「紙」に書いてみましょう。問題を言語化し「視覚で確認」するだけで、問題の正体がハッキリして安心感が増して落ち着くからです。その問題が「自分ではどうにもならないこと」ならば、その紙を丸めてゴミ箱に捨ててしまうのもお勧めです。視覚的、体感的に「問題を手放した」と脳が受け取って、とてもスッキリします。それが「脳の熱がおさまった」感覚かもしれませんね。

ADVICE

#81

宵《よい》越《ご》しの心配は「脳の熱」

翌日の準備をして寝る

改善が見込めるもの

疲労感／ストレス／食欲／更年期障害／不眠症

やること

○明日の「絶対やることリスト」を書く
○今日の「完了リスト」「日記」を書いておく
○明日着る服や持ち物を準備しておく

なぜ？

▼心配事をできるだけなくし、脳を休める
▼今日と明日を「脳」に明確に区別させる
▼宵越しの心配は「脳の熱ごもり」を生む

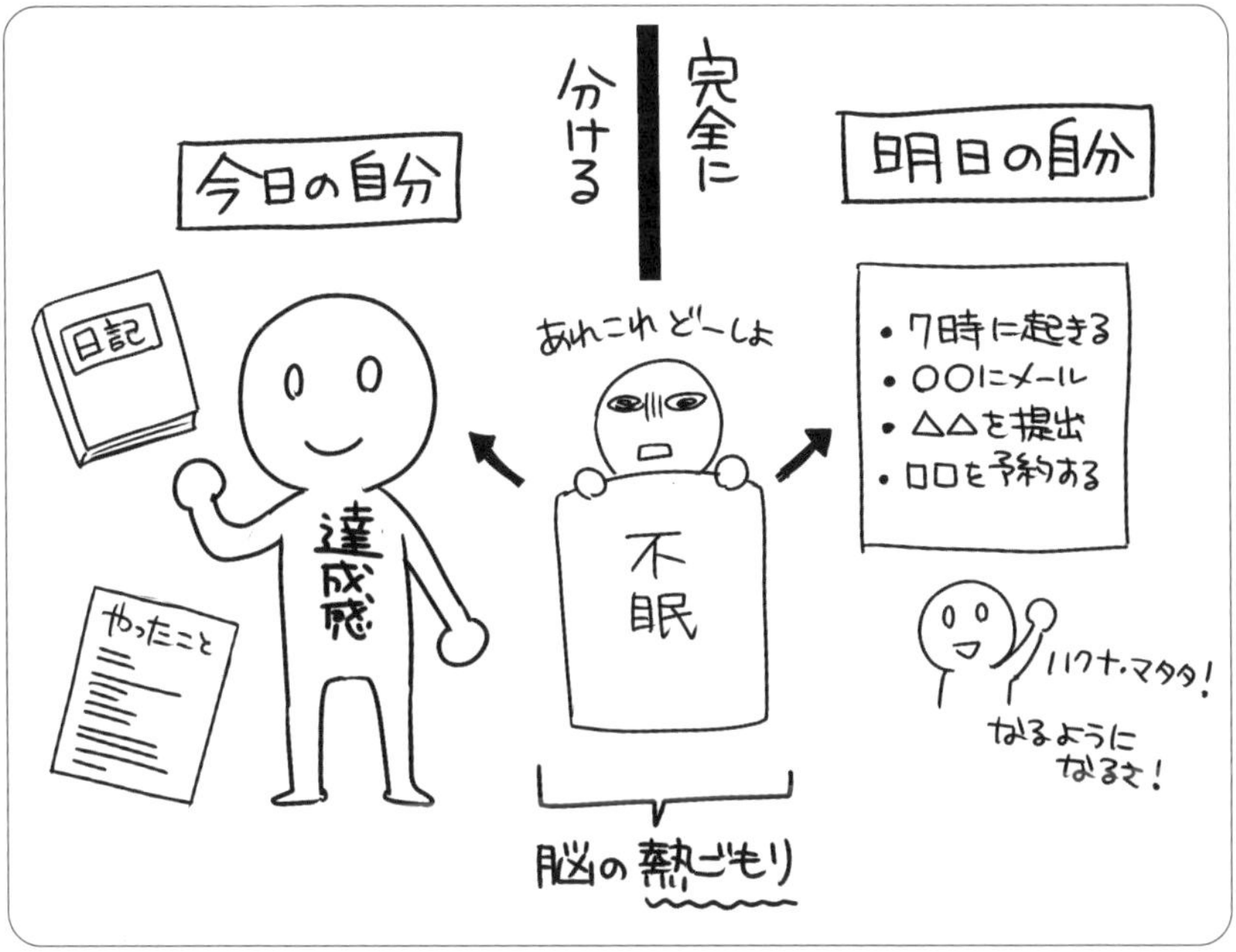

明日は明日の風を吹かせよう

心配事は脳の熱を活発にし、緊張やストレスを生み出し、熟睡の質に大きくかかわります。忙しい人ほど、脳に「今日と明日の違い」を明確にしてあげることが大切です。

「今日は今日で完了」させ、「明日の心配は明日する」イメージです。今日やったことを書き出すと「よくやった！」という「達成感」を得られます。やり残したことがあれば「明日の課題」として処理できるので、脳が安心します。

また、翌日の服や持ち物を準備しておくことで、寝過ごしや遅刻、忘れ物などの心配も少なくなります。やることを整理すると、仕事がはかどったり体調や精神が安定したりするのは、脳の心配事が減るからなのです。

ADVICE

#82 寝る2時間前からやってはいけない習慣

熟睡できない！ 血ができない！

改善が見込めるもの

疲労感／ストレス／食欲／更年期障害／不眠症

やらないこと

1位…パソコンやスマホの使用

2位…飲酒

3位…筋トレ

なぜ？

▼パソコンやスマホなどのブルーライトは「日光」と同じ（陽）。「血液」を消耗し、脳の熱が冷めにくくなる。寝る2時間前は「目」を酷使しない→紙の本の読書ならよく、音楽鑑賞、マッサージ、瞑想などもよい

▼アルコールは体にとっては「異物」。肝臓が就寝中も解毒し続け休めない。肝臓は就寝中に血液を貯蔵する役割を持つ→寝る「3時間前」までに飲み終わるのがベター

▼筋トレすると、筋収縮で交感神経（活動モード）のスイッチがオン（陽）してしまう

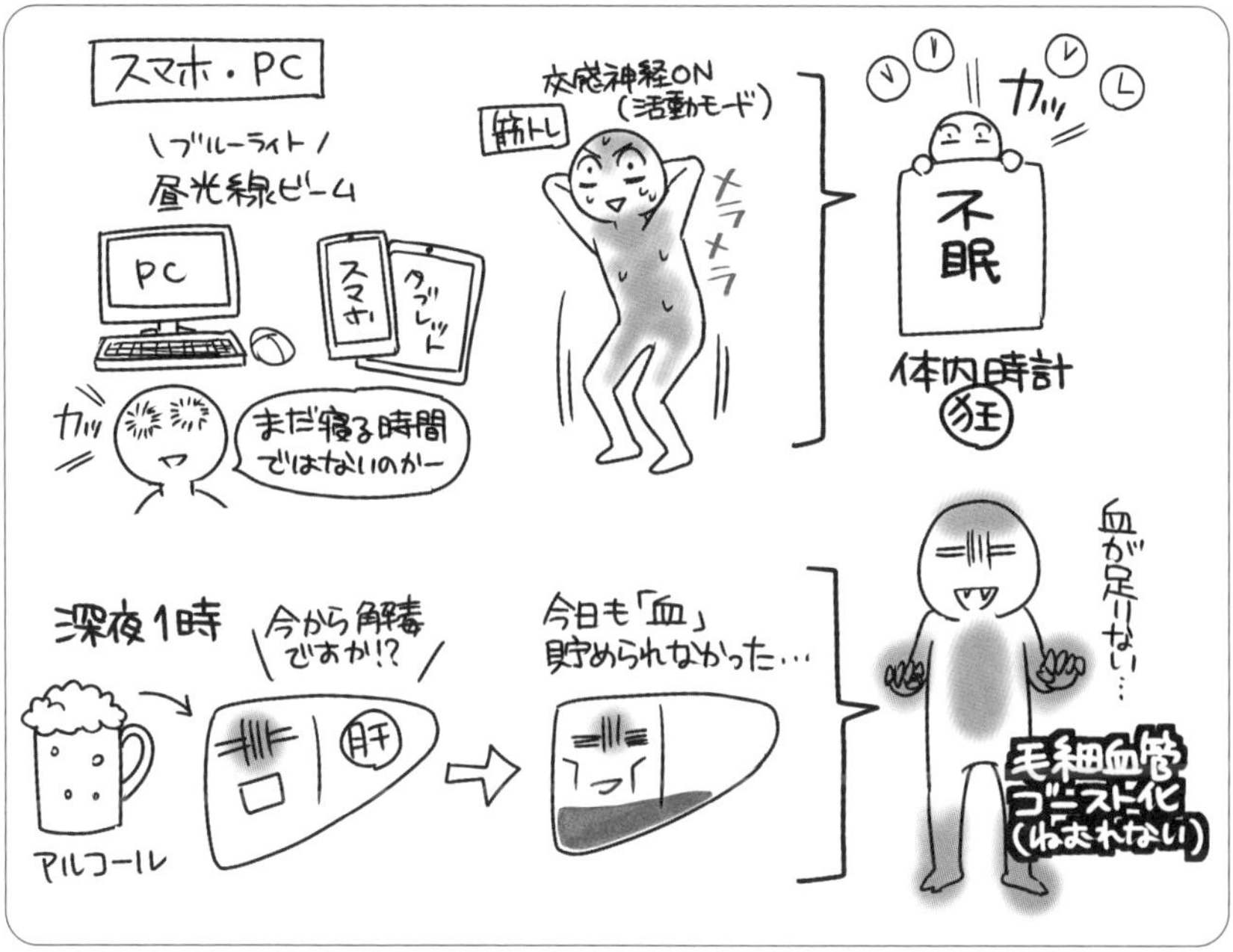

体内時計を狂わせない。血液貯蔵を邪魔しない

熟睡は「体内時計」に合わせた活動と、「血液を消耗しない習慣」が必須です。体内時計は「光」でセットされます。寝る前のスマホやパソコンの画面から発する「ブルーライト」は日光の紫外線と同じ働きを持ち、「まだ昼だから寝ないで」という信号を脳に送っているのと同じこと。寝る前の筋トレも、体内時計に「まだ活動モード」のサインを出してしまいます。

寝酒も避けるのがベターです。肝臓にとって睡眠時は血液貯蔵の時間ですが、寝酒で「解毒」が優先されると血液が消耗し、寝つきが悪くなります。飲酒は就寝の3時間前までにしたり、消化酵素が豊富な「第一大根湯（P104）」でお酒の分解を進めたりするのが大事です。

食べすぎた後の1日は、こう過ごす！

ハレの日で食事を楽しんだ日、あるいは「ちょっと食べすぎたな…」と思った後の「デトックス計画」！

何を食べすぎたのか？で対応策が変わります。「陰性：お酒とスイーツ」か「陽性：肉と油物」で。

「どちらも食べすぎた」という場合は、朝の体の感覚で変えてみましょう。

●体がむくむく↓陰性解消コース
●胃もたれが…↓陽性解消コース

【寝る前】

●第一大根湯（P104）
↓陰の食べ過ぎなら、
余分な水分を排出する…利水
↓陽の食べ過ぎなら、
消化酵素・老廃物の分解発散

【翌朝・陰の食べ過ぎなら】

●ヤンノー湯（小豆粉末湯）（P102）
↓利水、二日酔い対策
●梅しょう番茶（P102）
↓整腸作用

【翌朝・陽の食べ過ぎなら】

●具なし味噌汁
↓整腸作用、健脾（脾を健やかにする）

【水分補給・陰】

●小豆茶、黒豆茶↓利水

【水分補給・陽】

●ハブ茶
↓養肝（肝の機能を高める）、

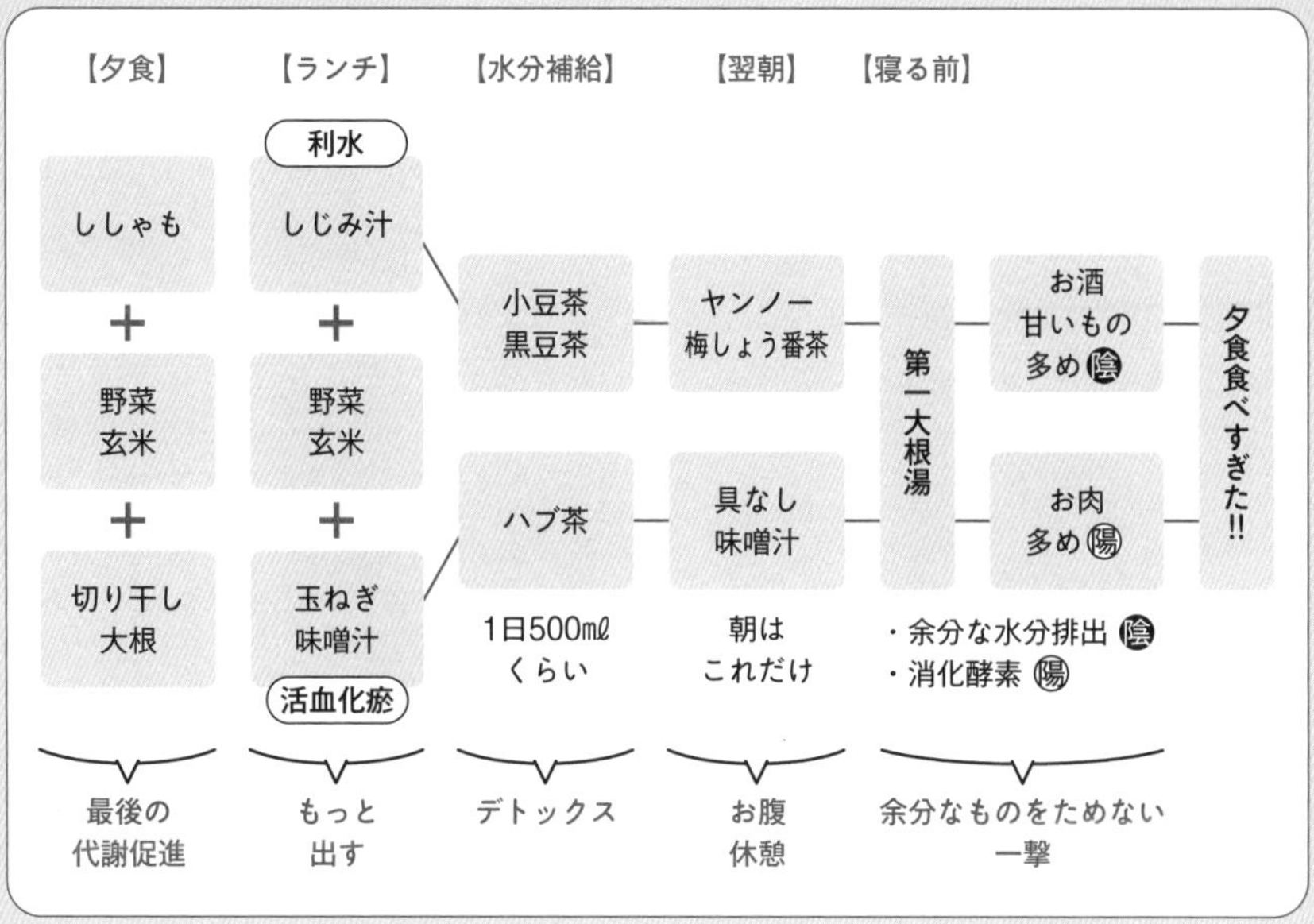

清熱（体内の熱を冷ます）、
内臓の炎症を抑える

【ランチ・陰】

●玄米＋野菜のおかず＋しじみ汁
↓利水、二日酔い対策

【ランチ・陽】

●玄米＋野菜のおかず＋玉ねぎ入り味噌汁
↓活血化瘀（血流改善）

【夕食・陰】

●玄米＋野菜のおかず＋ししゃも
↓糖を代謝するカルシウムを補給

【夕食・陽】

●玄米＋野菜のおかず＋切り干し大根
↓強い活血化瘀、脂肪発散

食品陰陽表を使いこなして陰陽バランスを整えよう

「陰陽バランス」を整えたいけど、何を食べればいいの？という時に活躍するのが「食品陰陽表」（P234、235に掲載）。どんな食べ物にどんな特性があるのかがわかります。食品の並びは目安です。旬や産地、調理方法などで「陰陽」は変化します。

●野菜との上手な付き合い方「加熱で陽を付加」

野菜は積極的に食べたいものですが、基本的に「陰」の性質を持ちます。加熱や天日干しで、陽にシフト。中庸の食事に早変わりです。

●避けるべき食品と、回数を減らす食品

陰陽バランスの偏りを防ぐために、「ハレの日」以外は避けたほうがよい食品があります。それは、極陰性と極陽性の食品。

また「ケの日（日常の日）」も、できるだけ肉を魚に変えるなどすれば、「極陽性」の食品は減って「中庸」に近づきやすくなります。

五行色体表で体に何が起きているのかをチェック

「五行色体表」とは森羅万象を5つの要素に分類したもので、東洋哲学に基づくもの。季節や臓器、身体組織を関連づけて、不調の原因やケア方法を考えます。

例えば耳の調子が悪い時は、五行では「水」に属するので、同じ水の「腎」に症状が出ていたり、「恐れ」を抱いていたりしているかもしれないと考えます。

日本の言葉や文化にも根付いているので、日常生活の中でも見つけやすいかもしれませんね。

五行色体表

五行	木	火	土	金	水
五臓	肝	心	脾	肺	腎
五腑	胆	小腸	胃	大腸	膀胱
不調が現れる場所	目 爪	舌 顔(色)	口 唇	鼻 体毛	耳 髪
五臓が司る器官	筋	血管	肌肉	皮膚	骨
不調になると出る液	涙	汗	涎 (よだれ)	鼻水	唾 (つば)
不調を起こしやすい気候	風	熱	湿	乾	寒
病気が悪化しやすい季節	春	夏	長夏 (梅雨)	秋	冬
病んだ時の感情変化	怒	喜	思 (思考)	悲	恐
不調な時の肌や顔色	青	赤	黄	白	黒
五臓を養う味	酸味	苦味	甘味	辛味	鹹味 (塩辛い)

熱くなる・固まる

庸	→	陽性	→	極陽性

苦い・塩辛い

穀物
・玄米　・蕎麦
・玄米餅

野菜
・小松菜　・玉ねぎ　・にんじん　・自然薯
・白菜　・れんこん　・ごぼう
・大根，かぶ　・かぼちゃ

・白ごま　・黒ごま
・ぎんなん

魚介類
・貝類　・青魚　・鮭
・イカ・タコ

・海藻類
・小豆　・高野豆腐　・たくあん　・梅干し

・切り干し大根　・出汁昆布　・おかか

・しょうゆ　・味噌　・天然塩

飲料
・小豆茶　・梅しょう番茶
・三年番茶

【回数を減らしたい陽性の食べ物】

豚肉／鶏肉／牛肉／卵／まぐろ（大型魚）

冷やす・膨張する

極陰性 ◀―――◀ **陰性** ◀―――◀ **中**

辛い・酸っぱい・甘い

・とうもろこし　・小麦粉
・天然酵母パン　・白米

・たけのこ　・じゃがいも・キャベツ，長ネギ
・トマト　・ナス
・きのこ　・里芋，山芋，さつまいも

果物・種子・ナッツ
・バナナ　・ぶどう　・りんご
・みかん
・各種ナッツ

植物性加工食品・豆類
・豆乳　・春雨　・豆腐　・納豆
・そら豆　・黒豆

乾物
・レーズン　・干ししいたけ

調味料
・唐辛子　・ハチミツ　・黒砂糖　・酢，みりん，油

・ジュース　・コーヒー　・ハブ茶　・黒豆茶
・アルコール　・牛乳　・水

【避けたほうがいい陰性の食べ物】
砂糖入り飲料水／合成酒／砂糖菓子／白砂糖
人工甘味料／菓子パン／化学調味料／氷菓子

【避けたほうがいい陽性の食べ物】
ハム／ベーコン／ソーセージ／
精製塩

おわりに

「もう甘いものを見ても、何とも思わなくなりました」

「Ellyさん先生のおかげで、見える世界が変わりました!」

「教えられたとおりにダイエットをしたら、いかに自分が惑わされていたのかに気づきました」

「Ellyさんのアドバイスで、買い物に迷わなくなりました」

YouTubeやインスタグラムのコメントで毎日のように、このような嬉しいご報告をたくさんいただいております。ここでご紹介したコメントは全て、「環境はそのままなのに、自分の視点が変わった」というご報告です。

それは一般的に考えると、「天動説」から「地動説」に180度転換するくらいショッキングなことかもしれません。


東洋医学は「なぜだかわからないけれど、自然とはそういうもの」という前提があり、その環境下だと人間では変えられない力がある。そこで、その「自然のルール」の中で「どう健康に生きるか」に注目したのが東洋医学。私はこのように理解しています。

私の好きな仏教の言葉に「あきらめる」があります。「あきらめる」は一見ネガティブな言葉に聞こえますが、語源は「明らかに見る」です。

真理・道理、つまり「世の中のルール」を「明らかにする」という意味で使われます。起きている現象を正しく見て（明らかにして）、自分ができないこと、悩んでも仕方のないことを「あきらめる」。その上で自分のできることに集中する。そう解釈しています。なんと素晴らしい言葉でしょうか！

昔の私は、ダイエットにおいて、まさしく「正しく理解せず（明らかにせず）」「どうにもならないことに執着していた（あきらめなかった）」気がします。糖質の少ない「甘いモノ」で何とか満足感を偽り、疲弊するまで運動することが「自然のルール」に反していたことは明確です。

私のお伝えしているダイエットを実践された方々には、10kg以上の減量に成功された方も大変多く、そのほとんどの方がリバウンドせず過ごされています。実践してくださった方からは「Ellyさんのおかげです！」と嬉しいお言葉をたくさん頂戴しますが、そのたびに「いやいや、私のおかげというより、こんなにたくさんの方々を、健康にしてくれる『自然の力』すご過ぎでしょ？」と畏怖の念を抱かずにいられません。またそれを4000年前から伝承してくださった先人に、感謝の気持ちでいっぱいになります。

どんどん便利になっていく世の中、あたかも「人間中心」で生きている感覚があるかもしれません。しかし、あなたの中には「自然の仕組み」が備わっていて、太古の昔から変わらず存在します。

その「仕組み」に気づいた時、見える世界が変わります。ダイエットが「イージーモード」になり、フットワークが軽くなり、他人の顔色をうかがう必要もなく、「自分軸」

で決断できるようになります。

少なくとも私はそれに気がついた時、体の重りが取れたかのように軽くなり、幸福感が格段に高まりました。そして、私のダイエットを実践してくださった多くの方も同じことをお話ししてくださっています。

自然はいつもあなたの味方で、あなたの中にもあります。その力に気づき、引き出す「名プロデューサー」になること。それが、さらなる「幸せへの一歩」かもしれません。


この本が、多くの方の「自然やせ力」を育むきっかけになれば、本当に幸せです。

最後に、この本を書くにあたり、家庭から仕事までサポートしてくれた夫、一緒に登山や遊びに行ってくれた娘ちゃん、心からありがとう！

また、私の話を真剣に理解してくださり、あらゆるコーディネート、編集を担当してくださった杉浦博道さんに感謝申し上げます。

２０２３年６月　養生ダイエットコンサルタント　Ｅｌｌｙ

自然やせ力

運動オタクが運動やめたら－10kg!
やせ細胞を120%呼び覚ます養生

2023年 7 月11日　第 1 刷発行
2023年11月10日　第 5 刷発行

著　者　Elly
監　修　山本竜隆
イラスト　水口めい
発行人　土屋 徹
編集人　滝口勝弘
編集担当　杉浦博道
発行所　株式会社Gakken
〒141-8416　東京都品川区西五反田2-11-8
印刷所　中央精版印刷株式会社

●この本に関する各種お問い合わせ先
本の内容については、下記サイトのお問い合わせフォームよりお願いします。
https://www.corp-gakken.co.jp/contact/
在庫については　Tel 03-6431-1250（販売部）
不良品（落丁、乱丁）については　Tel 0570-000577
学研業務センター　〒354-0045　埼玉県入間郡三芳町上富279-1
上記以外のお問い合わせは　Tel 0570-056-710（学研グループ総合案内）